# 我的菩提路

——第六輯

——劉惠莉 老師等著

ISBN：978-986-98891-4-8

執著離念靈知心爲實相心而不肯捨棄者，即是畏懼解脫境界者，即是畏懼無我境界者，即是凡夫之人。謂離念靈知心正是意識心故，若離**俱有依**（意根、法塵、五色根），即不能現起故；若離**因緣**（如來藏所執持之覺知心種子），即不能現起故；復於眠熟位、滅盡定位、無想定位（含無想天中）、正死位、悶絕位等五位中，必定斷滅故。夜夜眠熟斷滅已，必須依於**因緣**、**俱有依緣**等法，方能再於次晨重新現起故；夜夜斷滅後，已無離念靈知心存在，成爲無法，無法則不能再自己現起故；由是故言**離念靈知心是緣起法**、**是生滅法**。不能現觀離念靈知心是緣起法者，即是未斷我見之凡夫；不願斷除**離念靈知心常住不壞之見解**者，即是恐懼解脫無我境界者，當知即是凡夫。

—平實導師—

一切誤計**意識心為常**者，皆是佛門中之常見外道，皆是凡夫之屬。意識心境界，依層次高低，可略分爲十：一、處於欲界中，常與五欲相觸之離念靈知；二、未到初禪地之未到地定中，暗無覺知而不與欲界五塵相觸之離念靈知，常處於不明白一切境界之暗昧狀態中之離念靈知；三、住於初禪等至定境中，不與香塵、味塵相觸之離念靈知；四、住於二禪等至定境中，不與五塵相觸之離念靈知；五、住於三禪等至定境中，不與五塵相觸之離念靈知；六、住於四禪等至定境中，不與五塵相觸之離念靈知；七、住於空無邊處等至定境中，不與五塵相觸之離念靈知；八、住於識無邊處等至定境中，不與五塵相觸之離念靈知；九、住於無所有處等至定境中，不與五塵相觸之離念靈知；十、住於非想非非想處等至定境中，不與五塵相觸之離念靈知。如是十種境界相中之覺知心，皆是意識心，計此爲常者，皆屬常見外道所知所見，名爲佛門中之常見外道，不因出家、在家而有不同。

——**平實導師**——

如聖教所言，成佛之道以親證阿賴耶識心體（如來藏）爲因，《華嚴經》亦說**證得阿賴耶識者獲得本覺智**，則可證實：證得阿賴耶識者方是大乘宗門之開悟者，方是大乘佛菩提之眞見道者。經中、論中又說：證得阿賴耶識而轉依**識上所顯真實性**、**如如性**，能安忍而不退失者即是**證真如**、即是大乘賢聖，在二乘法解脫道中至少爲初果聖人。由此聖教，當知親證阿賴耶識而確認不疑時即是開悟眞見道也；除此以外，別無大乘宗門之眞見道。若別以他法作爲大乘見道者，或堅執**離念靈知**亦是實相心者（堅持意識覺知心離念時亦可作爲明心見道者），則成爲實相般若之見道內涵有多種，則成爲實相有多種，則違實相絕待之聖教也！故知宗門之悟唯有一種：親證第八識如來藏而轉依如來藏所顯眞如性，除此別無悟處。此理正眞，放諸往世、後世亦皆準，無人能否定之，則堅持離念靈知意識心是眞心者，其言誠屬妄語也。

——**平實導師**——

# 目次

平實導師　序……序01
第一篇：鮑念民居士……001
第二篇：王素菱老師……019
第三篇：張育如居士……043
第四篇：林月花老師……121
第五篇：薛樂儀居士……175
第六篇：許坤田居士……193
第七篇：段灣妹居士……235
第八篇：簡燕惠居士……259
第九篇：林祝老師……273
第十篇：李春毅居士……287

第十一篇：洪麗眞居士……303
第十二篇：雷京居士……319
第十三篇：劉惠莉老師
眼見佛性報告……349

# 平實導師 序

中國禪宗正法流傳到末法時代，已經變質爲常見外道法，迴絕於像法時代大眾仍知應該證悟如來藏的事實，所以末法時代對於證眞如之事已經混淆不清了。像法時代眞正學佛的四眾普遍了知禪宗之開悟即是實證第八識如來藏，依於對自他第八識如來藏的現觀而現見此識的眞如法性，名爲證眞如；只是無法親證，是故所說所行都類似正法，故名像法時代。像法時代固然已有利養堅固、乖爭堅固、事業堅固、戲論堅固等事，然猶可以傳說正法，只是未能實證，是故所說皆名像法，以相似於正法之實證故。但是 世尊示現入滅一千五百年過後，佛門四眾所說連戲論都還談不上，因爲戲論只是所說皆與實證無關，而其知見仍屬正確；是故末法時代佛門僧俗所說都屬於外道法，若非常見即墮斷見，或是常見與斷見夾雜不清而混合妄說，例如釋印順等人之所說，雖屬佛法名相，而其內涵都屬外道法，已與佛法無關，是故名爲末法時代。

而今佛門正處於末法時代，乃是眾生業力所致，然不代表末法時代即無正法的實證，只是佛門僧俗四眾大部分人都將外道法認作佛法，反將少數實證者所說正法謬認為外道法，此即是末法時代眾生業力感召所得之結果。例如末法時代常有專作學問的學問僧，或如專作學術研究的學術界人士，認為如來藏妙義是自性見外道所創造者，或誣指為聲聞部派佛教傳至像法或末法時代所創造者。然而這些人都沒思索過一個大問題：如來藏是萬法的本源，生命之實相，是諸佛菩薩之所證，而聲聞部派佛教時之聲聞種性凡夫能有智慧發明此法、實證此法耶？未之有也！

亦如《大方廣佛華嚴經》卷九所說：「**如是甚深阿賴耶識，行相微細究竟邊際，唯諸如來、住地菩薩之所通達，愚法聲聞及辟支佛、凡夫、外道悉不能知。**」如是經中明載，二乘聖人亦所不知不證之法，豈是部派佛教諸聲聞凡夫之所能證能說？而言是其所創造之新說，豈不愚哉！是故平實出世弘法以來，花費極多精神來解說這個事實；解說之不及，繼之以許多同修們之見道報告實錄，彙集成書而出版，至此書之結集出版以來已至第六輯矣。今此書中臚列諸同修之見道報告十二篇，加上一篇明心之後又眼見佛性之報告一篇，以饗學人，證明禪宗見道之法仍在弘傳中，亦證明無形無色之佛性確可眼見，如是以立佛門四眾弟子之大信而求證悟，斯亦可得，冀諸學人莫再輕藐自他。茲以此書出版在即，即略述出版因由，以之爲序。

佛子 **平實** 敬序

二〇二〇年清明節新冠肺炎流行時

序於松柏山居

# 《我的菩提路》

——第六輯

## 明心見道報告

鮑念民

阿彌陀佛！

恩師道鑑：

弟子有幸生於親近佛教的家庭中（雖然母親到了弟子來美之後才歸依三寶，而父親至今仍在觀望），可是從小到大，對佛教充其量也只是個旁觀者。

因爲有舅舅家的五個表姊妹和阿姨家的兩個表姊，小時候最喜歡到板橋外婆家玩。只記得外婆每天早晚虔誠拜佛，有時遇上外婆要去菩提院（一尼姑庵名）也和表姊妹們一起跟去換個「陣地」玩，或難得碰上「法會」也跟著拜。不過對菩提院的住持師父（臺灣話對法師的尊稱）印象倒很深刻，她和外婆說話之餘總是慈祥和藹地看著我們，並招呼著我們這群在院子裡玩瘋玩累（最起碼弟子是）的小朋友吃水果、吃橘子。

後來小學時祖母去世作七，我們全家都到高雄住大伯家。既然和堂兄姊們不是很熟，就自己到處晃晃看看，好奇地遠遠看著來作七的「師父」們。因她們大概看我還算乖，聊了一陣子後問弟子是否想跟她們回寺院住一晚。因好奇心驅使，在她們徵得母親同意後，當晚就跟她們到寺院過了開心的一夜。也許「師父」們的年紀多半是二十多歲，倒像大姊姊們般的照顧弟子的起居。那天和她們一起作晚課、繞著大殿的墊子走來走去的經行，也是一輩子難忘的新奇經驗。

到了高中，峰迴路轉。放學回家在西門町等車時，幾次一起等車的學姊過來邀約弟子一起去教會（我們都住在靠天母的地方，而教會好像是在士林）。弟子本來漫不經心，也忍不住好奇，想去看看。反而母親知道後非常反對，幾經探問，才知是擔心弟子從此成了基督徒，以後會以基督教的方式為她舉行葬禮。在跟母親說「只是去看看是什麼情形而已，離當基督徒還遠著呢」後，還是執意去了（眞是既任性又不受教的女兒）。果眞不相應，之後再遇到學姊就推辭不去了。

可是似乎這個緣還未了。來美國後，與同年來美的表哥所介紹的兩位大姊姊同住。其中的一位，心地非常善良，也是個虔誠的基督徒，她父親在臺灣時是位牧師，可是弟子從高中的經驗後，不論這位大姊姊如何邀約，都提不起興趣再去教會；但熬不過她的好意，再去了一次。不過，不知她是有意無意，櫃子裡倒是擺了許多基督教的故事書，並鼓勵弟子隨時都可以拿去看。週末閒著時就翻著看，《舊約》、《新約》大約就是在那時翻過的。當故事看是有娛樂價値，但要說是宗教，就眞的不相應了。

沒有當眞細想，可也總覺得沒道理，諸如：上帝似乎很「霸道（順我者得救，逆我者下地獄）」；上帝是因爲閒著沒事而造人，再跟他所造的人玩耍，讓他們受引誘而吃禁果再趕他們出伊甸園嗎？如果一直都有人上天堂，而世間又不斷地出生，天堂會不會爆滿呢？受洗過，無論作什麼壞事都由耶穌承擔就一定得救而沒事了嗎？弟子對《舊約》中只有父系和家族的傳承也甚不以為然（也許成長過程中一直是家中唯一的小孩，父母親也似乎不把弟子特別當女孩子教養，因此總認為男女平等才是理所當然的）；單一家族的傳承也實在沒道理，人的社會中有這種現象可以理解，但實在很難接受重男輕女和唯一尊貴家族也是宇宙的眞理。

回教呢，就更奇怪了，怎麼一個宗教是一手捧經，一手拿刀呢？

同時，出國後，母親因阿姨的關係歸依了三寶，心中雖因為母親歡喜也就為她高興，但弟子仍繼續漫不經心地作個旁觀者。回臺灣時會翻看母親放在佛桌上的書，只看到苦、空、煩惱、善、六道等等表相名詞和印象，錯誤地以為佛法只是一些勸人為善、放下的內容。心中自忖：從小到大不都已經被教得夠久了，還要再換個方式學這些嗎？還是不相應。

就這樣，宗教似乎跟弟子不相干。這同時，弟子也忙於世間法中，求學、上班、結婚、生子；漂泊於生死海中完全不自知，並作了許多當一位菩薩絕對不該作的事。

母親去世時，弟子對匆忙間經由榮民總醫院介紹來助念的人非常感激，但他們主要是由一家密宗「道場」安排來的，所以每次回臺灣都會去那家「道場」走走看看；也不知道要作什麼，就是去看看，以稍舒念母之情（弟子從小到大，只有深受母親養育、呵護之恩和因爲任性常讓她擔心甚至生氣，卻從未盡過一點人子之責）。也許佛菩薩覺得這個傻弟子在外流離失所也晃蕩夠了，後來小叔（弟子同修的弟弟，他非常相信密宗）的「道場」辦「法會」，弟子經由他的介紹也替母親辦了一次，並邀請阿姨同來參加。弟子的表姊（阿姨的小女兒）知道弟子與密宗有所接觸，就送了弟子兩本書：《甘露法雨》和《無相念佛》。

弟子接受書時（二〇〇四年的事），還無知地認爲密宗只是佛教的一支，但是答應會看看。回家一看，心裡直問：**怎麼會是這樣？怎麼會是這樣？**由於書上看起來是客觀的描述，並非預設立場。更回想所謂的密宗「法會」時的「壇城」，也是有一大堆手捏出的東西；從此對密宗不願聽聞，只是有機會時對同修的家人灌輸「密宗不是佛教」的觀念（但由於輩分小和其他因素，效果並不彰）。

同時對《甘露法雨》書後的問答，大概是受到了震撼，大概也是起了很大的好奇心，總之印象深刻。對許多名相都不清楚，卻又似懂非懂地覺得親切，好像奧秘都在其中；雖說書中是淺談，卻又那麼有條理。覺得看到的只是冰山一角，決心要弄個清楚。

在此之前，所學的物理學，推至終極，都在尋找貫穿的一理。許多現象、應用皆從幾種基本作用中衍生出來。越是根本道理，越是「簡單」（但不是指容易），越是有費曼博士說的「物理之美」。物理學界的希望是找到終究的一理，無奈空有理論；以目前人類的能力，可以說完全沒有什麼希望。物界如此，人的心，對後學而言，更是「完全不按牌理出牌」；同一件事，同一個人的反應，可以因時、地、境，有極大的差別，甚至於無可理喻。宗教呢，各說各話，最多只會有一個說的是實理，也許一個也沒有！物界這條路沒希望，宗教也是個死胡同。簡單來說，這就是看到《甘露法雨》書後的問答之前的心態。看到這書後，像死灰可以復燃，重新點起了火。

另外一本《無相念佛》，也是一奇。因爲知道沒有什麼大不了的事就足以讓自己「雞飛狗跳」，弟子對打坐、定力之事，從來覺得不可能作到而不相干。看過這本書中如此簡單次第而行，精進數月就可以達到平日與人說話都能無相念佛的定境，眞是太棒了！定力的功夫似乎對弟子不再像是天方夜譚般的遙遠。後來個人因緣的關係功夫沒作夠，但只堅持每天一點點拜佛時間就已經可以自己感到受益不少；從此信心十足，相信只要照著作，一定可以成就。

只因這兩本書，開始了弟子正覺妙法尋寶之旅。找到小孩暑期上中文課附近的佛化人生書店，隨便就搬了手都快提不動的書回來；好像挖到寶了，意猶未盡，再找到臺北講堂。從捷運站一轉進承德路，也許是太過期待，看到「正覺講堂」四字，全身有一點像是觸了電，也有一點像是起雞皮疙瘩一般，許久後收了心方才全退下去。想想當時也眞貪心十足，要不是怕行李帶不了，大概每一本都想請回家。

記得二〇〇五年暑假時，在外面讀《起信論講記》等小孩子下課，心中嘖嘖稱奇。正平靜地享受著法喜，淚水卻一直滴下來。因旁邊有別的家長，只好先放下書；一放下，眼淚也跟著停。忍不住再拿起來看，又開始流；放放讀讀，狼狽不堪，直到有一位認識的家長坐到旁邊方停。一邊讀著《起信論講記》，一邊興起有一天要將它翻成英文的念頭；中文加上英文，有機會可以讀到的人數就相當可觀了。只是光動有一天要這麼作的念頭，也不管從小語文就是勉強混過去（離開學校後再也不用為必修的語文、社會學科或寫論文發愁，大有「解放」的感覺），要如何去完成？

同時，得知洛杉磯有個共修處，但頂多是想到時心裡嘆口氣：沒這個福氣！因星期六早上、下午各有小孩的活動、上課，也因老師們宗教的關係，調到星期天是不可能。直到有一次由女兒的因緣，得以到共修處看看，但到達時課也已經都快結束了。後來又有一次因緣可以去，承蒙法師詢問「要不要歸依」，隨口就說好，但得要家人同意。歸依表格是拿了，先生也護持弟子成行了，可是後來他的腿因運動受傷，又被誤診差一點失去；幸好復原得快，也不服輸，等到可以行走開車後便鼓勵弟子成行。弟子在他的護持下，自此有幸成為三寶弟子。這是二〇〇六年三月的事了。

～～～～～～～～～～～～～～～～～～～～～～～～～～～～～～～～～～～～～

阿彌陀佛！

弟子深受佛、菩薩、恩師護佑，才得以這次破參，可是卻連寫見道報告一事都有負師恩而無法好好完成，更勞您看潦草又可能不通的草稿，實在很對不起！只因期限在即，也不知能否有因緣延期再謄稿潤飾通暢或甚至增刪，懇請 導師原諒！

～～～～～～～～～～～～～～～～～～～～～～～～～～～～～～～～

（接前打字文…）

本來想根本不太可能的事，卻一件一件意外地順利調開，因此弟子得以正式於二〇〇六年報名上禪淨班。雖然如此，因為身為人母、人妻，還能上多久的課都不敢想，能上得了一次就是一次；幾個月下來，都抱著感激的心去上課。直到禪淨班結束前，從親教師手中接過禪三報名表時，才發覺到，一路走來，弟子居然也要從禪淨班結業了。不過每一次上課、聽經的法喜，還是讓弟子珍惜著每一次的機會。

歸依前有一番曲折，受菩薩戒也有一番小掙扎。自忖性障深厚，實在擔心仍會無心犯大、小戒；加上暑期帶小孩回去上中文，有幾堂宣講菩薩戒的課沒有上到。感謝親教師在弟子稟明憂慮後開示和略補知見，並鼓勵弟子後，弟子方才安心歡喜受戒。這已是二〇〇七年年底的事了。

受戒時的歡喜和感受不在話下，受戒後的功德更是深切體驗。在那之後，發覺過去所作的許多錯事常常不經意地浮現。開始是大錯，再來是小一點的過錯；時間點，一般也從最近而往前挪，想到的就懺悔。多半是不能補救，就只能誠心懺悔。一直到二〇〇九年才自然地浮現學齡前所犯而似乎早已忘了的過錯。這樣走一回，既難過又慶幸。難過的是，往世若是也發願要作一位菩薩，何以不但作了這麼多身爲菩薩不該作的事，還長久不慚不愧；慶幸的是佛、菩薩冥佑，由學佛這大因緣，更藉受戒功德而得以誠心懺悔。

在這同時，也經由洛杉磯尋找新的共修處和一些同修們的因緣，接到臺北教學組對美國菩薩的一些開示。弟子一邊讀，一邊深受感動，心想自己就是希望有一天能當這樣的菩薩！後來在編譯組作一點點事，更感念白老師慈心開示，與對美國菩薩們的期許，受益甚多。

第一次禪三前，想到〇〇時〇〇〇〇，〇〇或〇〇不都是如來藏所顯，符合《維摩詰經》上的「**了眾生心行**」？〇〇、〇〇時的〇〇和其後的〇〇不也都是？雖有其他的種種助緣，但都完全符合如來藏的體性可以「對號入座」？到了禪三第一次經行，看著自己〇〇〇〇〇〇，想到了給小朋友的〇〇〇

○○故事，倒像是我們這個○○○○的另一個翻版，只不過我們○○流暢得多了。

可是一進小參室，監香老師一問如來藏在哪裡，就啞口無言，不知如何回答了。不想○○○○中，因爲祂不會○○○，否則又如何在他方世界變現蓮花？更何況祂無形無相而遍一切。僵在那裡，繞著「如何回答」這話題，就耗掉了小參時間。進出小參室幾次，越來越急，一直覺得應該是沒有錯，卻又不知從何下手來回答，更聽到監香老師提醒：「悟得不眞，智慧就出不來。」就更加亂了方寸，回到位子上直發愣。直到恩師慈心詢問，說不出話來，眼淚倒像洩洪般再也忍不住流了出來。恩師一邊開示，一邊問問題，可是腦袋瓜仍是僵了大半，好一陣子才緩和下來。這時已是第四天下午，知道要解三後，到下次禪三還有時間，心情才比較輕鬆些。尤其聽到解三時說，沒有破參的人將來還會有機會再（來禪三道場）與 導師同住，心裡就更覺得好過些。

回美後，除了繼續忙著原來的工作，有空時把《阿含正義》中五蘊的部分再仔細一點體會、整理，其餘就是隨手翻閱其他的電子報、口袋書等等。

也不知在哪裡看到一則克勤祖師說，禪師曾被其師父追著跑而有所體悟的公案（反過身來抓著師父說〔意思是〕「抓到了」）。弟子想，這不就是〇〇〇〇〇〇，〇〇〇〇〇〇〇〇〇〇〇；我們〇〇〇、〇〇〇，不就是〇〇〇〇〇，〇〇〇〇〇〇〇〇？後來到了夏天《金剛經》一開講，恩師開示「世尊乞食、洗鉢等等就已說法畢（大意如此）」，心中一樂，確實如此，導師不但將世尊的法點明了說，同時也親身清楚演說一次。可是不敢大意，想到達摩祖師的法語（張老師其中一墨寶）：豈以小德小智、輕心慢心，欲冀眞乘，徒勞勤苦。自忖：誠心求法，只有是小德小智，不會有輕心慢心；但若非有輕心、慢心，何以第一次禪三時就混著把時間浪費掉呢？

到了大約二〇〇九年秋、冬季時，因爲即使自己覺得性障比學佛前改善了許多，對過往的錯事卻覺得仍懺除不全，心存掉悔而掛念著乞求佛菩薩原諒。雖然明明知道佛菩薩原沒有什麼原諒不原諒一事，心中仍起了念，希望佛菩薩能經由弟子在這次舉辦的禪三時破參，而明示弟子當懺已懺——眞正已懺除此世過往不合菩薩戒之行；哪裡知道，對此，佛菩薩經由女兒的因緣，一方面在報名禪三前和其後將近一個多月，讓弟子也清楚地聽到自己對女兒所說的話，而無意中漸漸放下了自身的重擔；另一方面，在女兒幾個月進出醫院、狀況很不穩的情況下，大大地調伏了弟子長久以來得理不饒人的慢心習性。

自二〇一〇年一月以來女兒生病，本來就沒有時間報名禪三，但就在繳交期限前，剛好有時間可以塡寫；交出後，狀況就轉糟，只好向親教師稟明：如果要寄回臺灣時仍情況不好，就只好取消報名的申請，因爲這表示自己的因緣未到。可是當日子來到時，女兒的狀況又好轉；等寄回臺灣後不久又開始轉壞，多半是在不好的狀況中起伏。心想除了在編譯組的幾項工作，都已因自己的因素延遲許多，還要煩勞多位菩薩費心徒勞審核禪三報名，實在過意不去。一直到覺得女兒情況似乎很快就可以出院時，在離開醫院回家的路上接到禪三通知，因而欣喜答應回臺；哪裡知道，後來還有一些波折，直到搭機前二天才買了機票。

弟子感念佛菩薩數月以來似乎不斷地在調教，經由女兒這般地困苦，鏟除弟子長久以來的掉悔和頑強而不自知的慢心。（也許就如法師所說，只有菩薩才會以自己的身命成就他人——女兒自小長大，讓弟子覺得她本應就是位具菩薩心性的再來者。）更回想自己一路走來，受到多少人的護持，佛菩薩的護佑，從身邊都是尙未信受佛法的親人，至多少位同見同行的「前輩」會中菩薩教導護持，才能在 導師宏顯 世尊正法的這大因緣中得以浪子回頭，不再於生死海中漂蕩沈淪。眾恩難報，惟願如 世尊所開示，行法供養護守正法，傳無盡燈，希望眾多有情也能同弟子一般蒙受法益。

再次回到禪三道場，也許是少了第一次來時對環境的好奇，心情比較平靜。監香老師提醒要到 佛、菩薩前發願，弟子跪在佛前，平時發的願都暫放一邊了，而向 佛稟明，弟子其實只有一願：願法輪常轉！生生世世只要有弟子在的地方，法輪就一定要動起來；若已轉動，就要讓其長久延續下去；願生生世世行菩薩道，謹守菩薩戒，利樂有情乃至成佛！

只是一進小參室，也不記得 恩師問了什麼，而自己又說了什麼，只記得 恩師一問○○○○就是如來藏？就全傻了，沒有個頭緒。走出了小參室，心裡還慌得手腳發軟；回到座位腦袋瓜仍僵著，連 恩師提示的方向都花了好一段時間才想起來。心想，以前上班時面對幾十人，包括領域中的前輩，即使有一點緊張，都不至於腦袋空空；現在這般光景，是「學藝不精」

還是又有遮障？

與陳老師小參時，陳老師大概也覺得弟子眞是不行，說不出個什麼條理，便從頭問起：如來藏在哪裡？這次弟子乖乖地回答〇〇；〇〇〇〇〇〇的這個就是（心中想比〇〇〇中那個〇〇〇〇〇〇〇）。可是不知道這是有語病的，去〇〇〇或〇〇〇〇〇〇也是「〇」，但那可就完全不一樣，差遠了。恩師您慈悲，看弟子是越參越回去了，點出弟子問題所在，並爲作更多的開示。

快像是沒有藥醫一般，明明記得 導師對弟子認爲〇〇只是如來藏〇〇〇〇也是認可的，可是怎麼幾次進小參室與監香老師蔡老師小參，包括語言文字的障礙就全表露無遺；蔡老師也眞是慈悲，半喜半憂，擔心弟子解悟，智慧出不來。弟子著實感激蔡老師的循循善誘，讓弟子能從不同的角度來確定，可是也擔心自己只是「霧裡看花」還差得遠，以後智慧也出不來，心中更慌了。回到座位，一想，可是明明就是，〇〇〇、〇〇〇、動個念頭，多少〇〇〇〇〇〇〇〇，比最快的影片快速閃過還更順暢。對於公案中的吃茶去、石鹿，覺得很容易，但是對胡餅、雲門公案就不知所云，怎麼會這樣？

爲此，弟子還到 克勤祖師前「訴苦」：本以爲弟子與達摩祖師有一些緣分（以前在臺灣的家，常看著客廳中掛的一幅達摩祖師踏一扁竹葉的法像發呆；對張老師送給美國同修們的達摩祖師法語特別有所感觸；第一次禪三，座位前就看到地板上有和小時候家裡壁上掛的達摩祖師像一般的圖樣而嚇一跳），也因無來由的 克勤祖師公案令弟子心中更踏實篤定；可是卻怎麼一點也不像禪門弟子（還有好些講經時的公案都還不通，小參時當然是更答不出來）呢？

但也許是這番「訴苦」，後來與陳老師小參時，經老師一點—不管說什麼，○○○○○？—方才清醒過來，知道原先又落入語言文字中了。

至此一方面歡喜，一方面仍不禁再搖頭，若不是 恩師一再提示，二位監香老師用心良苦反覆問話，還不知道要到哪一次的禪三才磨得出來！最後與 導師小參時，恩師您問弟子是否自信都沒有了時，已答不出來了。確實一則以喜，一則以憂，喜爲從此可更深入微妙法，護法無大礙，藉此能嘉惠更多的人信受佛法；憂爲擔心慧力不足，進步緩慢。除此以外，接下來 導師小參時問的問題就容易多了（問題本身容易，也可以整理再寫下來）；更可以再來禪三與師同住。

承蒙 恩師住世弘法的大因緣，讓弟子為求貫穿宇宙一切的背後眞理而對佛法起了極大的好奇心，因而從學佛前的盲目漂浮生死海中不自知，到對諸佛的究竟了知、究竟清淨起無限的欣羨，願如阿難尊者以深心奉塵剎。雖然緣於習氣、業障，護法行上也變得舉步維艱，但相信 佛菩薩自有安排，只要盡自己的能力去作一位菩薩當作的事，讓善淨種不斷地現行、落種，其餘的就隨順因緣了。

# 見道報告

恩師慈鑑：

弟子王素菱頂禮敬呈

至心歸依頂禮

南無　本師釋迦牟尼佛

南無　阿彌陀佛

南無　文殊師利菩薩摩訶薩

南無　普賢菩薩摩訶薩

南無　觀世音菩薩摩訶薩

南無　大勢至菩薩摩訶薩

南無　地藏王菩薩摩訶薩

南無　平實菩薩摩訶薩

南無　十方三世諸弘揚如來藏法的菩薩們

想是過去世有許多不好的種子，慢心深重，信心不足，再加上沒有和正法以及善知識結好緣，所以修學正法這條路走得崎嶇又緩慢；但是感謝佛、菩薩不捨弟子，讓弟子沒有走錯路，最終還是能到正覺修學正法。

記得從小一直就有一個疑問：我們爲什麼來到這個世上？這個世界是黑暗的，不夠光亮，一點都不可愛。而人類死亡後又是什麼境界？我們該當何去何從？由於這些困惑，自然而然很容易被玄學、科幻小說、歷史小說所吸引。後來到了美國，學業告一段落後，開始往宗教尋求答案。由於每次聽到阿彌陀佛、觀世音菩薩聖號就覺得特別親切，所以直接從佛教開始。

當時林清玄的著作大肆風靡，於是乎林清玄的書一本接一本的看。直到有一天，覺得看林清玄的日記，好像不能解決自己的疑問，於是轉到另一個尋覓的階段。

接下來有一段時間跟著母親去一位居士開設的佛堂參拜，祖母也在那段期間過世；聽人說誦《地藏經》迴向給亡者，亡者可以往生到好地方，於是就跪在居士開設的佛堂裡誦《地藏經》，祈求 地藏菩薩慈悲接引祖母。接著又請法印寺的師父慈悲替祖母作場法會，師父問說「想怎麼作」，記得回答師父：「怎麼樣對亡者好就怎麼作。」師父說：「好，我們是佛教徒，我們不燒紙錢，希望家人能聚集誦經迴向。」於是就這麼連絡當時在美的子孫後輩。佛、菩薩保佑，居然讓年紀在當時算小的弟子，集合了所有在美的子孫後輩參與法會。

記得那天師父帶領唱誦的是《金剛經》與《阿彌陀經》，法會結束後當天晚上就夢到祖母坐在一張很莊嚴的椅子上，一邊微笑，一邊往天上升去。從此以後，對佛菩薩的慈悲力深信不疑，也開始了閱讀佛經的興趣。

讀到《華嚴經》〈普賢菩薩行願品〉，對菩薩們廣大如虛空的悲心與心量，有無限的感動。誦《地藏經》時，對 地藏菩薩基於孝心，而推衍出普利有情的心懷，生出無限的尊敬。讀到《法華經》，佛陀為一大事因緣降生人間，對 佛陀有無限的感恩，也對我們身中本有的無價摩尼寶珠有無限的欣仰。讀到《阿彌陀經》，世尊為了我們這些娑婆世界的眾生不辭辛勞的教誨，而生出了無限的感懷。讀到《金剛經》時，雖然是有看沒有懂，但是只要聽到

《金剛經》名稱就有無限的歡喜。

後來在一個偶然的機緣裡接觸到慈濟，也曾經投入參與慈濟的慈善事業，沒有多久後就開始問自己：「**難道每個禮拜在慈濟聚餐、唱歌、學手語、走訪需要慰問的家庭，就能解決我的疑問嗎？**」後來決定既然找「**摩尼寶珠**」無從下手，那麼就誠祈 阿彌陀佛慈悲：在這一期的生命結束後，能蒙 阿彌陀佛慈悲授手接引往生西方極樂世界，就此開始了持名唸佛的過程。

唸啊唸……，有一天突發奇想：如果不唸出聲，這樣是否會較有效又隨時可以精進？而且在當時，口不出聲唸佛是很自然的（很自然的心念）。記得當時就這個問題請教在修行路上已走了頗長一段的人，結果得到的答案均是「**若不能口唸心聽，就不是唸佛**」；雖然對這答案半信半疑，而且心想，佛號也就是一串文字組成的，唸出聲後聲音總是會過去的，那麼為什麼不唸出聲就不是念佛？唸出聲跟不唸出聲在當時對弟子是沒有差別的，但是對他們說的哪裡不對，卻又說不出個所以然；既然周遭的人都這麼說，那肯定是自己錯了。

在這期間，尋師的渴求並未停下，每次回臺，總是會循著朋友的介紹去拜訪一些道場；很不好意思的說，跑過的地方包括藏傳佛教（藏密喇嘛教）、道教、一貫道，以及一些很偏遠的佛寺，但是終究沒有找到可以依止的道場。

直到有一天，一位慈濟的師兄拿了一本《無相念佛》跟弟子結緣，雖然已是一九九五年的事，但是接到這本書看到標題時的震撼，至今難忘！迫不及待一口氣把它看完，看到〈大勢至菩薩念佛圓通章〉，裡面講的是：「憶佛、**念佛不是憶佛唸佛**」時，猶記得當時一邊看一邊猛點頭說：「**對！對！講得太好了！**」可是因爲資質不佳，雖然是薄薄的一本書，卻看不懂的部分居多，但是對它就是有莫名的喜歡。

接著在師兄的介紹下，繼續拜讀《禪—悟前與悟後》（當時是很厚一本的結緣版）。回臺後就打了電話去正智出版社詢問，打聽到上課的時間就上臺北去了。依照地址找到當時在士林中山北路地下室的共修處，由於到得早，所以有機會親眼看到永生難忘的一幕——蕭老師（當時是這麼尊稱恩師）以及師母搬著綁得結結實實的一大掛書進講堂，心裡的感動至今猶新。

由於弟子是新面孔，所以有一位林老師把弟子帶去與 恩師認識，稍微閒聊了幾句，似乎記得當時 恩師說：「**妳的思緒很粗糙。**」（現在回想，沒有無相念佛的功夫，沒有任何定力，自是粗糙。）那時候，向 恩師請求：由於美國沒有共修處，是否可以允許讓弟子在家裡作功夫，然後報名禪三（如今眞是非常羞愧，當時並不知爲了什麼要求明心，竟敢如此大膽要求）；恩師說礙於同修會的規定，不能答應。也許 恩師看到弟子滿臉寫著失望，反而一直跟弟子說：「**很不好意思。**」還說：「**沒有關係！我以後會出很多書，妳就一本一本看過去。**」多麼慈悲的 恩師啊！

就這樣，從那時起，只要回臺，就到郵局劃撥訂購正智出版社的書，以及索取結緣書，而收到的結緣書永遠都會遠超過所索取的。但是畢竟程度不夠，很多書都是看不懂的；再加上沒有能共修的場所，所以雖然對 恩師傳的法興趣不減，但是也漸漸的回歸求往生西方極樂世界的修行。

二○○五年以及二○○六年是這一生的轉捩點。先夫於二○○五年中車禍往生，自己的身體狀況不好，也於二○○六年中開刀。接二連三的事件幫助了弟子更確認人生的無常，而 恩師所寫的書弟子也都一直收藏得好好的。二○○六年開刀時，醫生囑咐須在家休養六個禮拜；有一天正窮極無聊想看本書打發時間，到了書架前，能引起閱讀興趣的竟然是《無相念佛》、《念佛三昧修學次第》、《禪淨圓融》、《禪門摩尼寶聚》等 恩師的著作。

就在開完刀後休養期間將這些書重新溫習了一遍。也許是修學正法因緣終於成熟了，正在此時，當初介紹《無相念佛》給弟子的師兄告知正覺在洛杉磯已成立分會，並將於十月開課。循著網上的訊息找到洛杉磯分會，請了許多結緣書，並報了二〇〇六年十月二十八日的禪淨班課，從此正式走上了修學正法的路。

第一天上課親教師介紹了無相念佛法門。回家後照著親教師所教的選定了 阿彌陀佛為禮拜的對象。過了兩個禮拜後一天早上拜佛時，突然間有一個沒有語言文字、沒有形象的念很清楚的出現，而且是很清楚的念 釋迦牟尼佛，同時間似乎 釋迦牟尼佛很慈祥的摸弟子的頭；在那一剎那，就好像離家很久的孩子重新再與慈父連接上（十方如來，憐念眾生，如母憶子；若子逃逝，雖憶何為？子若憶母，如母憶時，母子歷生、不相違遠……）。時空彷佛拉回到二千五百年前，依稀「聽到」慈父在對眾生開示……「如我今者，稱讚諸佛不可思議功德；彼諸佛等亦稱讚我不可思議功德，而作是言：釋迦牟尼佛能為甚難希有之事，能於娑婆國土五濁惡世……說此難信之法，是為甚難！」

並且心中出現了很清晰的字：願、願、願。好似　世尊在提醒弟子已遺忘的事，但是提醒什麼卻不知道；只記得當時痛哭流涕許久，想著自己剛強難度，世尊卻這麼慈悲願意到這五濁惡世度眾，又是感念、又是悲傷。哭完後才發現似乎有了無相念佛的入手處，從此依照此法憶念禮拜本師　釋迦牟尼佛。

二〇〇七年七月某天開車在高速公路上，一邊憶佛、一邊聽無相念佛有聲書；當時速度很快，突然間有一個東西彈上擋風玻璃，所產生的尖銳聲音震耳欲聾，聽力驟失；周遭的世界一時變得全然的寂靜，身心似乎分離；「可以」看到自己像木偶般在開車，身邊所有一切看出去是平面的，好似在看鏡子上顯現的影像。這情況持續了一段時間，在那段時間，不但這個色身非常不眞實，連周遭的世界都是幻化的。由於當時上課不到一年，知見、慧力、定力、各方面都很缺乏，所以除了覺得身心虛妄、世界虛幻，並無法解釋所體驗的。經過了這個經驗，很多事情不會太計較了。

由於這個經驗非常的特別，所以偶爾會想起；經過了這麼多年的思索，弟子的解釋是意根在法塵的突然變化後，「看到」如來藏所變現的內相分如鏡子般顯現影像。在往後的日子裡繼續體驗，深刻體會五陰在如來藏上起起落落，一世又一世；既然往前往後都推不到盡頭，如來藏恆常不滅，那麼何必害怕繼續受生？爲報 佛恩、師恩，應當秉從 世尊以及 恩師的指示，該往何處護持正法便往何處去！因爲弟子深信 世尊以及 恩師會永遠不捨弟子，會永遠的攝受弟子並引導著弟子。

在上課之餘，猶記得林偉仁老師徵求翻譯義工；雖然很心動，但是深知自己的英文能力限於專業用語，平常的會話不足擔任翻譯工作；再加上對正法的法義瞭解不夠，所以不敢報名。感謝□□師的鼓勵，終於報名參加了英譯組，從此開始了長期投入的工作；所參與的工作讓弟子有機會跟隨偉仁老師學習，深刻體會老師對沉迷眾生的慈悲心，對 導師的孝心，以及對學員的耐心。工作的過程讓弟子的定力、慧力有機會增長。弟子虔誠發願，願在偉仁老師的帶領下，盡心完成所交代的翻譯工作，也期望眾同修們在能力範圍內能多參與編譯組的工作。

在這期間，猶記得作了幾個醒來後還記得很清楚的夢，也都是與 恩師有關的夢。謹記錄兩個印象較深刻的。第一個夢是在一個小室裡，恩師似乎是坐在一個禪床上，圍繞在 恩師周圍跪著的是包括弟子在內的三、四個師兄弟，在聽 恩師開示。在當時的場景裡，恩師以及所有師兄弟身上所穿著的是紅色的袍子。恩師開示人們都執著虛妄，認假爲眞，在自己的意識界裡玩得不亦樂乎，還以爲一切的體驗是眞實有，末了交代師兄弟們要直心。

還有一次熟睡後，弟子夢到與一群穿著古式長袍、搭著縵衣的同修，當時天色昏暗，恩師由前走來，腳步緩慢，提腳經行。雖然是很簡單的片段，但那一幕非常莊嚴肅穆，恩師眼神慈悲威德兼具，又帶著幾分期許。猶記得醒來後非常難過，好像作子女的因爲資質不好，努力不夠，未達到作父母的期許而自責，但是作父母的仍舊是很耐心地等待子女長大的那一天；而 恩師所示現的機鋒，現在看來是了了分明，在當時卻是這麼的茫然！誠然是禪三時 恩師給弟子「眞是有夠鈍」的評語。

禪淨班的課程繼續著，隨著進度上到般若度。在這期間照著親教師的指導努力作觀行；在超級市場裡，一邊選菜，一邊觀察眼識、意識的生起需要藉很多的緣，而意根大部分（清醒時）是需要意識提供的資訊作出決定；最後的結論是意根從不觸外界，所以也未曾眞的「嚐」到食物的味道；以此類推，所見、所聽、所嚐、所嗅、所觸、所有的感覺均是依他起的依他起性；由此也慢慢的降低攀緣心。

在那一段時期，修習定力的功夫還是倚賴無相憶念拜佛，同時很努力的作觀行。有一天上班，從停車場走到醫院之間作觀行時，突然生起一個「**走路是誰？**」沒有語言文字的疑情。後來的日子裡，在日常生活中類似的疑情，諸如「**洗碗是誰？**」、「**掃地是誰？**」常常生起。

晚上熟睡後，突然會醒來，並且閃過一個念：意根不須作意要○○，而我們能「自然」○○，那麼一定確實有一法○○○○；如果不是意根，不是意識，那麼一定是如來藏。

時序跟著推進，轉眼報了禪三，蒙　恩師慈悲錄取了二○○九年四月的禪三。剛收到禪三錄取通知時，眞是百感交集——在經過了這麼長時間的尋覓、迂迴的過程後，不但能修學正法，而且還有機會參加一度認爲這輩子無緣的禪三，讓弟子在接到錄取通知時不禁痛哭出聲。

接到禪三錄取通知後加長拜佛的時間，有一天在後院掃地時，在舉起、放下、前後○○○○時，注意到一個不知如何形容、無形無色的「東西」隨著○○○○上上下下；在接下來的日常生活中，也觀察到這無形無色的「東西」。

一天中午獨自一人到素食餐廳吃飯，那天餐廳用餐的人很多，所以也很吵；點完餐後在等上菜的空檔閱讀《我與無我》，突然間，周遭暗了下來，吵雜的聲音也沉澱下來，變得很遙遠。這就像上次在高速公路上的經驗；抬起頭來，看到餐廳用餐的人在講話，但是卻似乎在看無聲電影般，所有的人、景、事、物皆在這面鏡子上顯現；而那無形無色的「東西」也可在這些人身上看到，隨著○○○○顯現。心想：是祂嗎？弟子並不能確定，決定小心謹慎點。其實心中是疑的成分居多；因爲「祂」實在太「平實」，太現成。帶著疑問，上禪三去了。

到了祖師堂，有無限的親切感；依照指示，放好行李、水杯，在拜墊上鋪好拜巾後，開始禮佛求願。禪三第一天是拜願、拜懺、蒙山施食，以及主三和尚殺我見的開示。晚上普說，由於聽不懂，再加上時差，於是很辜負恩師，一直跟周公打交道。

第二天經行，在慈悲的陸正元老師的口令下慢走經行、快走、小跑；在全身○○○時又看到了那個不是東西的東西隨著○○顯現，好生希奇。晚上過堂時，主三和尚交代要注意腳下；不自禁的，《維摩詰所說經》裡的經文一直出現在腦海裡，諸如「舉足、下足皆從道場來」、「不知是菩提，諸入不會故」、「知是菩提，了眾生心行故」。還一直出現《解深密經》裡的經文：**「阿陀那識甚深細，一切種子如瀑流；我於凡愚不開演，恐彼分別執為我。」**

想是善根與信根不具足，隔天與 主三和尚小參時還是將妄心帶進小參室。主三和尚問：**「經行時有沒有什麼發現？」**記得弟子回答：「有啊！有一個不是東西的東西在○○○○間顯現。」 主三和尚說：**「豈止○○○○，全身上下都是！」**弟子直點頭說：「是、是！」就沒有下文了。於是 主三和尚指導該如何洗碗，並交代了一句話**「妄心○○○」**，就下去用心參了。

第三天，與監香蔡正禮老師小參，向老師作了一個○○○○，報告這就是如來藏，老師問：**「什麼是如來藏？」**記得弟子說了許多，但都不是；老師交代：**「下去繼續整理，下次報告這一個○○○○○有多少法。」**

第一次禪三，可能由於與許多往昔共修過的同修們再次相會，所以在心裡出現很多念頭，往世的事與現世交錯，讓弟子有點恍惚。這個恍惚嚴重影響參禪，所以弟子決定先面對這個問題，於是開始思考。突然生起一個念：「菩薩為何願意生生世世領受五陰？」經過觀行已知五陰乃苦、集，因無常故；前五識的生起須經過五根觸五塵，意識的生起則須意根觸法塵，所以五陰是緣起法。五陰虛妄，然而若沒有五陰，菩薩們便不能在人間修習佛法、弘揚佛法。

是什麼樣的慈悲願力，在明知有五陰就會造就諸身口意業的情況下而仍然願意受生？為了成就佛菩提道故？為了不捨眾生故？人生如戲，因為五陰虛妄；然而在這戲中，諸菩薩們為了未來受生時能少遮障，和為了利益眾生故，生生世世受持菩薩戒規範身口意行。在無可計算的受生中，諸同修道友會一世一世的再聚集，但每一世的角色皆不同，或互為同修道侶，或互為師生，或互為父母子女，或互為兄弟姊妹，或互為知交好友，或互為夫妻。在不同的五陰相會時，會有往昔相處時的種子流注，所以在每一世與眾生及同修道侶間的相處要如理且不執著，如此才能生生世世與善知識結好緣。

如此整理完畢後，心也跟著靜了下來；接著到 佛前發願，願生生世世爲正法所用，至誠稟 佛三次；回到座位後，頭部發麻，似乎 世尊慈悲地摸弟子的頭，又再次在心中升起一個重複的字——願。至此，弟子很確定，弟子一定曾在 佛前發了什麼願，但是今世忘記了。弟子又急又難過，於是流淚不止，經過 主三和尚的再次慈悲指導後才止息。

第一次的禪三考到五陰十八界就通不過了，但弟子是收穫滿滿的下山。經過了一年，蒙 恩師慈悲，再次被錄取二〇一〇年四月的禪三。再次懷著感恩的心上山，但是第二次遮障頗多。每次與監香老師小參，都是報告不了幾句就被打出來教重參，眞是非常苦惱。眼看已最後一天，還是沒有進展；至此，心裡生起了怯意，覺得開悟太難了。但是也知道也許往世沒有熏習破參的種子，所以現在困難重重，於是鼓勵自己再接再厲。

那年正值四二五 恩師要在高雄舉辦「穿越時空—超意識」演講；弟子是高雄人，記得有天帶著朋友到高雄講堂禮佛請書，正好碰到白正偉老師在小參室裡看書。弟子向白老師問訊，也許是白老師感應到弟子的怯意，他一再交代弟子、鼓勵弟子不要氣餒，要繼續報十月的禪三，弟子懷著感恩的心答應一定報十月的禪三。現在回想，雖然弟子尋覓許久才得以修學正法，但這一路走來都有許多的善知識護念著。

回到LA沒有多久後，就因爲與親教師間嚴重的溝通不良而造成了誤會，讓弟子天天過著反省自我的日子；而弟子也至此才深刻體會學員不宜與親教師太過接近，與親教師的關係應該止於法上的會規，弟子與親教師之間的私下溝通也在這一段時間完全切斷。這一段時間是弟子進正覺後最大的考驗，弟子很感謝親教師給予這個考驗的機會。弟子曾經起過許多的疑問，心在不知不覺間變得剛硬，每個禮拜拖著腳步去上課，對自己是完全的沒有信心，而且自認不值得受此大法；但是因爲曾答應白老師，所以報了當年十月的禪三。在寫發願文時，卻因爲這個疑心而捨了「加入燈燈相傳行列」的願。

一天上課上到《央掘魔羅經》，親教師介紹經文，弟子不能確實記得經文，只記得大意是：佛告訴央掘魔羅菩薩，在末法時代護持正法有多難，如果集這世界所有的山以及海於肩上，護持正法的擔子比起這些山還要重、比起這些海還深。聽到這裡，弟子淚流滿面，心馬上柔和下來，只覺得非常的慚愧——比起這如來家業，弟子經歷的這些不值一提。想到 恩師的慈悲，弟子更是羞愧浪費這麼多精神在這麼微不足道的事情上。接下來整頓心思，繼續在法上用功，繼續努力想辦法推廣正法、致力於義工工作。

那年十月禪三，LA沒有任何人被錄取。弟子不知道爲什麼別人沒有被錄取，但是弟子自己好好反省，檢查自己的身口意行，並跪在 佛前恭誦〈普賢菩薩行願品〉，誦至「廣修供養」，心中生起許多的感觸。在這菩薩道上，吾人須承事供養多少尊佛，才能有證得無上菩提的機緣？而各各有情身中都有一佛。所以什麼是對佛最好的供養？「**諸供養中，法供養最**」。所以當努力修習善業，熏習正法，求能證得法界實相，歷緣對境修除性障，積極轉化惡業種子；爲了能生生世世爲正法所用，所以須以菩薩戒爲依歸，規範身口意行而不墮三塗以至延誤爲正法所用的時機。

各有情身中也都有一「**普賢菩薩**」，弟子自己期許努力精勤，調柔心性，說服意根，生起悲心，恭敬心、精進心、孝順心；願生生世世修學佛法，利益眾生，追隨諸善知識，護持諸善知識，永不入無餘涅槃！弟子繼續深思，應再擴大心量，讓心量寬廣，有如大地般承載萬物，否則護持菩薩、荷擔如來家業之說將是空談。如此修學已，再教導諸有情如是修學，才是對 佛世尊最好的供養。思至此，虔誠在 佛前求懺悔，並發願：盡未來際，願成爲燈燈相傳的一分子。也許是弟子的錯覺，本來弟子覺得在那半年中佛像「看來」是沒有笑容的，非常嚴肅；但是經過這樣的懺悔後，佛陀聖像「好像」開顏微笑了。

轉眼又到了報二〇一一年四月禪三的時候，弟子以至誠心領取報名表；雖然心知當時的親教師不會推薦，但是弟子告訴自己：就再報一次，如果沒有被錄取，那麼也許是今生破參無望，期許自己努力求懺悔消業障，努力與眾生結好緣，努力修集修學正法的福德資糧，就期望來世吧。等到交了禪三報名表後，心想與親教師間的結應該把它解了，所以找到一個機會頂禮親教師□□法師，並請求她的原諒。從此，心中再無遺憾。

很意外的，三月底接到禪三錄取通知；感謝　恩師！第三次禪三，與主三和尚小參的時段，恩師提起洛杉磯分會就像一盤散沙，偏聲聞性的人較多；假使依舊沒有改變，仍然都是聲聞人，可能得要關閉。主三和尚說的，句句都說到弟子內心深處的憂慮，不爭氣的弟子不由得流淚；再加上不知從哪裡報告起，所以只能不停地流淚。主三和尚一再交代弟子，要凝聚具有菩薩性的菩薩們的力量；弟子只知道　恩師交代的一定要盡全力去作，於是猛點頭說是。

在接下來的幾天，弟子一再告訴自己，來一趟禪三非常的不容易，又要煩勞這麼多的明心菩薩護持，主三和尚、兩位監香老師的辛苦更是不在話下，所以收攝心神，努力用 主三和尚教導的洗碗方法參究（感謝主三和尚還特別指導其他許多方式）；洗啊洗的，就看到是「祂」，心裡就一直想到「**五陰非我，不異我，不相在**」。但是這傢伙從第一次禪三就看到了，兜了這麼久，眞是「祂」嗎？心裡有疑，登記小參，連續兩次向監香楊正旭老師報告的，卻不是「祂」，而還是妄心，連續再讓老師殺兩次我見。

最後死心了，沒有別的了，只剩下「祂」了；登記小參，向監香陸正元老師報告就是「祂」。陸老師還再三地問：「**確定嗎？從這麼遠的美國回來就為了這個？**」這次很篤定了，很肯定的說就是「祂」。至此方始確實明白「**妄心打死了，才有法身慧命出生的機會**」的道理（雖然法身原本就不生不滅，因爲有妄心所以才有眞心可證）。

回到洛杉磯，感謝 恩師給予機會參與講堂工作；弟子永不會忘記向 恩師作的承諾——弟子會盡全力，絕不會讓洛杉磯分會關門。弟子當時沒有向恩師報告：弟子自己在長達十二年的兜兜轉轉、尋尋覓覓後才能修學正法，弟子不願再有人想修學正法卻沒有地方共修！轉眼匆匆，感謝 恩師再次錄取禪三。

這一次狀況好很多。第一天 主三和尚的殺我見開示，弟子聚精會神的聽，很奇怪的，雖然是聽了第四次，但是這一次卻能很完整的記住：十八界生起的次序——意根帶著如來藏入胎；如來藏因於祂的大種性自性執取母體所提供的地、水、火、風製造五根，在初住胎的前四個月左右，因爲如來藏尚未完整製造五根，所以不能觸外塵產生內五塵，由於法不孤起，沒有五根觸五塵，就沒有法塵讓意根觸，所以在初住胎的前四個月不會有六識的現起，所以沒有胎動。六根是大哥，六塵是二哥，六識是小老弟。七識心都〇〇。同樣的五陰的現起——色陰、識陰、受陰、想陰、行陰（行陰的次序也可以在色陰與其他陰之間）。

第二天跟 主三和尚小參時，向 主三和尚報告過〇〇部分後，主三和尚就交代下去整理爲什麼意根不是〇〇〇以及如來藏〇〇部分，然後再向監香老師報告。當天晚上過堂，主三和尚大概知道弟子還有一些關節沒有打通，特別交代弟子吃火龍果；這一吃，可吃出味道了！從此以往，吃飯再也不一樣了。接下來幾天的普說，由於較能體會，所以聽得津津有味，居然能克服時差。第二天向監香章正鈞老師報告爲什麼意根不是○○○——因爲意根不遍一切身處，不遍一切識，不遍十八界，不遍五陰，不能決定壽命；再向老師報告如來藏○○部分：……等，章老師還補充了○○、○○的成長。

章老師接著出下一題：爲什麼○○○○○○○○○○？弟子愣了一下，心想知道的都已報告完了，那這題該怎麼作答？出了小參室，回到座位整理；不一會兒，罵了自己：「眞是笨！」因爲祂是入胎識、因爲祂是○○○！登記小參，這次是白正偉老師；還沒開口報告，老師就問：「什麼是如來藏？」弟子眞是愚魯，又被問住了；後來回想，其實就是同一個問題換不同方式問。白老師開示，由於過去弟子沒有熏習破參的種子，所以今世困難重重；慈悲的白老師鼓勵弟子，他發願、願生生世世與弟子綁在一起護持正法；弟子何德何能！弟子也發願、願生生世世在菩薩道上護持白老師！白老師接著交代弟子可不能太慢，否則會延緩他成佛的時機。

回到座位，非常苦惱，但是收攝心神繼續努力。由於沒有很肯定的結論，所以直到第三天晚上普說結束，弟子都還沒去登記小參。回寮房前，章老師叫住了弟子，一直鼓勵弟子再試試看；感謝章老師，由於他的鼓勵，弟子才登記了小參；否則如果隔天才登記，一定會來不及。

第四天小參，是章老師。弟子心想：不管了，就向老師報告所知道的。接著老師問：「何謂○○○○、○○○○？○○○○○○○○？」一一回答後，老師交代回座位等。心裡正想著：下一題是什麼？接著是 主三和尚問：為什麼○○○○○？○○○、○○○○○○○——就……提出申論。弟子一時寫得太快，將○○寫成○○。

接下來喝水，原來喝水有這麼大學問！經過 主三和尚詳細地指導，才知道不止是眞心的部分日用而不知，原來妄心的部分也是日用而不知。在護三菩薩的照顧下，閉起眼睛走路，體驗少了眼識後其他識作用的調整變化，也才少分了知在見的當下已經了別完畢的道理；眞是喝了將近五十年的水、走了將近五十年的路，直到今日才有少分的體會是怎麼喝的，怎麼走的！

第一階段的參禪到此暫時告一段落。回顧這個過程，弟子除了至誠感謝佛、菩薩以及 恩師外，弟子不知道還能說什麼！資質愚鈍的弟子若不是 恩師慈悲以及耐心，為有可能知道何謂如來藏的總相！弟子唯有發願永不入無餘涅槃，生生世世為正法所用，生生世世護持菩薩們成就道業、弘揚正法、破邪顯正，並發願加入燈燈相傳的行列，希以此報　恩師的恩德於萬一！

弟子　素菱叩首頂禮敬稟

10–17–2011

# 真愛難尋菩薩行

張育如

師父尊前慈鑒：

弟子每一世都不認得　師父，每一世都被　師父撿回佛門，是一種很奇特的感受。弟子多生多劫以來，隨您修學佛法，世世轉世、相逐不移，因緣深厚遠遠超乎弟子所能想像。弟子的往世歷程、諸多蹎踣，您比弟子更爲清楚、更爲了然。弟子一度躊躇不知如何動筆，雖然私心希望這篇報告只存於您的壓箱艙底，但一聞及您擬將密宗官司惡緣轉爲利生善事，弟子亦起念效法，願以利益眾生之心，來撰寫這篇見道報告。只是弟子知見、慧解嚴重不足，祈願所寫所述蒙大善知識眼下微笑，則弟子亦俯首赧然。

**人爲了假我，什麼業都敢造。**

你，爲了什麼，要去認識這個假我？

有一天，這些東西注定會離開，所有的恩愛情緣、財富名聲、家庭事業……

有一天，我們注定會離開這個身體……

有一天，當親人朋友一一離開我們……

有一天，當我們離開這個世界……

我不曾問到生死大事。可是我的問題似乎也不只是生活壓力。

我不知道我是誰，我不知道我爲什麼是這樣一個人。

我不知道生活、生命是什麼。

始終覺得自己像汪洋中的一條船，漂來盪去，不知明燈在何方。

深沈的孤獨感。

會有那麼一天，我的身心有個安落處嗎？

從生到死短短幾十年中，各種的希冀、期盼、緊張、擔憂、害怕、徬徨、追求，人生的每一個階段布滿了大大小小的希望—落空—希望—成功，這一個追求成功了，又開始擔心下一個追求。世上有誰是全然快樂無憂的呢？

爲什麼，這就是人生？

昨日在餐廳，驀然驚覺，論文指導教授 Birus 的事我一直在退讓，配合對方。到底是誰教我的，使我具有這些習性？從以前以來，總是剪裁自己、泯除自己去合適對方。

是誰教我東西要擺好、字要寫整齊呢？人的稟性哪裡來的呢？眞的是祖先的遺傳基因嗎？

沒有人不問生命的意義。飆車、犯案的青少年，俱是以行動提出他們對生命的疑問。

更嚴重的是沒有擔當力，害怕跌跤、害怕迷途；更甚者，我害怕將來假如拜師，老師的嚴格、打罵會沒有面子，人前落淚難爲情，還有害怕不如人。

沒勇氣擔當的人……

人的舉動、想法、作爲、決定等，到底有多少是出自他「眞正」、「自己」的呢？

修行，可以使人掙脫這無數的無形繩索嗎？

在此之前，我從來沒有「我生來是要修行」的念頭。但現在回想，以前常有被一層膜包住的感覺，它使我無法去學習爾虞我詐、社會化、與他人的人生路同化。「祂」是什麼？我不知道。是什麼在保護我？我也不知道。但我很慶幸，同時感謝。

第六感生死緣（Meet Joe Black）中的年輕人不是年輕人，卻是死神。同樣的，有誰能說：這個身體是我的、我即此身呢？擁有這個身體的是誰？而「我」又是誰呢？

**生命基調**

以上摘自一九九九年至二〇〇一年的生命心情，當時遠在歐洲，感觸特別敏銳。然而我並不是一直這麼敏銳，據說我小時候常被鄰居玩伴打，卻從不還手。有一次外公來訪，教我：「**跟他打！**」我依言回手過招，果然玩伴再也不敢打我，並且照舊讓我去他家玩耍看電視。

這段童年軼事早已不復記憶，從媽媽的敘述得知自己以前這麼「古意」，眞是一絕。這一絕，伴隨我走上人生路。長大後面對同學、朋友出於自私有意無意的傷害，我往往選擇傷害自己。這種自害的個性，如今回首，當是我在菩薩道上幾度躓踣的原因之一。

或許因爲生來不擅生存競爭，因此養成獨來獨往的個性。自從上學以來，我不曾加入任何小圈圈、小團體，若非一視同仁平等往來，就是踽踽獨行我行我素。此外，生來有一種很深沈的孤獨感，往往處在同學、朋友聚會中時，感受互不相屬，一期一會無須歡喜。

我就在這樣的生命基調中長大。回首過往，我並不像其他菩薩們生來常問：「生從何來？死往何去？」我只是常常在眾人歡喜酣暢的聚會中，觀察他們的言語、神情，油然升起：「爲什麼這就是人生？」的疑問。上大學之後，開始面對每個人的人生起跑點時，常自問：「爲什麼要工作、結婚、成家、退休、老死？這就是人生嗎？是每個人要過的一生嗎？」

## 俠骨柔情的事業——人之可貴，貴在一起共同發光發亮

我出身於南部地方氏姓家族，到祖父時家道已然中落；祖母是地方大家閨秀，據說很疼愛我。父親因爲優柔寡斷，人生消沈失意，全由母親扛起養家活口的重擔。雖然生活不富裕，母親卻堅持要讓我讀書，送我進入天主教學校就讀。到了國三，我卻非常厭惡同儕競爭：明明是朝夕相處同窗三年的

同學，爲什麼要爲了聯考窄門拼得你死我活？

聯考落榜後，回到母校升讀高中部，遇到了生命中永難忘懷、感念不已的瞿秀蘭老師。瞿老師是一位深受中華文化陶養，有著悲天憫人胸懷、一生熱血爲教育的生命之師。是的，「生命之師」！因爲她用全部的生命、全部的熱力，傾心爲你、爲教育。從她身上，感受不到凡夫一絲自私爲我的心行。她的一言一行深深流露著化育你、成全你、包容你、涵養你的仁德襟懷。如今當我閉上雙眼，心中的迴響依舊是：

「人之可貴，貴在一起共同發光發亮。」

「生命的韌性，也是我們的護身符。」

「你看過那大風雨後，兀自挺立的，鮮豔欲滴、元氣淋漓的花朵嗎？」

「生命若有圓滿，在於人們不斷的付出。」

從瞿老師身上，體會不到常人的負面性格。她浸淫在深厚的中華文化底蘊中，卻並不是口頭宣說，而是身體力行。她從千古文章、詩詞歌賦中，直透生命壁立千仞崗頭的本然力量，思惟、實踐、扭轉、化育，再將她身體力行的經驗化爲語言，傳遞給學生們，鼓勵他們：生命遭遇可以不美，但生命力量本然是美！

每一位學生懷念的，也當在此：瞿老師所展現的，不僅是一位執持教鞭的國文老師，更是一位中華文化的實際履踐者。在瞿老師的春風化雨下，我們以「一起共同發光發亮」的團隊精神，全力以赴每一次比賽，也總在每一次的軍歌比賽、舞蹈比賽……脫穎而出，最後我們互相勉勵「全班一起上大學！」攜手共赴聯考。

如今回首，深深感謝佛菩薩為弟子留下一絲火種，讓弟子在眾生無明、我執深重、勇於造惡的娑婆惡世中，親炙瞿老師這樣一位人間菩薩，平安度過前半生；也由於瞿老師的以身作則，讓弟子心中的菩薩種性能夠溫覆而不熄滅。

在許多學佛人心中，往往將中華文化視為敝屣，認為它的「有」正是無明的內容之一，導致眾生輪迴、不能使人解脫。很可惜的是，我認為這種觀點雖然符應佛法，但卻忽略了中華文化的深厚底蘊、聖賢家法，正是大乘佛法能在中國生根、開枝散葉的重要基礎。

中華文化悲天憫人、民胞物與、痌瘝在抱、視民如子、懷仁慕義、天人合一的胸懷……乃至「吾日三省吾身」《論語・學而》、「非禮勿視，非禮勿聽，非禮勿言，非禮勿動」《論語・顏淵》……，每每明通暗合 佛陀教示的：慈悲、憫愛、孝順、平等。乃至次法中的自我檢視、有過即懺，以及一觸即止——不貪愛超乎實際需求的人事物，免將惡種種入心田……。如果不是這樣的文化土壤，大乘佛法不可能在中國開出燦爛的花朵，綿延至今。

而我何其有幸！能在年少時期値遇如此世間良師，讓我在踽踽獨行時，不時遙望遠方的溫暖火炬，繼續向前邁進。更由於瞿老師傾生命以授的俠骨柔情，當我對人性、對身邊的人感到失望時，總激勵著我：不能成爲眞正的佛弟子，至少也要成爲瞿老師這樣眞心、無私、鼓勵人、溫暖人的世間良師、人間菩薩！

**生命的疑惑**

外公的去世，是我第一次經歷親人死亡。走在殯儀館裡，鋼鐵製的火化設備冰冷冷矗立在眼前。第一次這麼近距離的接近死亡，我不禁想像起：將來每一個人都要死去，都要躺在棺材裡。

有一年冬天，外婆突發微微的中風徵兆。我去看望外婆，聽到她說：「我快要死了！」言語之中流露著恐懼，我卻不知如何安慰她。那時還太年輕，不懂得離死亡很近的心是如何無依、徬徨、恐懼。

奇特的是，雖然對生命存著一些疑惑，但我卻不曾走入任何一個宗教。在天主教學校前後十三年，也作彌撒、也唱聖歌，始終沒有投入天主的懷抱。大學同儕之中也有虔誠佛教徒，不時分享學佛經驗，我也不曾起念隨同前往、一探究竟。

一九九六年九月，我飛到歐洲。初次遠離家門，有著初生之犢不畏虎的憨膽，一路往前衝。衝刺之時，卻也開始面對自己。人在國外，原本熟悉的語言再也不能夾帶各式各樣川流不息的資訊，潮水般不知不覺的不斷湧入，人特別容易沈澱、靜慮思索，發現自己的內心；同時更有許許多多時間與自己獨處，眞實面對內在聲音。在那段求學生涯中，我時常冒出：「爲什麼這就是人生？爲什麼要求學、工作、生老病死？」這樣的聲音。加上趕著修完學校要求的必要課程，身體、精力過度耗損，更常思索著：這就是我要的嗎？

## 昔日曾爲梅花醉不歸—菩薩是熱血沸騰的英雄好漢

飛過大半個地球，我在德國認識了現代禪李元松老師的早期弟子禪琦。初抵德國時，南北奔波了一個月，到各大學趕考語言考，終於通過而決定在慕尼黑落腳時，天空已經開始飄雪。文琦大哥雪中送炭請我吃飯，我在書架上看到現代禪李老師的《昔日曾爲梅花醉不歸》，深受吸引，開啓了此生重回佛門的因緣。

當時我每次回臺，就會去書店找李老師的書。我很喜歡李老師書中流露出來的惜情重恩、俠義情懷，或許是因爲這種情懷深深呼應著中華文化悲天憫人、仁德寬厚的古人風，也深深呼應著我從瞿秀蘭老師熏染成印、難以忘懷的仁德追尋的緣故。就在這種一邊疑惑人生、一邊追尋古風的情形下，勉力撐持著修習課業。

一九九九年九月廿一日發生九二一大地震，家裡雖然沒有遭受震災，卻發生了貓姊妹主人與主人貓姊妹情深義重、不離不棄、半夜跳樓的感人故事。當時遠在德國的我，強烈感知：只要我回家，貓咪也會回家；因而毅然在九二一地震兩週之後，飛回來尋覓貓蹤。雖然最後只找回一隻，卻促使我去面對、思考：「父母年歲漸增，修完學業要七、八年，父母卻沒有另一個七、八年。」因而決定中斷學業，於二〇〇〇年初返回臺灣。

返臺之後，我一面調養身體，一面鼓起勇氣與潛修中的現代禪聯繫。蒙李老師護念特例接引，我很快進入李老師的象山門庭熏習聞法。然而，與其說在李老師座下初學聞熏，不如說是去給李老師百般呵護、溫暖灌溉，因為李老師像一座太陽，熱力四射照耀我們每一個人，而我感受到的，又是特別、特別的溫暖。

我所認識的李老師是一位勇於自我批判，有著超越自我極限精神，以身作則、行菩薩道的生命勇士。李老師生前曾說：「佛法極其單純，人心卻很複雜。倘一個人先具備道基戒行，並且有明眼善知識的指導，那麼欲清淨法眼、獲得大自在其實不難。我覺得『大唐不是沒有禪師』，而是堪付囑的人難得！」在李老師門下，首重道基戒行，當弟子們在身口意行上有所突破時，李老師就會調整他的共修班級，進一步繼續熏習。我從複習班、正四班一直調到正一班時，李老師已經因為長年宵衣旰食、日益衰弱、調養病體中，因而無緣親炙李老師在正一班的授課。

但是我在二〇〇〇年到二〇〇三年中間，卻不斷熏習李老師的人格、作略。尤其李老師待人處事非常細膩，也由於他的人格氣魄非常，令人生起對親證佛法的嚮往。李老師早年獨學，面對佛法浩瀚、佛經難懂的困境，在接觸印順法師的《妙雲集》之後，即站在經驗主義的實證立場，以一邊打坐一邊閱讀、思惟的方式，細細深入印順的緣起性空觀。對於印順的思想，李老師有接受、也有不接受的部分；但就我所粗淺瞭解的，李老師受到印順六識論緣起性空的誤導，是以第六識意識心爲法爾如是、本地風光，而擱置佛陀直示的第一因：生命本源——第八識阿賴耶識。

在李老師的開示中，可以清楚看到印順緣起無自性空的理路脈絡。例如：「生命的本身是空性、緣起。（2001.1.14）」「單純地活在現量的世界，它自然會告訴你，世界是苦、空、無常、無我。」「爲什麼與人往來要無所得？有所得心是束縛，是顚倒的狀態，不順應緣起。」「無常是它的現象，沒有實體。有的只是一堆機運、一堆因緣。」「生命最大的意義是，去瞭解這個世間是沒有意義的，生命是無常、無我。」（2001.1.1 與法味比丘第三次法談。）

在現代禪的三年中，我大多在外圍聞法——吟詠李老師的法語，聽聞李老師開示的錄音帶。教團內發生的事，例如早期李老師獨立面對佛教界「邪魔外道」的指控、中期連○○師兄的默擯事件，我都是後來才聽聞的。對於李老師勇於對佛教界呼籲「悟道證果是可能的」，以及李老師勇於改革、關起門來整頓教團，不禁對李老師自我檢視、勇於認錯、服膺眞理甚於一切的修行人風範，感到無比敬重與喜悅。

二○○三年二月五日，我在現代禪春節聯歡晚會上，清唱三國演義卷頭詞「滾滾長江東逝水」以及「臺北的天空」給李老師聽。我從外圍慢慢走向李老師，覺得這兩首歌代表了我內心對佛法、對李老師的心情；卻沒想到李老師驟然捨報，在十二月十日離開了人世。那一場清唱，成了我此生對李老師的沒有遺憾。

李老師用自己的一生爲我們示現「菩薩是熱血沸騰的英雄好漢」，是眞理道上的勇士，也是我這一生永遠感念的師長之一。在我流浪多年、懵懂無依的時候，李老師用無比溫暖的心，收留了我。李老師曾經給我的評語：「調皮、活潑、桀鶩不馴、意見多」、「一片赤誠，無所求」、「含蓄、不善辯、不巧言令色」，常常浮現在我腦海。我覺得李老師非常瞭解我，也覺得今生要再遇到像李老師這樣呵護我、瞭解我的師長，是極難可得、近乎渺茫的。

**淨土聖道兩相違？**

二○○三年 SARS 流行，李老師極爲關注弟子眾的道業，囑咐大眾禪淨雙修：「**活著的時候作一個覺悟的人，死的時候往生彌陀淨土**」，萬一身染瘟疫、道業未成，稱唸佛號往生淨土。李老師對於淨土，特別推崇法然、親鸞他力唸佛的本願法門，後來決定捨禪歸淨，立即禮請慧淨法師擔任大眾導師，傳授本願唸佛法門。

李老師往生後，我隨同教團轉入本願唸佛法門，默默的、靜靜的、安然的，在一聲又一聲的「**南無阿彌陀佛**」聲中思念李老師；也在一聲又一聲的「**南無阿彌陀佛**」聲中，深心信受 彌陀願力眞實不虛——至心信樂，欲生我國，念我名號，必得往生。對於唸佛往生，沒有懷疑。

本願法門專弘「**專持名號**」、「**厭穢欣淨**」，在慧淨法師的教導下，大家都對極樂國土的莊嚴殊勝、無苦唯樂，非常嚮往。此時領眾的原現代禪副宗長志成師兄的共修說法，漸與慧淨法師有所出入，同修們也開始產生「有無九品往生、如何一心不亂」的問題。對此，我覺得無礙個人唸佛往生，也不想起念去釐清。唯獨對於本願法門強調絕對他力，認爲持名唸佛以外的行門都是雜修、聖道門是自力必定往生邊地，我一直感覺非常格格不入。

淨土法門利鈍兼收，原是 阿彌陀佛的慈悲願力；對於惡人，只要不是造了五逆十惡、誹謗正法的罪業，阿彌陀佛也慈悲接引，因而在第十八願說「**至心信樂，欲生我國，乃至十念**」皆得往生。本願法門卻翻爲惡人當機，獨舉第十八願，排斥聖道門的修行，貶爲自力、不謙卑，並使得本願唸佛的善男子善女人樂爲當機惡人，樂以大海行舟爲喻，只要坐上本願大船，不費自己一絲一毫力氣就可承著 彌陀願力到達彼岸。

當時並不知道成佛之道的次第、階段，也不知道唸佛往生淨土之後，仍然要從戒定慧修起，仍然要修證、親證第一義諦：第八識如來藏。但我心裡始終認爲：淨土法門是 釋迦世尊慈悲留給我們的，爲何反過來高舉 阿彌陀佛而貶低 釋迦世尊的修行教導呢？如果沒有 釋迦如來，我們怎麼知道唸佛可以往生 彌陀淨土？稱唸 彌陀名號的同時，不是也應該感恩 釋迦世尊而恭敬聖道門嗎？唸佛人如何可以不感念 釋迦如來？

但因為不曾想要另覓修學法門，因此格格不入歸格格不入，我依舊常常去唸佛。後來部分同修改投西藏密宗，我均予以尊重，未曾視為背叛師門、大加撻伐，但自己依舊在書院默默唸佛。後來得知領眾志成師兄一家人到正覺同修會修學，我依然秉持開放的心，給予無限祝福。

**踏入正覺之前**

轉入本願唸佛之後，第一次誦念《佛說阿彌陀經》，〈蓮池讚〉法師才一起腔「蓮池海會……」，內心忽有所動，彷佛很熟悉、很熟悉，從內心深處湧出的感動……不禁熱淚盈眶。

二〇〇六年九月大共修時，慧淨師父開示了貧女施燈（明燈佛）的故事。共修後我回到住處向 佛稟白：「**今天師父講了一個很好聽的故事，佛發願為眾生燃無盡燈，為我發心修行、為我解脫，我卻無法為眾生發起菩提心，只想去極樂世界，不再回來。**」話音未落，心有所感，眼淚撲簌簌不斷從心裡冒出來，跪在佛前痛哭了半小時。

或許是諸佛菩薩不忍捨棄我，遣雅鴦、雷京同修邀我談天。我知道她們的來意，心領她們的善意，卻仍一秉開放、祝福的心與她們相談，沒有想要離開本願法門。與雷京師姊聚談後，有感於她對我諸多問題的直心相告，原本堅定不移的心在隔天起了轉圜之念：「**好，去聽看看吧。**」於是我在二〇〇六年十二月踏入正覺講堂，開啓修學正法的因緣。

## 十年生死兩茫茫 不思量 自難忘

那時《金剛經》剛開講不久。雅鴦師姊帶我坐在十樓，前後左右都是聞法同修，安然的坐在小小一方蒲團上。我望著螢幕上講經的法師，感覺好陌生，跟李老師完全不一樣。聽到一半時，突然一陣地震，我反射的閉眼稱唸「**阿彌陀佛**」；過了一會兒，又震第二次，這次我起念望向螢幕，只見蕭老師依舊安然自若、穩如泰山的繼續講著《金剛經》，沒有一剎那停下來。

第三次聽經，我獨自來。那時正逢講經即將開始，我隨眾站在十樓門口恭候，蕭老師一從 韋陀菩薩處轉出來，目光就直視著我，彷佛早已知道我站在那裡；直到我目送 導師進入電梯，導師仍是望著我。接連兩個禮拜都

是如此恭迎 導師，如今回想，深覺是佛菩薩的慈悲與安排。

進入正覺之後，數次夢到導師。二〇〇七年六月十日歸依 導師，授戒和尚一舉唱「香花迎！香花請！」弟子眼淚就滾了下來；就跟〈蓮池讚〉一樣，那好像是一種曾經很熟悉的感覺，從內心深處浮現上來，意識雖然早已忘記一切，內心卻與過往的記憶遙遙呼應著。

歸依後隨即在廿九日夜夢：歸依 導師很高興，看到 導師走來，我滿臉喜悅。導師說：「這麼高興？」然後用手在我身前上下左右作「砍」的手勢。導師又對站在我身旁的女同修說話，我沒聽清楚，問她 導師說什麼？答：「不認識嗎？要好好認識。」

之後，我每每有什麼困擾、奇奇怪怪的念頭，導師都會知道，並爲弟子開示。有一次起念：「每次講經，導師怎麼上十樓？搭電梯？神足飛上去？」接著就在週二聽經時，沒注意與 導師搭到同一部電梯，導師臨出電梯門時，回頭望了又望弟子，令弟子不好意思的咋舌冒汗。

## 修學過程

我在陳正源老師週五禪淨班修學，剛開始雖然聽不太懂，但卻聽得下去。只是很慚愧，導師的書弟子看得很少，一直到禪淨班結束，只看了基本的《無相念佛、念佛三昧修學次第、禪的悟前與悟後（上）、眞實如來藏、識蘊眞義（第十四章）》……，加上之前的工作很忙碌，下班之後時間有限，往往拜佛就沒看書，看書就沒拜佛。

在禪淨班修學，清楚建立佛法的兩條要道：解脫道與佛菩提道。解脫道就是從自己的五蘊去觀行，斷我見乃至斷我執，即初果到四果阿羅漢的所證，可以出三界、入無餘涅槃。佛菩提道就是成佛之道，要從布施、持戒、忍辱……六度波羅蜜起修，歷經三大阿僧祇劫，完成五十二個階位，是菩薩的所證。

更重要的是，第八識阿賴耶識是所有佛法的中心主軸，祂能執藏善、惡業種子，是不生不滅、貫通三世的金剛心；阿羅漢入涅槃必須信受祂，菩薩自在解脫必須親證祂。以前對於世間現象的疑惑如：「眞的有閻羅王嗎？誰來判善、惡報？」也都因爲如來藏、阿賴耶識這個第八識心，而獲得圓滿、完整的解答。

但當課程進行到五蘊的觀行時，雖然也配合著陳老師的進度作觀行，腦袋卻一直打結，很不解：我爲什麼要學小乘法？爲什麼要觀行五蘊？同時，寫觀行報告有時會寫成意根在作什麼，意識在作什麼；也曾產生「**種子現行、意識、意根的關聯是什麼？**」的疑問。小參時，陳老師說從弟子的觀行報告看得出來弟子前世是正法修行人，勉勵弟子先將蘊處界觀行清楚。

禪淨班將近結業前一年，我參與了白老師編譯組的小品文小組，與多位同修一起撰寫小品散文。那一陣子，心中曾產生強烈的願望及意象：**願同組菩薩們都走在我前面，我走最後押隊，看著大家**。這個心情十分濃烈，卻不感覺有什麼特別，只是想說：大家應該都跟我一樣，有這樣的心情。

**諸佛菩薩深切護念—曾經觸證**

在德國時，我有時候會靜坐。有一次坐著坐著，身體以股關節爲範圍開始動作起來。原本不以爲意，以爲是短暫氣動，沒有理它；但接著身體如行雲流水、一式又一式流暢轉換著瑜伽姿勢時，我很驚異的看著自己的身體動作著；更驚異的是，我從頭到尾沒有張開眼睛，但身體卻自動、精確的避開書桌、椅子、櫃子，在室內流暢的作著瑜伽。雖然我的內心一直隱約有種觀念，身體是小宇宙，可以與大宇宙互動，但經驗到身體竟然自己無所滯礙、不受阻礙的自由動作，是很奇特的經驗。

二〇〇〇年返臺之後，我一面以中醫，一面以運動調養身體。我不會游泳，但當時有一個堅定而奇特的念頭：「**身體可以自己學會游泳。**」於是我每天去游泳池，讓身體泡在水裡。泡著泡著，發現手自動開始撥水，腳會自動蹬地，讓身體有動力前進。幾次之後，手開始自動作出蛙式動作，撥水的反作用力讓身體有更大的動力前進；之後，蹬地的腳開始縮上來，配合手的動作，自動踢出蛙式動作。慢慢地，手與腳的配合愈來愈密切，蛙式的動作也愈來愈大而更爲精確；最後，頭能夠自動配合手腳，一出一入水面蛙式呼吸，完成蛙泳。

當時我一路看著身體自己學會游泳，好像一個旁觀者。如今知道：這個本能是如來藏本來既有的功能差別之一。今生現起往世對如來藏所知的種子，意識雖然不知道，但是將此生接觸的世間法拿來評比、衡量之後，判斷可行，交給意根，意根下決定：就這樣辦——沒有語言文字，但眞心了知意根的決定，○○配合眼識、身識、意識（鼻識、舌識此時沒有特別的大作用，意根將之暫擱一旁，不加以注意），了知水中環境，在意識不斷從身識、眼識獲取情報資料，分析判斷之後，讓意根每剎那、每剎那決定，眞心了知意根的每剎那決定而○○調整動作，如此○○、○○合作，最後自己學會游泳。

上述兩個奇特的經驗，當時都只是感到很奇特、印象深刻。如今方知：爲何祖師說生緣處處，隨時都是法身慧命出生之時。

此外，我進現代禪後不久，於二○○一年十一月作了一個夢：我夢到自己有如靈魂出竅，「我」看到我的身體在一旁，像屍體般一動也不動；「我」呼吸，我的身體才呼吸，「我」憋氣，我的身體就一動也不動。

二○○七年十二月廿三日從　導師受菩薩戒。而蒙諸佛護念，我受菩薩戒第二天晚上拜佛時，明顯觸證：身體○○○，兩個眼球○○○○○○○○○○。身體○○○○時，感覺好像另外一個人在○○○。當時即起念：「我這個色身是誰？色身中有另一個人，那何必爲這個色身執著種種事？眼耳……本來都很單純接觸外界，經過意識分別而加以喜惡，甚至造惡（貪著、起瞋……），不是自己給自己負擔嗎？」試著體會那「另一個人」時，《心經》中

「不垢不淨、不增不減……」的經句一一浮現於心，從而感到這個色身的虛妄、不重要，以及爲了色身造作惡業的愚癡。

然而，我從來沒有問過親教師這個是不是眞心。我心中一直有個很深的觀念：「這個」只能在禪三時對 主三和尚說。以致於我雖然能在聽《金剛經》時大部分聽懂 導師宗說的公案，也能隨同會心一笑，卻沒有繼續深入、肯定「這個」就是眞心。走筆至此，心情難以言說：諸佛菩薩何等顧念弟子！弟子又何等瞎混，經過四次禪三繞了一大圈才獲 主三和尚首肯放行！

**白老師臨門一腳 踢進禪三門**

禪淨班結束前，陳老師鼓勵我報名禪三，但沒有錄取。我依義工菩薩的抽籤結果，在孫正德老師的週四進階班，繼續熏習正法知見；每週依著孫老師的授課內容寫觀行報告，有時也自訂觀行主題。

半年過去，禪三報名到來時，我沒有報名，想說神不知鬼不覺，沒有人知道。沒想到白老師一看到我，劈頭開罵：「妳爲什麼沒報名？」答：「定力不好……。」講了幾個理由，白老師更嚴厲：「妳是佛菩薩嗎？妳替佛菩薩決定錄不錄取？」我「可是」還沒出口，白老師又說：「妳是菩薩！妳要報名！」

第二次禪三公告，不敢不報名。時值召開會員大會，我坐在九樓靠前面的位置，當時曾感覺 導師在感應弟子的如來藏。而那一段日子參加彌陀法會時，覺得心變得特別易感——總是在唱誦到「阿彌陀佛身金色，相好光明無等倫；白毫宛轉五須彌，紺目澄清四大海」時，眼淚就掉個不停。

因為一直認為不會錄取，因此接到月燿老師來電：「有沒有收到錄取通知？怎麼沒回報？」第一個念頭是「完了！」別人都為了上山努力衝刺知見、定力，我則一直在忙工作的事，完全沒有準備。最後，承著美伶師姊的關心及協助，我在兵荒馬亂最後一刻整好行李，拎著忐忑的心，在二〇一〇年四月九日硬著頭皮上了山。

**真愛難尋**

報到之後魚貫進入禪堂，尋到自己的座位坐定後，忽感到一陣上下涌動，不禁低下頭去看蒲團：「是我頭昏嗎？」拜懺時，稱頌著「本師釋迦牟尼佛」尊號，弟子的眼淚不可遏止的從心裡泉湧不停。眼淚似乎流不完，蒙山施食時，一顆一顆的眼淚依舊不停地往下掉。

晚間過堂時，師父一直慈藹的在弟子這一桌逡巡。弟子緊張得要命，但很慶幸自己始終沒有忘記禪三過堂的規矩，攝心低眼，直坐垂手。導師從桌上拿起一粒花生，放到弟子手上：「這才是眞愛難尋。」往後過堂時，這一幕不斷重演，試圖喚起弟子的前世記憶。然而，弟子的心竟已如此遠颺，遲鈍到不肯領略您的用心。因爲，《眞愛難尋》是我在白老師小品文小組時寫了但沒有發表的一篇文章。

這篇《眞愛難尋》，只有我自己知道，卻在禪三之中不斷被 主三和尙舉示出來。到第四天中午過堂時，您在弟子身旁說：「有一首西洋歌，叫作『眞愛難尋』，有沒有聽過？」弟子還很認眞的回想，搖搖頭表示「沒有」。耳中又傳來您的聲音說：「眞正的禪師沒有眷屬欲，也不會想要擁有眷屬。但是禪師很多情，時常懸念著弟子：『心愛的弟子，你在哪裡？』」您又說，您寫了一首名爲「菩薩底憂鬱」的詞。那時我心裡想：啊！好想看。不知師父寫了什麼給弟子？

但弟子始終沒有憶起過往。回想第三天您普說時，世尊給了弟子一念；本來沒有語言文字的一念化爲「衣缽弟子」四個字時，弟子很不可置信的轉頭仰望 世尊，又轉頭望望您。接下來您普說了些什麼？弟子一個字也沒聽進去，只感到內心的不可置信、慌亂憂懼與排斥。

普說一結束，弟子立刻跑去跪稟 世尊、克勤師父：「世尊！剛才普說時，弟子感受到您給弟子這一念，可是弟子覺得很可怕，沒有辦法接受。」接著走向禪堂門口，望著正在 韋陀菩薩像旁的您，遙遙鞠了個躬，轉身逃離禪堂。只見您也正望著我，臉上寫滿了憂色。

回到寮房時，忽地起一念：「應該要去問明導師的意思。」於是弟子又走上樓（如今明白，是受到護法神的護念而被拱上去的）。因爲不確定您還在不在，弟子在禪堂門口猶豫了一會兒；等到鼓起勇氣踏入禪堂，看到您正定定望著弟子，臉上仍是寫滿了憂色。等我走到 韋陀菩薩像旁，您已經恢復神色，向前走去。弟子站在牆邊，等到您慢步折返時，鼓起萬般勇氣向您問訊。您說：「妳不是在等小參？」答：「不是。是有事想要請問導師。」您說：「是昨天小參的問題嗎？」弟子答：「不是。導師！您的意思是要弟子當您的『得法弟子』嗎？（對不起師父，弟子當時故意更動了兩個字。但生平第一次自稱『弟子』，出口自然，不禁訝異卻又很熟悉。）」忽見您上前一步：「什麼？沒聽清楚。」於是弟子忐忑的重複一次：「您的意思是要弟子當您的『得法弟子』嗎？」您接著問：「妳是說攝受弟子、弘揚佛法嗎？」一聽到這句問話，弟子沒來由感到慌亂恐懼：「不知道！我覺得很可怕！」只聽得您又說：「現在弘法環境很吉祥。妳該明心就明心，該見性就見性，該護法就護法，該弘法就弘法。過去世的事不要放在心上。」我一聽嚇一跳：「嗄？弟子眞的作過對不起導師的事？」只聽您立刻接口說：「以妳的根器，不會作對不起我的事。說不定是眷屬。」

這個複雜的心情，一直帶到第四天。第四天中午過堂快結束時，世尊給了弟子第二念。這一次，沒有化成語言文字，但卻讓弟子清楚看到自己一直以來有著隨時準備撒腿的心態，頓時之間感到非常、非常難過。

## 初次勘驗

第一次進主三和尚小參室，夾雜著迷惑、不定、緊張的心情。向和尚懺悔後，接受勘驗。因爲曾經觸證，因此面對主三和尚提問：「哪個是如來藏？」時，很確定答以：「能夠使我們〇〇、〇〇，〇〇〇〇〇〇就是如來藏。」主三和尚又問：「〇〇爲何可以〇〇〇〇〇，妄心爲何〇〇〇〇〇〇？」弟子答：「因爲妄心是被眞心出生的。」和尚說：「妳這樣說，別人聽不懂，沒有說服力。」主三和尚又開示了幾句話，弟子誠實答以：「這題我不會。」於是主三和尚教我多體驗，讓弟子退出小參室繼續參究。

從第一天晚上普說，我看得懂 主三和尚的公案。爲了不引起同修們的煩惱，主三和尚垂詢禪子大眾時，我總是保持沈默。第二天普說時，主三和尚開示「禪師很儉、學子難會」的公案之後，舉起茶杯喝了一口，說：「茶！香啊！」接著詢問大眾有沒有人想會得禪？我在心裡答：「香———！」只聽得您說：「『香』，也是儉。」又說：「得了五毛，要一元花出去！」

主三和尚很清楚弟子不肯露餡、承擔的心態，第三天早晨過堂時，意有所指的說：「有人對如來藏沒有心得決定。」弟子受到這樣的激勵，在主三和尚開示後問話時，奮發之心倍增，從丹田大聲答出：「好———！」主三和尚很開心的在弟子身旁笑著，問：「是什麼？」答：「花生。」主三和尚：「大聲點。」於是我又從丹田大聲發出：「**花—生—！**」主三和尚又拿了一顆花生放到弟子手裡，問：「**是誰的？**」大聲答：「**是我的！**」

## 眞妄淆訛

第三天早晨過堂之後，開始一整天的參究。感恩佛菩薩安排蔡正禮老師擔任監香老師之一，讓弟子不因陌生而感到不安。果然，佛菩薩安排我第一次上山的第一次小參，就是蔡老師。蔡老師一看到我，先是鼓勵我：「**妳剛才很不錯啊！跟主三和尚應答。**」接著問：「**眞心與妄心的界限在哪裡？**」我一聽就傻眼，什麼叫「界限」？又問：「**眞心是〇〇〇？還是〇〇〇〇〇？**」又傻眼。蔡老師看我搞不清楚，很慈悲說：「**哪裡不清楚？不然給妳問。**」一連串幾個有關眞心、蘊處界的問題往返之後，我還是傻眼。蔡老師說：「**妳對眞心、妄心有淆訛。我覺得妳或許可能有觸證，但是沒有完整認識到整個核心。**」

蔡老師慈悲，給了我幾倍又幾倍的小參時間，想讓我清楚眞妄淆訛的問題所在，也因此我進去了很久；出來時，感覺 主三和尚很關心的望著弟子。

當天中午過堂時，主三和尚以弟子為當機，舉示「髑髏裡眼睛」的公案，說明祖師說色身爛光了變成髑髏，還有兩顆眼睛在裡面咕溜咕溜地轉——這是識蘊沒死，猶帶識在。到第四天早上過堂時，主三和尚特地示現跛腳之姿，嚴肅的說：「眞妄不分就像跛腳，不能正常走路。」又說：「有人很懶散，平常不看書。」又說：「不要意識、意根。」明示弟子眞妄不分，要把妄心丟掉，直接會取。

結果我還是搞不清楚。到了第四天跟游正光老師小參時，向游老師請問我的問題要怎麼會？游老師說：「用想的、用觀行的，都可以。」除此之外，不肯再多說。

當時並不瞭解自己的問題在識蘊。雖然確實觸證眞心，但不曉得說要再進一步將眞心與妄心的功能差別透過觀行，觀察清楚；觀察清楚之後，還要再觀察眞心、妄心的和合運作。因此，經過與蔡老師、游老師小參之後，反而一頭霧水。只是一直想說：「明明『這個』就是啊！」

第一次禪三就這樣結束。解三時，主三和尚開示說：「未得一番寒徹骨，哪得梅花撲鼻香？以前知道眞心在哪裡就蓋寶印，現在標準設很高。饒是關公一路過關斬將，也還得多帶兩把刀才過得了主三和尚、監香老師的這兩關。磨、鍊之後，才能內外俱淨，心量廣大，派上用場。」

## 念恩、知恩、報恩，善知識是大因緣

法上滿頭霧水，心上轉折亦難言喻。下山第二天在辦公室，感到一股股實、厚重、深沈的呼喚，遙遙呼喚著弟子。當下決定，提早下班去坐九樓。講經時，導師重講上週講過的幾句經文，開示大白牛車的珍寶與殊勝。又勉勵說：「自問自己是不是佛弟子？眾生本來如是。不要虧負諸佛菩薩的苦心孤詣。」那「苦心孤詣」四字之語重心長，至今歷歷在耳。又說：「理應追隨證量高的菩薩，在菩薩道上繼續前進。」講經結束時，只見導師遙在法座，神情嚴肅的望著弟子，彷彿在問：「決定了沒？」弟子則報以一臉的憂鬱。

《大方便報佛恩經》卷三：「佛告阿難：當念父母及善知識恩，是故知恩常當報恩，善知識者是大因緣。」看到義工工作分派的這段經文時，內心感到諸佛菩薩是如何的護念、教導我這個弟子，不禁熱淚盈眶。又見卷七：

「清淨說者，菩薩摩訶薩於怨憎中修習慈心；得慈心已，於惡眾生及放逸人，以諸方便而為說法，乃至愛樂其心；慢恣及貧窮人，方便開示而為說法，不為讚己毀他、飲食利養、名譽故，是名菩薩知恩報恩清淨說法。云何如法住？身口意業修習善法，具足清淨知恩報恩，為莊嚴阿耨多羅三藐三菩提故。復次菩薩摩訶薩知恩報恩，思惟其義，多聞逮得總持，熾然法炬，為利益一切眾生，應當修施、戒、多聞；供養說者，不求法過及說者過；無有害心，施眾生無畏，是名知恩。受人天樂，得道涅槃，是名報恩。菩薩復有四種，修於忍辱，破壞不忍；莊嚴菩提攝取眾生，令修忍辱；若自忍若使他忍，遠離怖畏，是名知恩。」

接下來幾週，都在週二講經中，聽聞《妙法蓮華經》挑糞子的故事。《法華經》中的挑糞子歷經困苦的生活，在大長者施行的種種護念及方法之下，重新回到自己的家，學習經營之道。這位長者子從來沒想過自己出身於大宅，在外多年，終於在父親的善巧方法下，父子相聚，並且幫助父親經營家業。

我們每一個學佛人，都像這個挑糞子，每一世都迷昧，忘記自己的所來處。每一世都必須仰賴大善知識的悲心與智慧，施予種種善巧方法，才能再回到法王家，重新學習佛法，接續菩薩的行道。等到學習一段時日，福德、定力、慧力到達一定程度之後，明證自己的眞心，跟族人不分彼此、互相提攜，一起撐持如來家業，利益眾生。我想這是《法華經》挑糞子所給予我們每一個學佛人的明示與勸勉——要以二十年時光挑糞除煩惱。

五月三日清晨，我準備上班，一如往常坐在客廳。忽然　世尊給了弟子第三念，這一念沒有化成語言文字，卻像打開封印的鑰匙，讓我傷心痛哭。我坐在空無一人的家中，放聲大哭：多年來不被理解的委屈、以及很深很深的傷心，全在那一刻毫不保留的奔洩而出。意識早已忘卻前塵舊事，意根想要保護自己，如來藏中的記憶種子卻一直不停流注……在多年後的今天、種子流注之時，依然教我如此傷心痛哭……。

接下來的兩年中，我一直在面對略知梗概、不知細節的過往。我曾經對正法修行人感到非常失望，因此選擇了遠離眾生。一個菩薩道的行者，遠離了正法，遠離了眾生；如今對面再相遇，我依然可以輕易感受彼此之間的親善或疏逆，這麼多年來，我們幾乎沒有太大的改變。

然而弟子對 世尊、對 導師的思念之情，卻在遠遠近近的心情中，遠遠近近地與日俱增。五月底聽經，正巧與 導師同搭電梯；只見 導師一走到電梯旁，喜悅的望著弟子，歡喜的朝弟子笑著。緊接著的週二聽經，導師一坐定，亦是神情歡喜，開心喜悅的朝弟子笑著。

**當菩薩要承擔**

日子飛快過去，我調整心情的腳步卻很沈緩。六月中講經時，導師開示：「當菩薩要承擔，隨分隨力與大家一起把家業挑起來。」又說：「諸佛菩薩總是慈悲等待，等待佛弟子願意承擔。」

八月聽經，導師開示：「願意修福德就是願意吃虧，吃虧就是佔便宜。」又說：「菩薩忌瞋。脾氣大，未來成就佛土慢，且攝受眾生時很辛苦。」又說：「次法不圓滿，證悟後會退轉。幫助弟子趕快具足次法，很重要。」九月到來時，我的心情仍在遠遠近近地起伏著。也仍然在世俗工作及義工工作中兩頭忙，書仍是看得很少。大約在這時，我開始打從內心至誠向 佛發願，弟子要「知恩、報恩，成為眞正的佛弟子」。

十月初接到禪三錄取通知，一人獨自垂淚。秋天第一道冷鋒報到，秋意漸起。蒙受諸佛菩薩護念，我的口感開始改變，變得不口渴但會自動緩慢倒水、喝水；不思飲食，但在吃水果、芭樂時自然觀行。工作仍一如往昔正值忙碌週期，但一切卻蒙受護念，在自動中進行著。

## 二度勘驗

二〇一〇年十月八日，第二度上山。第一天晚上的普說，主三和尚眉毛拖地，指著投影幕說：「**一個個眼睛瞧著上頭的文字，禪在哪裡？在投影幕上麼？**」又說：「**禪在這裡！看見了沒？**」正說著時，長長的手臂直指向投影幕，弟子出聲答：「**看見了！**」主三和尚忽的頓了半刹那：「**……要是每個徒弟都像這樣，用不著如此扮神頭鬼臉，多好！師徒共演一場無生大戲。**」

第二天與主三和尚小參。頂禮 主三和尚後，主三和尚說：「**妳現在知道了，外面以離念靈知為開悟，都很離譜。**」弟子一聽，想說自己對眞心說不清楚講不明白，也很離譜，就回答說：「**我也很離譜。**」主三和尚：「**妳起碼還知道眉目，妳不離譜。**」

主三和尚接著問：「眞心爲何可以〇〇〇〇，妄心爲何不能〇〇〇〇？這一題會了沒？」弟子略略心虛的點點頭，這一題是 導師在四二五「穿越時空—超意識」現場提問時，舉光線、泥巴、玻璃爲譬喻，才恍然瞭解的。主三和尚接著問：「〇〇〇〇說明〇〇、〇〇、〇〇〇。」主三和尚要弟子以取物答出「〇〇、〇〇」，到了如來藏，答不出來；後來回答「可以跨越物質的限制」等功能，主三和尚說：「妳說的都是我書上寫的。妳難道不想有自己的答案嗎？祖師問：『如何是佛？』如何可以答：『六六三十六』？」眼看弟子杵在那裡說不出自己的答案，主三和尚拿下眼鏡，擦拭額前的汗，令弟子感覺眼下事態好像很嚴重，主三和尚似乎爲弟子感到焦急又無奈。主三和尚說：「妳這麼聰明，怎麼不會？！上回被監香老師一問，就亂了。妳回到上次小參時答的答案還比較有眉目。」又指示弟子：「妳下去後不要管妄心，在〇〇、〇〇中多體驗眞心。」

第三天經行，聽著監香老師口號經行。在經行的體驗中，一直確定：明明就是「這個」啊！跟蔡正元老師小參時，我呈心所見說：「剛才經行時，一聽到口號『現在快跑』，手立刻握拳、腳快跑起來。是〇〇〇〇〇，〇〇〇〇；如來藏〇〇，〇〇才〇〇。」蔡老師說：「不是故意要刁難妳，只是妳還隔了一層紗。爲什麼祖師說：『毫釐有差，天地懸隔』？隔一層紗就是天和地。」最後勉勵我說：「妳到這裡只差最後一點點，很快就會透過去了。」只是沒想到這個「很快」，結果是「一年」。嗚呼！

跟游老師小參時，游老師亦是嚴格把關，手頭很緊。針對考題「〇〇〇〇說明〇〇、〇〇、〇〇〇」，游老師說我們作什麼都有這三個法，並讓我桌上取物，說明這三個法。〇〇、〇〇沒問題，但到如來藏一定卡住。後來每次都排到跟游老師小參，每次都碰壁。不論我答：「眞心可以〇〇〇〇」、「眞心〇〇〇〇〇」，都不對。游老師甚至拿出銅牆鐵壁說：「妳說眞心〇〇〇〇〇〇〇〇，電風扇〇〇〇〇〇啊！」本來就已經一頭霧水，聽到這個更加一頭霧水：「明明就是『這個』啊！跟電風扇〇〇有什麼關係？」

因爲一頭霧水，有時會在小參室跟游老師「盧」。有一次游老師乾脆兩手胸前一叉，背往牆上一靠，一副愛莫能助的樣子：「沒辦法！這是菩薩大法！」到最後一次小參，我一定得從一頭霧水中確定一件事，臨出小參室時佇在門口請問：「老師！我只要知道我的方向對不對就好。」游老師答：「方向對！只是妳的形容不完全恰當。」接著又補了一句：「妳能這樣已經很不簡單。很多人沒有辦法像妳這樣的。」由衷感恩游老師補了這一句話。這句話支持著我走到最後，在孤單中成為鼓勵我的一把火炬。

## 機鋒盡出

從踏出主三和尚的小參室，便努力攝心、體驗。每一次心神凝靜時，就很容易在行進間，體驗到是○○在○○，不是○○在○；甚至在第三天晚上過堂前，依主三和尚囑咐搓手擦臉、活動身體、拍打雙腿時，感到是○○○○○○！

雖然如此，卻始終無法直透那個「只差最後的一點點」。到最後一天，有一度想放棄，卻感受到佛菩薩的護念：佛菩薩沒有放棄妳，不要自己放棄自己。不僅佛菩薩沒有放棄我，主三和尚也是備極呵護，三天普說機鋒盡出，又時常在普說中安插個一、兩句：「直心，才容易契入。」「我見抱得緊緊地，不可能直接認取。」佛菩薩甚至護念弟子，隔壁的師姊在整場普說中一下搔頭、一下撓頸、一下撫臂、一下趕蚊子，不停的在我面前重複這幾個動作，令弟子深感佛菩薩是何等護念著弟子！然而弟子因緣眞的還不成熟，在機鋒盡出的這一晚，我感到我整個人被護法菩薩遮護著（不是昏沈，也不是腦筋空白，但就是一種被包覆著的感覺），不讓我透契這最後一著。

第四天早上過堂，主三和尚用心良苦，仍舊機鋒百出，撮起水果，咂起嘴脣，送水果進嘴裡，吮一下手指說：「吃水果得這樣吃！」又說：「辨禪三以來，沒這麼老婆過！」又說：「雄兔腳撲朔，雌兔眼迷離。撲朔迷離在何處？」明借詩詞直指弟子最大的問題在眞妄不分。又說：「毫釐有差，天地懸隔，不可能轉依成功！」慈悲暗示為什麼要對弟子這麼嚴格。

## 百鍊成鋼才有用

三天的普說、過堂時，主三和尚不停的在提醒：沒有不自己參、自己悟的眞佛子；小獅子將來上戰場，為眾生打拼，要如生鐵鍛鍊成精鋼才能用，否則易折易斷。又說：有人菩薩性十足，但企圖心很小。

## 互相提攜　不要妄想能一個人通過險難惡道

第二次上山，不斷受著佛菩薩的慈悲呵護。玲子老師對我第三天才怯生生去登記小參，面帶關心的問：「妳昨晚沒有來登記嗎？」月燿老師從旁略帶激動的代答：「她沒有！」玲子老師一聽，馬上關心又熱切的問：「妳叫什麼名字？我馬上幫妳登記。」短短幾句話帶著無私的溫暖，直直撲面而來，逼得我退下禪堂，跑到洗手間飆淚。

下山後第一次上課，我向親教師感恩教導，弟子才能二度上山。又問親教師，我是不是該回去禪淨班重來？感覺孫老師對我的問題好氣又好笑：「妳不怕佛菩薩、導師敲妳頭！」因爲清楚感到佛菩薩要我自己來，所以繼續自己一個人奮鬥。但是聽《妙法蓮華經》時，幾次聽到 導師演述經文開示說：「成佛之道猶如險難惡道，大家要互相提攜，不要妄想能夠一個人通過」時，總會想起山上玲子老師、月燿老師的溫暖及呵護。導師又語重心長說：「當證法身佛！而非應身佛。」弟子聽在耳裡，放在心裡。

有感於自己憶佛的動中定太差，因此盡力鍛鍊著。十月下旬聽經時，感到佛菩薩護念我：憶佛念輕輕帶著就好。原本掛在心上、導致心頭很重的憶佛念，明顯被調整到腦袋去憶念。到了二〇一一年三月間，走在每天經過的河堤，看到風吹樹葉，很奇怪的，感到一切都很不同……眼睛一直想看會動的東西，樹葉、小草、蘆葦……外界一切的一切看起來都很不同……。

二〇一一年二月廿五日晚上，隨著自己閱讀《阿含正義》的進度看到第五輯第一六三二頁 世尊爲荼帝比丘說法：「猶若如火，隨所緣生；即彼緣，說緣木生火，說木火也；緣草糞聚火，說草糞聚火；如是，識隨所緣生，即彼緣，說緣眼、色生識，生識已，說眼識；如是，耳、鼻、舌、身，緣意、法生識，生識已，說意識。」導師白話語譯說：「猶如種種的火，隨其所緣的法而出生；就從那個火的所緣，而說緣木所生的火，就說它是木火；緣於草糞堆所生的火，就說是草糞堆火；就像是這個道理，現前這個識隨於所緣而出生，就從祂的所緣，說緣於眼根與色塵而出生的識，出生了這個識以後，就說祂是眼識；同理，耳、鼻、舌、身，若緣於意根與法塵而出生了識，出生了識以後，就說祂是意識。」一看到識如火，有木火、草糞堆火，同樣是火，幡然站起身來：「怎麼會這樣？！原來統統歸於如來藏！」我見頓斷。接下來感到整個人很輕鬆，不再緊抓著五陰我不放，而且明顯捨棄部分我所、我所執：不會再一經鏡子前就想看看自己的外表美不美，並且很想一刀剪斷煩惱絲，削得愈短愈好。

## 第三度勘驗

日子在周而復始的忙碌工作週期中流逝，《阿含正義》還沒看完，二〇一一年四月十五日，我蒙佛菩薩慈悲護念，第三度上山。一起三，不斷在內心懺悔自己往昔所造諸惡業，對 世尊、諸佛菩薩感到非常難過。

在主三和尚爲大眾殺我見、斷三縛結時，聽到主三和尚開示「**根、塵、識，識蘊皆由根塵二法爲緣而生**」，眼、耳……乃至身識均是如此，「**因此能覺冷熱觸的身識在〇〇〇〇〇**」時，頓然將弟子最後一絲識蘊我見斬斷。弟子之前訛於身識，不能正確分辨（或說周遍觀察）此能知內外痛覺、乃至神經傳導訊息……等，都是如來藏的德用。此時，身識一否定，全身上下已經沒有任何一識尚存；然而，身體是物質——物質不能生心，因此必定是有一個心能夠出生六識的。

主三和尚了知弟子心念，知道弟子心中有此一問題，並且打算重新尋找眞心；在晚間過堂之後，直接指派弟子去洗碗。在 主三和尚尚未來到伙房時，弟子即以極緩慢的速度洗著碗，及至 主三和尚慈悲指示洗碗要領後，仍舊緩慢細細體會，從而確定：「沒有錯！一直就是原來體驗到的『這個』！」因而晚間普說時，能夠面帶微笑聽聞 主三和尚演示。

爭奈自己福德不足，第二天上午在小參室再度向 主三和尚懺悔後，面對 主三和尚提問：「○○○○說明○○、○○、○○○」，只能兩眼望著 主三和尚，依舊卡在如來藏。主三和尚說：「**妳上次好像也是卡在這一題。**」正當監香老師陸正元老師翻閱資料時，弟子回答：「**是，是同一題。**」勉力再答對如來藏的體驗，只答得出：「**如來藏黏在色身上。**」主三和尚：「**妳對如來藏的體驗太少了。**」又說：「**如來藏與○○有很密切的關係……。**」看到 主三和尚動手倒轉沙漏，那一剎時，感到一種悸動；因爲，以前總是兩句對答之後即退出小參室，從來不曾看過 主三和尚爲弟子倒轉沙漏再小參一遍。最後 主三和尚說：「**拼看看，下次拼不過就幫忙。**」我一聽，立刻一邊搖頭一邊回答：「**不要幫忙！**」主三和尚慈悲豎起大拇指：「**有志氣！**」

其實是因爲隱約知道自己過去世爲什麼跌跤，所以堅持不要幫忙。但是踽踽獨行的路如此遙遠，不知何時才能抵達終點。第三天清晨，弟子走到 克勤大師像前，欲行禮拜。才一站定，眼淚就不斷的汩汩冒出來，感覺克勤師公對弟子說：「東山法門有妳這樣的弟子……。」克勤大師還說了什麼，已經不復記憶，只記得當時內心感動到無以復加，只能一直掉眼淚。

這一次又蒙諸佛菩薩護念，內心無比溫暖。一直以來，感到被丟在冷水中，自己一個人掙扎著努力游向岸邊。這一次心裡帶著堅強無比的信念：「我要自己闖！」因此一直勉力撐著，努力在拜佛時、走路時體驗眞心。到了第三天接近中午時，耳中傳來 主三和尚慈悲提醒：「各位同修，已經十一點了。如果撐到現在還是沒有消息，去登記小參，讓監香老師爲你去黏解縛。」聽到 主三和尚吩咐，弟子立即停下拜佛，依言登記小參。

第一次小參，是楊正旭老師。我好喜歡楊老師，風趣活潑、聲音溫暖。（在此再次感恩佛菩薩護念弟子，每一次都安排弟子不面生的親教師擔任監香老師。）由於楊老師在弟子第一次下山之後，代了將近三個月的課，因此我的狀況楊老師也略微知曉。小參時，我很誠心向楊老師報告：「我領受到如來藏○○○○○，是○○，不是五蘊○○。但是每次都卡住的那一題，我還是不會。」楊老師說：「妳知道的只是表相，最後那個眞正的關節妳還沒有眞正領受。唯有眞正領受，才答得出正確的標準答案。如果妳不是自己參出來，而是矇出來的，就算妳答對，我也會把妳導向另一個方向去，讓妳摸不著頭緒。」我又請問：「那我就是在拜佛中體會嗎？」楊老師答：「拜佛的○○○○○，通常我不建議在拜佛中體會。妳可以用一個○○○○○，反覆從中去體會。」

聽了楊老師的開示，我就不再拜佛了。有時把手插在口袋裡，有時頭頂地趴在地上，用簡單○○○體會著。再輪到小參時，是陸老師。第一次跟陸老師小參，也是先懺悔：「弟子一直不太喜歡親近陸老師，請老師原諒。」但是沒想到第一次跟陸老師小參完，我就非常喜歡陸老師：兩道眉毛有點白白的，尾端微微下垂像慈藹的老公公，言談之中自然的流露著無比的包容、無比的溫暖，讓人如沐春風，從而感到和煦、安祥、安全、穩定。第二次再進陸老師的小參室，陸老師微笑劈頭就問：「現在有沒有比較不討厭我了？」我也笑了，回答說：「之前不是討厭，只是覺得不親近。」

而且很神奇的是，陸老師完全聽得懂我的問題。例如我問：「如來藏這麼平凡，爲什麼有無量無邊的功德？可是我一這樣想，又感到對佛菩薩很慚愧。」陸老師就回答我：「去跟佛菩薩懺悔說『弟子小兒無知，不知佛法』就好了。」一句話直透弟子心裡，將弟子的疑問、不安，一掃而空。因爲陸老師是這麼包容、這麼親和，有如遇到一個完全可以信賴的人一般，不禁將問題一股腦倒出來請問陸老師。同時感恩佛菩薩、護法神的安排，弟子一直到最後一天的最後一次小參，都是排到跟陸老師小參，解決心裡許多問題。弟子首先要確定的，就是我證到的內裡人到底對不對。我向陸老師敘述：「如來藏是內裡人，祂〇〇〇〇〇，祂〇〇〇。」陸老師說：「內裡人是導師寫在書上的說法，是給一般人看的。妳要用很邏輯、很科學的方式，答出如來藏是什麼。」

陸老師問：「妳明顯領受如來藏是什麼時候？」答：「平常〇〇的時候最明顯。如果定力好一點，就會體驗到有一個內裡人〇〇〇〇〇。」說時很自然的雙手向上比出「撐」的動作。陸老師說：「那妳就多〇〇，從〇〇中去體會。」結果〇〇沒〇出個結果，倒是靜靜坐著時，頭開始微微、緩慢的搖起來。於是又去登記小參，陸老師說：「那是意根的作意。所以如來藏很好玩，是可以玩的。」

第四天早上，陸老師主持經行。隨著陸老師的指示，雙腳舉步、雙手擺動有如慢動作的布袋戲偶。主三和尚在一旁提醒：「陸老師忒慈悲，大家好好體會。」在經行中細細體會時，忽然瞭解：「我對如來藏的體驗太少了，難怪答不出來。」回禪堂又輪到跟陸老師小參，聽了我的心得，陸老師說：「我很高興妳知道自己的問題。導師給妳的題目，是需要妳對如來藏有足夠的體驗時，才有辦法回答的。」

過堂時，主三和尚說：「最怕的是明明確定這個就是，卻說不清楚，猶如啞巴吃黃連。」其實佛菩薩對弟子何等慈悲護念，從弟子第一次上山到現在，無不百般呵護。而就在這時候，我發現自己的最大問題在福德不足、性障太重。過堂時默唸《食存五觀》「忖己德行」時，頓然明白「自己沒有德行」——沒有足以得法的德行：對諸佛菩薩不能殷然順服、聽從教導，證實了早先李老師對我的評語：「桀驁不馴」。加上曾經出於誤解，對正法行者感到失望無比而連帶對諸佛菩薩、對法、對說法者心生怨懟，導致如今蹭蹬連連難以得法。過堂當時赫然明白：佛菩薩此次讓弟子上山，是爲了讓我清楚看到自己的癥結點。當時一明白自己一步錯、步步錯，立刻翻轉念頭：一步對，也可以步步對；因而當場立即在心裡懺悔、發願：「弟子願擔負自己的一分責任，追隨師父修學，改正習氣，護持正法。」

第三次下山，依舊笑嘻嘻。笑嘻嘻去向親教師報告心得：明白看到自己「頭上長角」——不受管教的習氣，是重大的發現、收穫；雖然歷緣對境碰撞這個習氣時，總是很難消除它的勢力，不斷在犯了又懺、懺了又犯的迴圈中來來去去。

## 沒有葉子的果樹

二〇一一年五月卅一日，夢到家中有一棵果樹，枝幹結實但無樹葉，上頭結了葡萄、瓜果，伸手就可摘取；而另一個房間的門首，也掛著瓜果門簾，宛然可掬。八月四日，兩隻白頭翁飛來家中陽臺婉轉啁啾，甚至不怕生的跳進窗戶，喜悅歡唱了一整個下午。

九月初，我回以前的工作單位看望老同事。走在十字路口等紅綠燈時，看到往來的行人，深深感到：我怎能只顧著自己，跑到山上當山頂洞人？眾生輪迴痛苦，唯有眞正的佛法能夠安隱眾生。

九月廿五日，我夢到李老師。是禪三過堂的主桌，李老師一坐定，如同生前一樣莊嚴無比的神情。我心起一念：「李老師怎麼會在這裡？」接著看見 導師神情嚴肅，以略帶威重的眼神望著我。

從前三次的上山經驗中，我知道自己的問題在次法，每一次佛菩薩都費心呵護，讓我明白自己哪些地方還不足。因此，我已經不抱過關的希望，只是暗自打算著：「以可能不錄取為結果，為自己作心理準備；以可能不過關為前提，努力補足該補足的。」我甚至打算，這次下山後，要轉去陸老師班上，準備一年再說。

九月初，楊老師來代課，為我們講述八種可愛異熟果：壽量具足、形色具足、大力具足、族姓具足、多饒財寶、具男子身、信言具足、大勢具足。我聽著楊老師「福德很重要」的開示，心裡頻頻稱是，當時即決定：剩下一個月的時間，我要全力拼福德（包含盡力消除性障）。下課時遇到助教惠淵老師，問我說：「要不要小參？」我很驚喜的問：「可以嗎？」惠淵老師說：「可以啊！今天本來就沒有排課後小參。」於是便去向楊老師報告第三次上山的收穫、下山後的心情，以及剛才的決定：不管定力、不管知見，全力拼福德、消性障。楊老師又再次爲我強調：「福德很重要。」

## 第一線接觸德國明妃

對於藏傳「佛教」有雙身修法的說法，我本來持著保留態度，因爲沒有親耳聽聞過，以前也幾乎沒有聽佛教界人士破斥過。在接觸正覺、知道藏傳「佛教」以譚崔性交修行爲中心之後，我仍然半解半疑。由於我會德文，於是決定上網查閱外文資料，也因此開始接觸歐洲遭受喇嘛教譚崔密法的受害女性。幾乎每一次上禪三之前，我都會遇到新案例，受到震撼。

有一位是德國漢堡女性，家中變故之後她進入藏傳「佛教」道場，成爲喇嘛們的雙修明妃之後，必須隨傳隨到，也必須接受國外來訪喇嘛的雙修。她受到喇嘛們長期洗腦、死亡威脅，心生恐懼不敢離開道場，身心俱殘。另一位德國女性，護持瑞典籍尼達爾（Ole Nydhal）喇嘛的道場，受到他及其上師噶瑪巴的密法雙修，被強迫打開昆達里尼能量，從此身心遭受摧殘，產生多重人格、幻覺幻聽；經過催眠等醫學治療後，終於慢慢恢復，並架設部落格，向外揭露藏傳「佛教」的雙修密法。

在網路上我也接觸到德國破密大將特利蒙地（Trimondi）先生。他早年曾親近十四世達賴喇嘛，但在研究了譚崔史料及西藏、藏密歷史後，他認清達賴喇嘛、藏傳「佛教」的雙面，因而出版《達賴喇嘛的陰暗面：藏傳佛教的雙修、巫術與政治(Der Schatten des Dalai Lama: Sexualität, Magie und Politik im tibetischen Buddhismus)》。他的書被許多歐美受害者視為珍寶，因為在歐美還沒有人像他這樣清楚揭露藏密鬼神信仰的眞相、譚崔修行的內容、密法咒術的存在、香巴拉神話的僞佛帝國野心。

第四次禪三前，盟友夥伴因為在部落格張貼受害明妃的現身說法，被瑞典籍尼達爾（Ole Nydhal）喇嘛以法律手段威脅，並且對她施以密法咒術。得知她的受害，我非常忿忿不平，她善心經營格子、揭露藏密眞相，幫助德語系女性認清譚崔修行、免於喇嘛性侵，但她自己卻因此受害、何等無辜！我感到非常不忍、傷心、與難過。

## 大哥的眼淚—冤親債主新解

每次報名禪三，身邊的人總會出意外。第一次大哥出車禍，是對方酒駕、逆向行駛，小貨車前輪直接開上大哥的擋風玻璃，導致車頭全毀，安全氣囊爆開，所幸大哥只受了一些擦傷。第二次是二哥在工地，鋼筋鬆脫掉下來，一隻腳縮回，另一隻腳來不及縮回，腳盤受傷。第三次，大哥又出車禍，擦撞賠錢了事。

一般同修總是害怕冤親債主遮障修行，避之唯恐不及，想方設法遠離他們。自從大哥第一次出車禍，我對「冤親債主」的負面觀感就完全改變了。當冤親債主間接透過親人，或直接對你而來，儘管事相上看起來是要遮障你修行，可是他們眞正的內心話卻是：「**請你關心我。**」

以前作了對不起別人的事、傷害他們，如今他們要來討還，也是應該的；我反觀自己都可以氣別人氣很久了，何況被我傷害的冤親債主？然而他們雖然藉由事相來討債，可是眞正的心理卻是：**我希望你關心我、你不應該忘記我**。想想看：一般的有緣眾生我們都應該對他們好了，更何況是我們的冤親債主呢？

觀念改變之後，我就開始學著踏出山頂洞穴，對身邊的人好。我開始關心我的大哥，推薦他來上禪淨班，沒想到他一口就答應。也開始關心我的媽媽，學著耐心聽她東家長、西家短。

第四次上山的前一天，大哥在講堂樓下等我，一聽到我要上山，把本來要談的事吞回去，說等我下山再談；但我卻執意不肯，逼著他談。站在嘈雜的捷運月臺，聽著大哥談工作、談同事、談家庭、談健康、談過往，他的心裡有好多苦楚、好多不解、好多不平，爲什麼他的人生是這樣？他的眼眶紅了起來，掉下男兒淚。這一幕，就這麼被我原封不動，直直帶往山上去。

## 我自發心 普爲衆生

第四次上山前，內心充滿不定，感覺自己有如在五里霧中，不知出口在哪裡。上山前，黃奎肇師兄勸勉我請閱《華嚴經》〈十行品〉，並向佛、菩薩發願；請閱之後，我對這一句最有感覺：「**非眾生請我發菩提心、行菩薩行，我自發心普爲眾生。**」內心深深覺得：不是佛菩薩請我發菩提心，不是眾生請我發菩提心，而是我自己願爲眾生發心、幫助眾生。

我感受著自己的心，祂似乎告訴我：「**我想爲眾生作事，我想回到菩薩數中。**」這麼多年來，一直踽踽獨行，想到瞿老師曾說「**大風雨後兀自挺立**

元氣淋漓的花」，風雨中的樹沒有人鼓勵它，它仍然能在風雨過後挺立風中；石頭下的草沒有人鼓勵它，它依舊能夠鑽出石縫隨風搖曳。想到陳老師、游老師、玲子老師給我的一言半語的鼓勵及溫暖……，一切眾生無論善或不善都受諸佛甚深護念，我衷心期盼自己能夠有所成長、有所調整，不負自己一路行來的每一步。

## 第四度勘驗—慚愧復慚愧

二〇一一年十月七日，第四度上山。中午過堂、晚間過堂時，一唸到結齋偈「**飯食已訖，當願眾生，所作皆辦，具諸佛法**」的「眾生」，眼淚就忍不住飆出來。想到大哥的眼淚，想到歐美遭受喇嘛密法侵害的女性，想到眾生的苦，眼淚就不斷冒出心頭，汩汩湧動著。主三和尚知道弟子的心情，在弟子垂首佇候隨眾返回禪堂時，神情肅穆的看著弟子。

第一天晚上普說，主三和尚在拈提公案之前，放了一張「普說之前」的投影片。內容是 克勤大師的一段話，就掛在主三和尚小參室中。大意是說：禪是向上一路，須是個向上根器，要有紹隆佛祖的志氣，否則宜寶祕慎詞，勿輕易放行也。

主三和尚開示了 克勤祖師這一段話之後，期勉自己以後主持禪三都要先解說這一段話，提醒自己不要濫慈悲。

普說結束後，我向 世尊稟白：「感恩世尊允准弟子上山。弟子今天明瞭了，爲何親教師說弟子的過關條件不足。因爲弟子一直很懈怠，沒有好好修學六度波羅蜜。弟子下山後，願勤爲眾生修集六度波羅蜜：弟子願爲眾生勤行布施、願爲眾生努力持戒、願爲眾生修習忍辱、願爲眾生努力精進、願爲眾生勤習般若、願爲眾生鍛鍊禪定。」儘管如此向 世尊發願，當天晚上在睡夢之中，心中卻不斷反覆 克勤祖師的那段話。

第二天清晨進入禪堂，我跪向 世尊發願：「弟子願爲眾生證法，願爲眾生將正法傳續下去。」中午過堂唱誦〈二時臨齋儀〉，唸誦「大智文殊師利菩薩 大行普賢菩薩 大悲觀世音菩薩 大願地藏王菩薩」等大菩薩尊號時，內心深有感觸，明瞭了爲何 導師以前開示大智、大行、大悲、大願時，要倒過順序來說明：佛弟子先能發大心、發菩薩大願如 地藏王菩薩，卻不足以實行菩薩道；必須再爲眾生生起 觀世音菩薩不忍眾生受無明大苦、輪迴大苦的大悲心，方能由此大悲心生起大行的志願——願為眾生擔起自己應負的一分責任，最後方能為行普賢菩薩的大行而有文殊菩薩的大智。

然而，即使有此觸動，我仍然沒有抱著可能獲得大智的希望，只是努力盡一個禪三參禪者的本分。蒙諸佛菩薩護念，女眾抽到下午場跟主三和尚小參，令弟子還有一點時間體驗眞心。上次下山後，依著陸老師指導弟子「將眞心○○○○裡」去體驗，又想到游老師說「電風扇○○○○○」，雖然有眉目，卻不敢完全肯定。承受諸佛菩薩的護念，還有一點時間體驗；但，是或不是，下午將一翻兩瞪眼，不禁感到煎熬。中午過堂時，蒙 主三和尚為弟子慈悲開示祖師自參自悟乃有功德受用的公案，因而暫時安下浮躁煎熬的心來。

下午輪到小參時，頂禮 主三和尚畢，主三和尚一開口就用臺語說：「妳巧巧人，竟然要來四遍。」望著和尚，弟子無言以對。主三和尚問：「哪個是如來藏？」弟子答：「把眞心○○○中，眞心是○○、是○○。」主三和尚問：「意識能不能○○○○？」肯定答：「不能。」再問：「六六三十六。」閃電答：「三七二十一！」又問：「醒著時，有來去行止；睡著時，眞心〇〇〇〇？」肯定答：「〇〇。」又問：「〇〇是不是如來藏？」肯定答：「不是！」主三和尚問：「眞心〇〇〇，有如〇〇〇〇〇，印鈔機印鈔票，它們二者是什麼關係？」弟子想著印鈔機與鈔票的模樣，答：「合作關係。」於是主三和尚開示：「印鈔機印出鈔票，鈔票被印鈔機印出來，一個〇〇，一個〇〇〇。〇〇是被〇〇〇〇〇的，一個是〇〇，一個是〇〇，它們是能所關係。」接著指示弟子：「下去整理兩個題目，……。」

第三天早上經行，主三和尚也隨眾小跑步，跟前方二、三位女眾菩薩一一提醒、開示。弟子跑到 主三和尚身旁時，主三和尚向弟子問了一句什麼，弟子沒聽清楚，愣愣沒作聲。主三和尚於是又問一次：「米熟了沒？」這次聽到了，不假思索答：「熟了。」再繼續往前跑之後，才意識到 主三和尚的問句，暗暗自責說：「剛才導師問什麼？我怎麼隨口亂答？」

回禪堂後，開始一天的小參。復蒙諸佛菩薩慈悲安排，弟子先是跟蔡正禮老師小參。弟子向蔡老師報告與 主三和尚「印鈔機跟鈔票」那一段，再次釐清確定：「眞心〇〇〇，一個〇〇〇、一個〇〇〇，所以是……。」蔡老師接著說：「那眞心是〇〇〇、還是〇〇〇〇〇〇？」我說：「感覺上五陰十八界比較精確。」蔡老師：「實際呢？」我答不出來，蔡老師說：「這就是妳第一次來禪三，我第一次問妳的那一題啊！」蔡老師又說：「其實不只是妳，很多人這題也答不清楚。所以妳對眞心的體驗還不夠全面、周遍。我問妳：如來藏在識心中嗎？六識都是一剎那一剎那生滅、生滅，如來藏怎麼會在識心裡？」我答：「可是我眞的有體驗到眞心像一個內裡人，○○○○○○。」蔡老師說：「對啊！那我問妳，這個杯子眞不眞實？」蔡老師伸手握著桌上的保溫杯。我答：「眞實。」蔡老師：「對！色法都這麼眞實了，何況如來藏？我以前體驗到如來藏時，形容祂『無形無色猶如虛空，但很眞實』。」我一聽，眼神頓時亮起來：「對！是這樣，這樣形容好清楚！」

蔡老師又說：「就像這個杯子這麼眞實一樣，如來藏也很眞實。一體驗到祂的眞實，我感到五蘊非常虛妄，連呼吸都可以不要。我試著不要呼吸……」，我立刻接口：「不行！」蔡老師：「是啊！我發現不行，五蘊還是要呼吸。後來我看到經上有一位比丘尼向佛稟白說：『常色在內，無常色在外』，我就知道她說的是『如來藏』。妳看，杯子是無常色，用儀器把它分析到最後是很微細的粒子，它無常吧？」我點點頭。「像杯子這樣的無常色，都這麼眞實了，何況是在內的常色？所以我說祂『無形無色猶如虛空，但很眞實』。」接著蔡老師又說：「眞心是常色在內，是聖教，也是眞悟者的體驗。以前有同修不服氣，認爲監香老師說得不對！有的人來禪三，一心急著過關，所以有時候我就不跟他們多作說明，讓他們繼續趕行程。妳還不錯！肯聽我說明，起碼我們在『常色在內，無常色在外』這一點有達到共識。」我一聽，覺得很慚愧，監香老師什麼程度，弟子什麼程度，蔡老師肯傾囊花費口舌、時間跟我說明，讓我二二六六的知見加一個一，感激都來不及了，哪談得上跟監香老師達成共識？

之後的小參，蒙佛菩薩、護法神的安排，都是輪到跟余正偉老師。余老師談吐鏗鏘、一絲不苟、非常正派。余老師是這次主三和尚小參室的監香老師，所以對於我當時的回答，完全有所掌握，並且傾力負起把關的重任。我一進小參室，余老師重新再問一次：「哪個是如來藏？」「眞心○○○○○○？」一一回答之後，余老師說：「雖然主三和尚問妳『六六三十六』，妳立刻答『三七二十一』，但是主三和尚沒有時間細細勘驗，所以就要由監香老師來負責。我問妳：『意識是不是眞心？』」答：「不是！」余老師：「意識能不能〇〇〇〇？」答：「不能！」「爲什麼不能？」答：「意識〇〇〇，不能〇〇〇〇。」余老師：「但是妳將來去外面，外道跟妳挑戰說：『細意識可以〇〇〇〇！妳看！我叫我的〇〇，手〇〇，所以細意識是眞心！』妳怎麼破斥他？」我心想：「但意識明明動不了〇〇啊！」余老師見我不知如何進一步回答，提示說：「導師第一天開示時，有一段話很重要，但同修們都忽略了。」見我想不起來，余老師又說：「這一題妳答不完全，我就不能放妳過關。」

出了小參室，勉力回想起三時　主三和尚的殺我見內容，卻想不起到底是哪一段。忽然耳邊一彈指，睜眼一看是月燿老師。隨著月燿老師走到陽臺，一會兒　主三和尚亦來到，關心弟子考得怎麼樣？弟子誠實告以：在「意識是不是眞心」這一題答不完全，以及弟子只能從醫學及麻醉的角度說明意識生滅不是眞心。蒙　主三和尚慈悲，提示弟子：如來藏又名〇〇〇識、如來藏只養自己〇〇〇小孩、經教言曰「藏即賴耶識」……（師父在上，弟子慚愧，至今重點還是記不全……）。聽了　主三和尚爲弟子提示，忍不住問　主三和尚：「弟子是不是很笨？」主三和尚答：「妳沒有融會貫通。」

陽臺對面的山峰，映現著夕陽的雲朵。正當 主三和尙跟弟子提醒、開示時，雲彩突然整片一亮，變得光彩奪目、繽紛燦爛！我不禁看了一眼 導師背後的光彩雲朵。望著 導師，一時間，彷彿離散多年的父子如今終於再聚，第一次這麼近距離的在彼此眼前，像往世一樣聆聽著 師父的話語。時光流轉，不能倒回，但我知道這一幕將刻印在我心裡，伴著我直到未來：夕陽曾經如此歡喜燦爛。

當天晚上過堂，結齋後等候回禪堂時，只聽得 主三和尙說：**「這一次難產，生不出來，怎麼辦？」**蔡老師答：**「直接剖腹比較快！」** 主三和尙：**「好狠心！都已經陣痛難當了，還教我剖腹挨一刀，痛上加痛！」**弟子不禁慚愧，想到自己知見零零落落，就爲自己以前在法上不用心而感到慚愧。

第四天，又蒙護法神安排弟子跟余老師小參。這次能夠運用 主三和尙在起三時開示的：**「如來藏出生色陰，色陰的大腦發展了，意識才出生；色陰是先生，意識是後生，後生的◯◯◯◯◯，所以意識不能◯◯，不是◯◯，因此不是眞心。」**這一題過關之後，余老師又連考三題，直考得我「心驚魄動」。最後余老師說：**「最後這一題，妳如果答對了，我們就把妳送進導**

師的小參室，可是萬一妳在這一題跌跤了，我們就只好跟妳說抱歉。這一題是：『爲什麼○○○、○○○○』。時間不多了，要把握。」我問余老師：「我是不是考得很糟糕？」余老師卻說：「嚴格把關是我們的責任。妳大方向對了，枝節將來再補就可以。不然爲什麼還要繼續上增上班的課呢？」

這一題，輪到跟蔡老師小參。蔡老師一聽我從如來藏入胎、出生五陰十八界到直接、間接製造生活萬物，手指保溫杯說：「妳用杯子爲例，說明杯子爲什麼是如來藏生的。」蔡老師聽我又要重複如來藏五陰十八界，直接補充說：「妳從杯子的○○——○○○○杯子來說明。」答：「物質原料在大地中，大地是眾生的如來藏共同變生的。」見我答不全，蔡老師慈悲引導：「原料在地底，要有○○○○○；意識等前六識只能思惟，設計出工廠、模子……之後，都需要○○○○○○○○○○。世間萬物都是這樣從如來藏出生的。」蔡老師又補充：宇宙大爆炸正是眾生的如來藏共同推了那一把，所以才能出現宇宙世界。聽了不禁讚歎蔡老師的哲學專業以及對法的細密思惟。

最後蔡老師說：「恭喜妳！妳第一次上山的第一題是從我開始的，過關的最後一題也從我這邊結束。很圓滿！」我慚愧的說：「可是我沒有考得很好……」蔡老師：「這回妳能這樣七道題目一路考下來，已經很不容易了！恭喜妳！」

內心裡眞的感謝佛菩薩的安排，讓弟子每一次都遇到合適的監香老師。從蔡老師開始、也從蔡老師結束，不只是圓滿，更是讓我將不通的題目，獲得補全的圓滿。只是沒想到，接下來還有 主三和尚的一連串考題……糾察老師郭正益老師領著孫希平師姊、我、另一位南部師兄一起進入小參室。主三和尚從「哪個是如來藏？」一一問起，依稀記得問到「眞心與意識的關係」時，弟子因爲知見沒有貫串完整，答得支離破碎，勉強低空飛過。聽著其他兩位同修的回答，弟子不斷生起慚愧之心。

接下來的筆試，一題接一題。因爲時間緊迫，月燿老師、郭老師頻頻來指示筆不要停、注意時間……。第一道題目證明如來藏○○○。在和尚小參室一一輪流回答時，弟子答了：「有情前世造業之後必須有受報的舞臺，從眼前宇宙山河大地係由眾生各自的如來藏共同變現、酬償因果，證明如來藏○○○。」等幾個答案；同時，也在聆聽其他同修的答案時，檢視自己的同一個答案有何缺漏、爲何缺漏。因而不時讚歎同修們，同時又感到自己很慚愧。

第二道是假設性題目：假設……。主三和尚老婆苦心：「題目一道又一道，每答一題，你們就是開出一張保證書，但保證書不是開給我，而是開給你們自己，自己爲自己簽字保證將來不退轉。」每一道題目，都是再一次讓我們殺死意識變相，肯定眞如心；日後如果遇到有人主張還有第九識、第十識才是眞如心，我們能夠有智慧思辨、正確判斷。在這兩道筆試題目之外，主三和尚又……，我們一一回答之後，主三和尚講評：「全都繞了一大圈。原因很簡單：因爲眞心……。」

至此，主三和尚爲三位弟子印證悟道，因爲法是從 世尊傳下來的，所以是代 世尊印證弟子們證悟。法座上的 和尚又慈顏叮嚀說：「向世尊發過的願，要如實履踐。」弟子不禁抬起頭，望向 主三和尚。接著遵循 主三和尚的深心囑咐，一一頂禮：感恩戴德頂禮本師 釋迦牟尼佛將無上大法傳給弟子；感恩戴德頂禮護法 韋陀菩薩摩訶薩護念弟子順利參禪不受遮障，願於未來 韋陀菩薩成佛座下追隨學法，感恩 韋陀菩薩護念弟子迷途知返；感

恩戴德頂禮祖師　克勤菩薩摩訶薩，將來成佛時不要忘記弟子、提攜弟子。

回到座位，想到　韋陀菩薩的恩德，不禁潸然淚下。時間更形緊迫，接著體驗喝水，依舊戰戰兢兢，感覺仍在考試。體驗喝水時，因為只知著重在一個面向，雖蒙　主三和尚以如意棒在幾個關鍵處點觸，報告體驗時才恍知自己體驗得不夠全面，因而在聆聽希平師姊的體驗時，一邊臨時惡補，一邊在慚愧中更覺得慚愧。

主三和尚講解時，有三個議題特別印象深刻：

一、如來藏只……。主三和尚舉示……。

二、手抓物品……。

三、識如瀑流，因為前識、後識的起滅很快，使得人們不覺意識是剎那、剎那生滅的，就如燈泡的周率一旦降低，才會容易察覺光線一起一滅的閃爍現象。聽著　主三和尚講解這一段，不禁心起一念：「這是不是也證得到？」

當　主三和尚講評、補充弟子們的喝水體驗時，弟子因為慚愧老是躲在後面，最後被　主三和尚點名上前示範時，感覺　師父和煦溫暖；不管弟子答得好不好，都見　主三和尚一邊聆聽，一邊補充，未現任何慍色。只是弟子的體驗、知見實在太零落了，不能如希平師姊一以貫之、章法清楚，不斷心生慚愧之時，清楚感受到 主三和尚心念：「回去後好好用功！」

最後一題，在廣場體驗走路：方知殺死識蘊、證驗眞心之後，還須回過頭來，重視妄心，體驗眞妄和合。報告自己的體驗時，弟子特別深刻的是：閉眼走路，識蘊中的身識在腳底觸地時，明顯經由意識想要清楚記憶地板的凹凸、軟硬……等資訊，以便能夠順利走第二趟、第三趟；同時，意根也不斷在每一剎那接收意識藉前五識所得的思考、判斷，而在每一剎那作出決定：繼續或調整。八識和合，猶如 主三和尚所開示的：意識、意根、眞心互通聲息，眞心了眾生心行，無需語言文字，藉由八識和合，產生一切行來去止、行住坐臥。

**有疑直須問**

印證前的體驗不夠深入，印證後自然不是就此「風平浪靜」。解三後打掃時，我一邊領受如來藏，覺得如來藏很好玩，忽地卻起一念疑：「眞的是這個嗎？」一起念，既嚇一跳又覺慚愧，想想自己參、自己悟都會起疑了，何況不是自己參出來的呢？

頓時明瞭爲何諸佛菩薩、主三和尚要將弟子丟到冷水裡自己參、自己悟。隨即在起疑後，一面將考題再一一思惟、整理一遍，期望彌補知見及觀行的不夠融會貫通；一面在上班途中依 主三和尚在山上的教導，再次細細體驗走路，希望透過觀行直接領受眞心的各種功德，而眞正心得決定。

導師十分瞭解弟子問題所在，第二天講經時以弟子爲當機，開示說：「**對於自己還未體驗證知的，寧可推爲自己不知，是自己智慧不夠，也不懷疑世尊、經典。**」對弟子醍醐灌頂。有疑直須問，當時即決定要向郭正益老師請教——因爲郭老師擔任糾察老師，全程見證了我的考試過程，一定能夠釐清、解除我的問題。

郭老師十分慈悲又有耐心，教導我好好體驗走路，又跟我細細分享他修學時、證悟後的心情。在郭老師班上作見道分享時，佛菩薩透過郭老師開示弟子：「**剛證悟時，疑是正常的。但這個疑不應該超過四次，乃至到成爲心得決定不應該超過十天。**」郭老師後來也對我開示說：「**多觀察意根、意識、眞心在作什麼，祂們之間的關係是什麼。**」並教我說：「**多看導師的書，建**

立抉擇慧。」而黃奎肇師兄也爲我的疑問分享經驗：他剛悟的時候也是心有疑惑，後來看了公案拈提，疑惑全消，因爲有了古德祖師的保證，信心十足。不知道是不是大部分人剛證悟時都會起疑？看到很多同修都是對佛、對法、對 導師信心十足的信行人，他們的信根、信力堅定而穩固，對佛、大菩薩所說法心無懷疑，全然信受，總令我敬佩且讚歎。

然而，或許也有同修跟我一樣，必須走過這樣一段路。導師在《禪—悟前與悟後》已然殷殷叮囑過；但秉持著誠心，或許也能在此分享一些歷程，利益同修們：

一、務必親自證驗眞心。不論是佛菩薩明說、主三和尚引導，或自己閱讀公案解悟（我一直覺得很不可思議，這是個必須親證的法，學佛者爲何選擇從解悟而入？又如何發起功德受用？眞令人難以想像），行者最後仍然務必親自證驗眞心——如來藏這個行相微細的內裡人。只有殺盡這個身心五蘊我，上窮碧落下黃泉，親自確認除了如來藏再也沒有任何一個心符合眞心的體性，而且能夠現前細細領受、親自證驗，才能在外面颳風下雨或自己屋內漏水的未得決定之前，現觀祂、領受祂、體認祂，與經典、公案、菩薩開示作比對，消除疑惑，心得決定，確認所證驗的這個就是生命實相、萬法本源，從而能夠悟後起修，依於如來藏的清淨體性，修除意根的我執、習氣，並且經由觀行，漸次獲得般若智慧。

二、親證如來藏攸關眞除慢心。我個人覺得，即使是已經斷三縛結，還沒證悟之前想要消除慢心，還是很難的。何況我見還沒死盡、甚至還在眞妄不分時，確實如 導師所說很容易增長「我」見、增長慢心。如果眞能死卻、假我一絲不存且眞正親證如來藏，那麼不論是佛菩薩威德加持你現前強烈領受祂，或自己多分、少分現前觀察祂，都可以很容易領受到這個內裡人的清淨、無貪、無瞋，使得意根現前立刻了知自己的染污，現前立刻多分、少分折服「自己沒什麼了不起」，如此慢慢一分一分消除深重固執的慢心。

三、勇於面對提出疑問。只有少分、多分消除慢心之後，才有可能在心有疑惑、未得決定之時，勇於突破慣性，不再被我執牽著走，肯依著如來藏的清淨、無分別體性，讓自己的心向著調柔、眞理的方向去調整，勇於提出自己的疑惑、問題。因爲願意挑戰習氣、消滅慢心的同時，這個人會體認到：慧命比自尊重要。

## 有則改之 無則加勉

不論爲了什麼原因退失信心於如來藏正法，主要原因應該都是出於五蘊我沒有死盡，以及無法現前乾淨俐落觀察領受如來藏的清淨體性，因而無法生起向如來藏看齊、多分少分消除慢心瞋心的功德。被意根我執、慢心瞋心牽著走的結果，就不能親炙、就教於眞善知識爲我們校準星盤，最後可能需要花費幾倍的時間，回頭重新調整細微的「毫釐」。然而，與其花費幾年幾世，不如立刻親近眞善知識，從而心得決定，順利走上悟後之路。

以我自己走過參究的路以及最終決定的歷程，或許可以說這是歹走的路；可是也因爲有這個歷程，我知道將來不論誰否定眞心如來藏，我都能夠因爲親自驗證、能夠現前觀察、能夠比對經典公案，確定自己的所證。能夠這樣鍛鍊，或許也是一個學佛人的某種福德與善根吧。

誠如上面所說，一切功德來自親自驗證第八識如來藏。所有想要解脫於三界輪迴、有志行於菩薩道、幫助眾生的佛弟子，沒有不自己親見本來面目的，進而在各種順逆的歷緣對境中，觀察自己的起心動念，投以消滅慣性勢力的藥方。如果不能這樣，最後不免重新落入凡人的心態：自我保護、唯我獨尊。這對一個有心於菩薩道的行者而言，是極其浪費時間、也很折損福報的可惜事。行於如來藏正法的人，應該常常回到自己的初衷：我爲了什麼行菩薩道？我想爲眾生作什麼？這樣子時時檢視自己的心，有則改之，無則嘉勉。

## 受用功德

記得第一次禪三時，主三和尚爲弟子開示欲心煩惱的解決之法：「**會起煩惱是妄心，不用和妄心對抗。**」當時直接認取眞心，直下感到好安隱、好安隱；好像小鳥歸巢，一切煩惱消融殆盡，從此之後沒有再起過貪欲的身行。當時身體也開始起變化，男兒身的覺受明顯；此後約有將近一年的時間，只要一感受自己是 世尊的弟子、導師的弟子，男兒身的覺受就會立刻增長、出現。

第一次勘驗，眞妄淆訛，未受印證；但下山之後，家中貓咪跑來蹲踞在我身邊，感覺牠領受無限安全、安隱、平和；隔天，路上流浪狗也跑來我身邊，感覺牠很歡喜。而很明顯的，意根不再驅使意識向外奔馳，總在意識一外奔就立刻拉回來；整個人變得很鬆，意根不再緊抓著色身。意識變成不相干的第三者，遇到肚子咕嚕時會說「色身我」餓了，如此觀察著五蘊身；睡覺時自然向右涅槃臥，姿勢不動直到醒來。同時身體起變化，頭顱、耳膜向外撐得很厲害，自然捲的頭髮變得很乖順、不亂飄。連續幾天攝心不奔逸，一天上班等公車時，很明顯領受到自己隔著玻璃帷幕看外面——我跟外界的一切隔著一層玻璃帷幕，帷幕內的自己很虛妄，帷幕外的人車、一切的一切更是虛妄。不禁回想起夜遊威尼斯時，眼看燈光水影流瀉搖曳，曾強烈感受：這個世界不屬於我，而我也不屬於這個世界。

這一次蒙受印證，感受有如《央掘魔羅經》所說：「**若說若作，快樂自追，如影隨形。**」常常意識心棲息在如來藏的清淨性時，感到一種平穩、沈靜的喜悅，不自禁的嘴角上揚，打從心裡微笑。其它還感受到如來藏的諸多功德，包括：

一、平等心。意根觸法塵，生起意識思惟、判斷時，意根往往還是決定跟著習氣種子走，再由八識和合產生身口意行。證得如來藏之後，意識可以時時觀察如來藏的清淨體性，意根接受到這個現量的清淨訊息，會折服、信受而轉變原來的決定，漸漸清淨染污習氣。明顯的例子：我以前等公車，看到人滿爲患就不想上車，寧願等下一班；但剛印證下山時，看到沙丁魚公車，覺得無所謂，立刻坐上車。

二、瞋心滅。記得張老師曾說過：「**證悟之後，覺得日子好好過，終日也不會起一念瞋。**」確實如此！有一次在餐廳跟服務生溝通素食問題，服務生很堅持、不願爲人著想，若是以前我一定會生氣，跟對方理論、吵架。但那次我清楚的看著瞋習的勢力從心裡生起，卻面帶微笑、好言好語、據理說明。瞋習的種子依舊在，歷緣對境時特別容易勾出來，但證悟之後能夠依偎著如來藏的清淨性，只是看著勢力生起，使意根不讓習氣牽走再度作出染污的決定，轉增習氣的染污。

三、清淨性。證悟之後，變得比較有耐心、有愛心，以前不喜歡的人事物，現在卻有比較大的彈性空間容納它們，也不會在遇到不順己意的事情時，就立刻想跟別人吐苦水、倒垃圾。而且如來藏好清淨，領受祂的時候，意識、意根都會放鬆，覺得世間沒什麼好堅持。如果再加一點作意，意根應該可以慢慢放掉對色身的執著，不會想要時時將色身抓得很緊，身、心將會更鬆，更沒有滯礙。

以上略述依偎如來藏的功德受用，平穩而安祥。然而意根多劫以來染污成性，很容易一不小心「跟著感覺走」而不自知。誠如 導師所說：「意識心的行善，有時會起一念惡，不是永遠的善。眞實的善法是如來藏，但離見聞覺知，不作分別，故不會貪染。悟後現前觀察這個道理，都還不免被意識心這我所牽，何況未悟的人根本沒有依止這個清淨心。」

因此，證悟之後才是眞正修行的開始：開始修除意根的執著性、種子的染污性。這也是一個正法修行人應該繼續向前邁進的路。如果證悟之後，不能依著如來藏修正身口意行，習氣依舊、諍勝依舊、慢心依舊，那麼，拼命開悟明心是爲什麼？又有什麼利他利己的功德呢？我覺得，能夠轉依如來藏修正自己、調整自己，遠比獲得智慧更爲重要、也更令人尊敬。

**意根習氣威力強大　改往修來承如來教**

下山後，郭老師曾經提醒我：「要在歷緣對境當中，去面對自己討厭的人事物，去觀察爲什麼討厭，是什麼在討厭，以及如何不再討厭。」相君師姊也提醒我：「繼續觀行，清淨身口意行，懺除意根我執、輪迴不已的心。」

以前我總認為別人都應該跟我一樣能夠觀察自己、能夠自省，因而不喜歡任由習氣因循、不懂自省改進的眾生。如今覺得，是我跟別人不一樣，不是別人跟我不一樣；是我太看重自己，所以不能忍受別人跟我不一樣，不肯理解眾生為什麼跟我不一樣。一直不食人間煙火的結果，就是雙腳踩在雲端上，不能夠與眾生一起打滾、在煩惱中俯仰，所以在菩薩道上幾經波折，浪擲了無謂的時間。

為了不再重蹈覆轍，曾努力向 佛、菩薩發願：弟子過去的錯誤，都要在這一世革除；萬一不能全部刷新，至少也要折半、再折半。如此期勉自己從不足之處再出發，就像周處除三害一樣，最後當除自己這個大害：革除深沈自我、輪迴不已的執著，才能夠眞正利益有緣眾生。

**慚愧中的感謝**

解三之後，每每遇到同修、老師們恭喜，我都覺得很慚愧。在山上受印證之後，曾忍不住跑去跟 克勤大師懺悔：「師公！弟子很慚愧，下山後一定好好用功！」感謝佛菩薩安排弟子跟希平師姊一起考試，讓弟子起慚愧心，提醒自己要更用功。感謝佛菩薩安排弟子跟希平師姊一起作見道分享，聽到希平師姊善盡責任照顧婆婆、面對同事誣陷仍能堅持修學正法，不禁熱淚盈眶，再起一分慚愧，發心學習她的謙卑調和、堅韌柔軟。

一路走來，慚愧復慚愧，內心有許多感謝：

感恩陳正源老師、孫正德老師辛苦授課，傳授正法知見，令弟子能夠拾級而上。

感恩白老師溫暖呵護。

感恩楊正旭老師代課期間，聆聽弟子諸多心情。並且每次都在關鍵時刻出現，讓弟子知道該繼續前進還是該轉彎。

感恩陸老師的無比溫暖、無比和煦、無比寬容。慈悲為弟子聚焦，讓弟子能夠突破瓶頸。

感恩游老師、蔡老師、余老師嚴格把關，讓弟子在冷水裡自己划水、自己參究。

感恩玲子老師、月燿老師、惠淵老師溫暖照拂，難以忘懷。

感恩郭正益老師、黃奎肇師兄、相君師姊無私叮嚀，幫助弟子在證悟後走得順暢。

感謝李老師收留弟子、呵護弟子。第四次禪三下山的隔日清晨，我突然明瞭上山前夢到李老師的含意是「**李老師將弟子交給導師修學正法、護持正法**」時，不禁放聲大哭。李老師最喜歡《三寶歌》，弟子在每次見道分享後，都唱三寶歌供養 世尊、導師、李老師，願李老師早日迴入娑婆，修學正法，利樂眾生，行菩薩道。

弟子進入正覺以來，無一日不受到 導師呵護。第四次上山前聽到 導師又被密宗達瓦才仁向法院提告，內心油然生起要趕快到 導師身邊護法的心情。導師就像航空母艦，弟子這艘小小護航艦在一旁發揮不了什麼作用，但內心卻有一股強烈的護法心情。弟子此世最大的遺憾是身為女兒身，不能像以前一樣在 師父身旁跟前跟後，打理事情、分憂解勞。但弟子有一個心願：希望護持 師父早日滿三地、入四地，到十方世界利樂眾生。一想到無量無邊的眾生需要 導師、等著 導師，弟子就為自己此世護法來遲，感到慚愧；也更提醒自己要為眾生努力，讓許許多多眾生都能夠因為 導師而道業增進、福德增長、行菩薩道，進而利樂更多無量無邊眾生。

弟子一心

頂禮歸命 本師釋迦牟尼佛

頂禮感恩 當來下生彌勒尊佛

頂禮感恩 韋陀菩薩摩訶薩

頂禮感恩 平實菩薩摩訶薩

佛弟子 育如 跪稟敬呈

二〇一一年十一月十五日

# 禪三見道報告

——林月花——

## 壹：進入正覺講堂的因緣

弟子是原住民（花蓮太魯閣族），隨夫家於高雄定居。進入正覺講堂之前是基督徒，雖然信奉上帝，但始終不相信有上帝存在，也不相信鬼道眾生，可以說是無神論者。佛教對我來說很陌生，佛教與道教更是分不清楚，從小母親灌輸教會的戒條：「不可拜偶像，偶像是撒旦、是惡魔；不能拿香，不能吃拜過的東西……等。」熏習的結果：「聞到香的味道會懼怕！看到廟宇寧可繞遠路，不想看到那些神像。」漸漸長大、出外工作接觸的人多了，就比較不那麼害怕，但是拜過的東西還是不敢吃。直到嫁來夫家之後，因爲夫家有祖先牌位，一定要拿香拜拜，又不敢不聽婆婆的話；第一次拿香很特別，心裡有種莫名又無法形容的感覺，不是害怕……。

十八年前的三月分，我同修調單位，大概過一星期的某一天，夢境裡出現了一條滾滾洪流，沒有道路；正在發愁時，不可思議的事情出現了，看到河水中間隔出一條平坦的道路，看到一輛汽車駛過；接著弟子走進一間小廟，小廟很破舊，正中間有一尊神像，頭掛珠簾，臉全是黑的，旁邊還有幾尊；左邊前方站著一位黑衣人，右邊忘了是什麼；再往右邊看有一大面牆壁，突然黑衣人出現在那裡；牆壁上多了一扇門，黑衣人向弟子招手；猶豫了一下，就在這個時候，門越來越小，只剩下半人高時，毫不猶豫飛奔過去進入門內；只見門內光芒耀眼、一片光明，猶如世外桃源。醒來之後，告訴同修此夢境，他說他轄區好像有一間弟子所形容的小廟；很好奇，叫同修帶弟子去看，到現場一看與夢境完全一模一樣，很驚訝！沒來過的地方，爲何在夢境出現，眞是百思不得其解。

過了五年弟子遭逢感情上的大難題（丈夫外遇），第一次感覺人生好苦；也許是過慣好日子，所以無法承受如此大的打擊。好想回家投進媽媽的懷抱，向她傾訴受委屈，但是媽媽的話猶然在耳：「嫁過去絕對不准離婚。」怕媽媽難過，不敢回家。弟子告訴大兒子：「媽媽要跟爸爸離婚。」大兒子說：「我無所謂，那弟弟怎麼辦，他還那麼小！」心裡又是一陣撕裂，講不出話來。

由於非常注重家庭和諧，也為了家庭能夠完整，只能默默承受；表面上原諒他，因痛心入骨，內心恨他千百倍；若離異，孩子必定是無辜受害者，害怕孩子的心智與價值觀念偏差，只能忍下來。我同修大男人主義非常重，弟子個性又倔強，不服輸，雙方溝通上早就出現問題；再加上外遇事件，更增加溝通上的困難，講不到幾句話就翻臉。整整一個月幾乎不出門，把自己封閉起來，精神幾近崩潰、沮喪！過了一段不是人過的生活後，發覺這樣的日子更是痛苦到極點，開始思惟：「**這樣的日子要過多久，我同修要求原諒，為什麼不給他機會？我相信他所受的苦不下於弟子，疲於奔命於工作、家庭，回到家又不得安寧。**」心裡雖然會如此想，但是見到他時，那股氣又被提起來；吵完，他轉身出去，瞧見他的背影，弟子心軟了，恨自己為什麼不能原諒他，心想：「**難道這就是以後要過的日子嗎？**」又死不了，既然死不了，就要好好過日子，硬是提起精神，不認輸的個性又開始活靈活現，避免觸景傷情，而有了出外工作的念頭，心想：「**能作什麼？**」一個念頭：「**作生意。**」

當時婆婆生病，暫時把作生意的念頭打住，照顧婆婆。因婆婆肝硬化嚴重，常常帶她去醫院門診；尤其到末期，幾乎以醫院爲家，婆婆很痛苦無法下床，包著尿布，管子一條一條往她身上加，作媳婦的不能爲她作什麼；只能陪在她身邊安慰她，祈求上天能減輕婆婆的痛苦，不幸婆婆在二〇〇一年九月往生。

婆婆生病到往生有二年多的時間，在醫院體會到人生無常；每個人都須經歷生老病死，人走了，什麼都沒有（此時還未修學佛法，不知生命的實相）！人好好的雙腳走進醫院，最後抬出來竟然是一具冰冷的屍體；想到此，對同修百般挑剔，實在有愧於心，開始試著去化解心裡的憤恨，原諒他的過錯；也開始探討：人來到人間其目的爲何？難道只爲世俗事而忙碌？忙完了，接著生個大病住進醫院來來去去好幾回之後就走了；一具冰冷的屍體抬回家，最後化爲塵土！想歸想，離開醫院的環境再回到現實生活時，一樣被現實環境所牽引，還是深陷在無明裡。

送走婆婆沒幾天，睡夢中出現一個畫面：一個夜晚，在層層山巒之中，出現一座氣勢非常雄偉的寺院（灰色建築），觀世音菩薩矗立在半空中，非常莊嚴、美妙，猶如慈母，散發出一股包容一切眾生的氣息；天空高掛著一輪明月，潔白中透著黃光，照向大地，黑暗的大地頓時一片光明。醒來之後心裡很納悶、也好奇！心想，我是基督徒，夢中出現的應該是上帝才對，怎麼會出現別的神（當時也把觀世音菩薩當成是神），想不出一個道理。

二〇〇二年開始計劃作生意，我同修買下一間店面，全力支持，無怨無悔，只因要讓弟子轉移目標，忘掉痛苦。而弟子把心全部放在工作上，過著一天算一天的日子，根本不去想生意作得起來否！孤行己見。就是這種好勝的個性，任何人攔不住；也因爲這樣的個性，生意竟然作得有聲有色！相對而來的壓力非常大，幾乎常常作到十二點以後，附近店家都打烊了弟子還開著門作生意；沉浸在工作中並不辛苦，工作稍稍能夠撫慰受創的心靈。

二〇〇五年初因緣際會，認識了一位道教老師（自稱是佛、道雙修），聽他娓娓道來，弟子的前世及這世所發生的事。弟子很驚訝！自覺不可思議！怎麼有人可以知道以前所發生的種種；這種事情只能在電視上才能看到的畫面，現在出現在眼前。眞的有前世嗎？有六道眾生嗎？他怎麼會知道，因爲好奇常常向老師請益。

同年底，一個夢境中，我同修騎摩托車載我，在上坡的路段，有一頭牛擋在路中央，那頭牛弟子認得出來，是我們家以前非常辛苦工作的牛（在弟子七歲左右，牛老了，原本父母提議賣出去，但後來決定要把那頭牛殺來吃！當時聽了心裡好難過，趕快跑到牛面前，摸摸牠長長的鼻子，告訴牠不要難過；牠聽懂弟子的話，看到牛在流眼淚，當時因爲太小，不知能爲牠作什麼），我同修停車讓弟子下來，正要走過去，牛忽然站在上坡的最頂端，看到母親牽著牠；突然間牛變得很急躁，母親試著想要制止，已經來不及了，牛一腳把母親踩在腳下；弟子正要往上跑時，牛從上面滾下來，滾到弟子面前停了一下，之後跌落至山崖下；這時眼睛的餘光，看到有一壯漢從山谷下走上來。心裡繫念著母親的安危，兩步當一步跑上去要扶母親起來，頓時晴天打霹靂；弟子全身顫抖，不相信眼前的景象是眞實，看到母親的脖子大動脈處插著一把刀（是當時殺牛的那把刀），弟子嚇到大叫，叫聲響徹雲霄；仰望天空，隨著叫聲伴隨而來一陣光，地藏王菩薩聳立在天空：他身形廣大，莊嚴金身，閃閃發光，美輪美奐，震懾人心非常壯觀！從沒看過這麼美麗的顏色，再往下一看，有兩個人雙手合十跪在地上，這下終於看到上帝！另一位是我父親（父親已往生多年）。

弟子從床上跳起來，把我同修叫醒！告訴他夢境的內容，提議不要再吃牛肉了，同修不加思索一口就答應（當時很喜歡吃牛肉）。一整晚不睡了，也睡不著，思索著夢境的內容：「此畫面的意涵是什麼？耶穌與父親向菩薩求懺悔嗎？眞的有他方世界國土？有地藏王菩薩？有鬼道眾生？耶穌是哪裡人？有因果報應？有三世而有輪迴？」種種的疑問不斷湧出……。這下不敢好奇了，終於相信老師的話了，弟子完全相信了。

想到因果！就想到母親！頓時淚水迸出，久久難以平復，心心念念惦記著母親下一世要在哪一道出生。當時母親還在世，每次回去看她，欲言又止，話常常卡在喉嚨；她非常虔誠信基督，年歲也高，不忍心看她難過。正因爲如此，求法的心就此被激起，一定要尋善知識了解眞理（要救母親）。老師告訴弟子要消業障，要唸〈大悲咒〉、《心經》。試著用老師的方法去作，就是每天唸〈大悲咒〉很快進入狀況，唸而無念（唸與念無法分別）；但是當唸到《心經》時，內心惶恐！好像走失的孩子一樣找不到回家的路。

弟子請教老師：「要如何瞭解其中內涵？」當時很激動，老師說：「妳太執著，會走火入魔！不需要瞭解，只要誠心每天唸，總有一天會悟。」表面上同意，但是內心非常掙扎，告訴自己，一定要尋善知識。《心經》看不懂，老師那裡又問不出所以然，心想：「還是靠自己。」《心經》的文字裡面一定有什麼內涵等著弟子去挖掘。在老師那裡並不是沒有收穫，經由此因緣輾轉讓弟子進入正覺講堂修學了義正法，弟子非常感激。弟子發願，等待機緣一定引進老師到正覺講堂修學大乘佛法。

除此之外老師也點醒弟子生命價值的可貴(但他所說的可貴是，不要再浪費時間，好好修行度眾生，累積福德；世間太苦了，要了生脫死，不再回來當人)，我起一個念：「才不是這樣呢！」老師看到弟子時說：「妳的心已經偏了。」弟子並沒有吭聲。如 導師說：「心本來就偏向一邊啊！」弟子打定主意，要去尋求一個眞理，要去找善知識。

**求法心切、日夜懸念、茫茫大海、何處尋覓。**

弟子不停的找，一方面又害怕遇到惡知識，時常祈求 觀世音菩薩能夠讓弟子如願以償，可憐可憐這個求法心切的弱女子。因工作繁忙，在客人面前又要不停的僞裝，把脆弱與委屈全部隱藏起來，終於抵不過因身體勞累與心裡壓抑所帶來的無形反撲，身體開始發出警訊。雖然如此，求法的心始終不曾間斷。店裡請一位店長，店裡事務讓她全權處理，弟子只爲尋師、尋法而忙；帶著疲憊不堪的身軀走過一間又一間大大小小的寺廟，見到神像（不清楚神與佛的差別）就拜，希望神明助弟子找到善知識；同修無怨無悔陪著弟子上山下海尋法，終究敗興而歸。心裡很矛盾，一方面感激他，深心又埋藏著一顆未爆彈，想要把內心的「恨」剷除；無能爲力，它始終存在，它已經深深烙印在八識心田。

終於有一天原子彈爆炸了，在店裡，爲了一張支票與我同修爭吵，深藏在內心的「恨」全部湧上心頭，像打開水龍頭一樣不停的宣洩，歇斯底里，猶如脫韁的野馬暴跳如雷（隔天才看到他全身瘀青，自己打的）。經過一番廝殺後（他身形高大，奈何不了他，只好打自己，恨自己爲什麼放不掉一切），像是洩了氣的氣球，呆坐了一會兒，想一想剛剛的舉動，自己也覺得莫名其妙；芝麻綠豆小事，有必要如此大動干戈？

也許是諸佛菩薩看到這個鈍根，沒有悔意、固執、任性、好強的孩子，已到了無可救藥的地步，硬是從萬丈深淵把弟子拉上來。那天晚上，在夢境裡看到 達摩祖師站在遠方不遠處，他穿著黑色長袍，身形魁梧，眼光銳利，四平八穩（不可怕），接著他坐在地上左腳內收，右腳弓起，拿起一支毛筆，在地上寫字；寫完，他拿起一張紙對著弟子，結果看到的是一張白紙。心想：「明明看到達摩祖師拿起一支毛筆在寫字啊！」就在納悶的當下，紙迎面而來時看到了是「心」。達摩祖師寫的是「心」！弟子來不及反應，紙就進入心田。接著看到 觀世音菩薩，提了兩行字：「人本無私，何苦被欲望纏住。」弟子馬上醒來坐在床上，想著夢中畫面與文字提示：達摩祖師與 觀世音菩薩要告訴弟子什麼嗎？是弟子錯了嗎？始終想不出所以然。

早上醒來想起昨晚夢中的畫面，很納悶！要告訴弟子什麼嗎？左思右想還是認爲同修的錯，不是弟子的錯！但是又爲什麼出現在弟子夢境裡？心想：「一定有問題。」思惟了一天沒有進展，帶著疑問入夢。隔天早上醒來，異於以往，非常冷靜，好像知道自己要作什麼；用完早餐，家裡整理乾淨，點上一柱香雙手合十，祈求 觀世音菩薩能解開心頭的疑問；隨即拿起一本書《靜心之路》，坐在沙發上看書。書的內容寫的都是人們的邪曲心、攀緣心、虛榮心；弟子非常專注，不知過多久，突然看到一個斗大的「心」。好像被電到，只感覺胸口很深沉很深沉處，好似有一個圓球狀的東西在上下抽動，眼淚不停的流、不停的流；不知過多久，有一團白雲從四面八方來，慢慢往裡面收，收到剩下一個圓球；弟子跳起來，往牆壁一看，弟子認錯了！全是弟子的錯！眾生無明啊！原來自己要的最多，欲望最多；弟子被醜陋的心、好勝心、虛榮心、自私心所籠罩；弟子隨即拿起紙跟筆寫下來，向同修表白過錯，把自己的過錯全部攤在陽光下，勇敢去承擔一切過錯，沒有虛假、沒有隱藏。寫完之後，頓時感覺身心輕鬆；最神奇的是，深藏在內心的「恨」不見了，眞的不見了！恨一個人竟然這麼可怕，他爲弟子所作的一切，我竟然當成是理所當然，而且還要求更多；想的盡是自己所受的委屈，不管對方的感受。以因果的角度來說，誰對不起誰還不知道呢！眞是無明成障。

如來藏離語言文字、離見聞覺知，一向對六塵萬法不知不覺，禪宗祖師云「**言語道斷，心行處滅**」即是如來藏的心體；祂出生七轉識，於六塵萬法隨緣任運於七轉識的心行讓眾生有求必應，《維摩詰經》云：「**知是菩提，了眾生心行故；不知是菩提，諸入不會故。**」文字只是敘述事情背後的內涵，而不是文字本身。是故達摩祖師西來意，不立文字，直指人心，即是此意。

二〇〇六年初，有一天晚上作了一個夢，有一個差不多七歲左右的男童，拿了一封信給弟子說：「**是樓上一個阿伯要給妳的。**」接過信，打開來看，信裡密密麻麻的字，只記得前面：「三三三……………仟佰億」，後面寫什麼不知道。接著過幾天，夢裡出現了一個畫面，一間寺廟（高雄岡山，超峰寺的三寶殿）；因去過那裡，很熟悉，走進殿內，內心非常平靜，弟子跪在佛前。此時畫面又換另一場景（此場景不熟悉），也是一間寺廟，但是看不到前方的佛像，只看到前面橫向咖啡色長櫃子，櫃子的左邊站著一位師父，師父搭上咖啡色海青，咖啡色縵衣；接著師父從左邊迎來，走到弟子面前，伸出手，師父的手是我們人的五倍大（當時起一個念，什麼人才會有這麼大又飽滿的手）；弟子不加思索，手伸過去，師父的手非常柔軟、渾厚、飽滿，他拉起弟子的手，帶著弟子往前走。

此畫面直到錄取禪三時，進到禪堂內，熟悉的畫面映入眼簾，熟悉的師父穿著咖啡色的海青、咖啡色的縵衣出現在眼前；尤其在「起三」時，我忍住內心的喜悅與悲痛。喜悅，是往昔種諸善根？才能在此世，再度值遇大菩薩及修學無上大乘法，想到每次禮八十八佛洪名寶懺時，必定是熱淚盈眶，痛哭流涕。佛云：「若有善男子善女人，及餘一切眾生，得聞是五十三佛名者，是人於百千萬億阿僧祇劫，不墮惡道，若復有人，能稱是五十三佛名者，生生之處，常得值遇十方諸佛，……………，若我此生，若我餘生，曾行布施，或守淨戒乃至施與畜生一摶之食，或修淨行所有善根，成就眾生所有善根，修行菩提所有善根，及無上智所有善根，一切合集，校計籌量，皆悉迴向阿耨多羅三藐三菩提，……。」能值遇十方諸佛菩薩，能於大乘菩薩法中修學了義正法，皆是 佛的護念，皆是 佛的安排，皆是 佛的威神力所攝受故。悲痛是 導師爲了延續千年血脈，辛苦弘法二十年，勞心勞力，講經說法，又要出書，一年辦兩次禪三；接著法難事件，忍辱負重，勇敢承擔收拾爛攤子，無怨無悔；不知感恩的叛徒，佛的法脈竟然被他們唾棄成一文不值；佛所流的兩行清淚，就是爲這些人而流的！他們竟然安心穿起如來衣，住如來家，吃如來食，說的竟然是外道法；沒有善根之人，不能安忍於大乘了義正法之人，就算值遇 十方諸佛菩薩，一樣懷疑，一樣難信受啊！

同修看弟子身體越來越虛弱，提議去爬山(高雄柴山)，山腳下有一間寺廟(龍泉寺),跟同修說:「進去參拜一下好嗎?」裡面恭奉 觀世音菩薩,弟子跪在 觀世音菩薩面前,努力祈求 觀世音菩薩顯靈,能讓弟子值遇好老師,讓弟子明白《心經》的內涵。上一層有三寶殿,因不能進去,只能跪在外面;之後坐在三寶殿大門前,有幾位師父在我們面前走過;師父們穿著淺灰色僧服,看到他們背影時,心裡浮現一個念頭:「他們可以教我什麼嗎?」好想緊緊抓住他們的雙腳,但師父連看都不看我們一眼,只好起身爬山去了。

爬了一個多月,是諸佛菩薩看弟子可憐,求法的心又堅定,被弟子至誠心所感動,這一天終於來臨了;如往常一樣在下坡路段,同修走在前頭突然停了下來,以為是什麼事,他眼睛正在目視左邊一張不起眼的桌子,弟子好奇跟著看,平放了好多又厚又精裝的書籍;再仔細看,《心經密意》斗大的四個字,心想:「是解釋《心經》嗎?」(當時並不知作者是誰,也不認識,只知自己要吸收佛法知見),好似挖到寶,內心雀躍不已,同修幫弟子拿了三本回家:《心經密意》、《無相念佛》、《念佛三昧修學次第》。

回家的路上,念頭都是《心經密意》那本書,沒有心情想別的事。一回到家才知道作者是 蕭平實大師,尤其是《心經密意》好喜歡讀,字看得懂但不知意思；雖然如此，並不減損內心的喜悅，尤其讀到「色身不是我，能知能覺不是我」時，內心震驚：「什麼才是我，眞實的我在哪裡？」決定要找到平實導師，要在他座下學法，就是此動力把弟子推向實證佛菩提的不歸路。

## 貳、學法的過程

弟子終於在二〇〇六年十月二十七日，參加高雄第一期「禪淨班」兩年半的課程。也許是內心世界太苦，踏進正覺講堂沒有疑，只有歡喜，不會因爲自己沒有佛法背景而懼怕、退縮，反而越戰越勇；爲了救母親，上課時特別認眞。正圜老師親切中帶點威嚴(那是大丈夫相)，每次看到她就想哭；弟子就像她手中的嬰兒，感受到母親的溫暖；老師諄諄善誘，深怕我們聽不懂，說法淺顯易懂，運用善巧方便，把佛法帶入生活中。但是一些名相對弟子來說不是普通的深澀，常常爲：五陰、五蘊，五根、六根，五塵、六塵，五識、六識等名相煩惱；又是內相分、外相分，內六入、外六入，搞得焦頭爛額；導師的書又多，無從讀起，還好老師給我們讀書方向；書讀非常慢，兩年半的時間讀了：《無相念佛》、《念佛三昧修學次第》、《阿含正義》一、二輯、《心經密意》、《禪——悟前與悟後》、《眞實如來藏》、《我與無我》、《邪見與佛法》、《起信論講記》第一輯、《眞假開悟》。

尤其讀到《阿含正義》特別投入，第一、二輯從陰界入，六根、六塵、六入，十八界之六識界（斷我見最重要的基礎），到十因緣與十二因緣的關聯（確認如來藏眞實存在的重要關鍵之一），弟子花了很多精神與時間研讀。爲了讓以上知見能夠變成自己的，開始運用各種善巧方便，去設法瞭解外六入、內六入與內相分、外相分之間的關聯，意識從哪裡現起；甚至紙上談兵也不放過，畫一個人頭，接著畫眼睛、耳朵、鼻子、嘴巴、身體，前面再畫一個蘋果，覺得很好笑吧？這個方法並不是沒有用處喔！我用動中定力，用思惟觀去分析，先把此理路一一條理分明，外境如何進到視網膜，又如何變現爲內相分，意識又是從哪裡出生；把此當成是一個話頭去思惟；光是理出此道理，用了不少精神與時間；不管是走路、作家事，都帶著此話頭去思惟。眞的是諸佛菩薩的慇祐，有一天坐在書桌前看著那張畫，突然驚醒夢中人，終於理出了頭緒：「外境是透過如來藏出生的眼根進入視網膜，停留在視網膜的影像是倒影；再由傳導神經傳到眼勝義根處，變成內相分的六塵，眼識、意識才能在此出生，所以眼識、意識並沒有眞正看到外境，是如來藏變現的似色相分，讓意識來了別。」那時才眞正瞭解 導師說意識「我」並沒有眞正看到外境。

當老師上課講到「名、名義、名義自性、名義自性差別」時，弟子馬上能夠契入理解，發現了文字背後的內涵。一切六塵萬法，所取諸法，只是假名施設，能取的六識覺知心也是性空(五位斷滅)，沒有眞實的體性。當理出這樣的道理時，心裡眞的很高興；此還不算是自己的東西，還要努力說服意根(末那)，讓意根接受此事實，爲什麼色身不是我、受想行識不是我，眞實的我在那裡？有一次騎摩托車，因爲一件事情，心裡非常喧鬧；騎到一段路之後，突然看到色身像木頭人一樣無動於衷，而心裡面是非常喧鬧的；此時又再一次確認色身非我(意識)的道理，色身是物質，物質不是心。因當時知見還未具足，所以眞、妄不分。

鍛鍊憶佛功夫，弟子不敢馬虎，因爲對法沒有疑，也從來不曾對自己憶佛的念產生懷疑，老師也常常在課堂上不厭其煩重複講解憶佛的技巧；導師在《無相念佛》這本書裡，有很多關鍵處，可以去體驗、感受、揣摩。大勢至菩薩云：「……子若憶母如母憶時，母子歷生，不相違遠。……」拜佛時會特別去體驗，繫念母親時的感受是如何，張眼、閉眼都去感受，慢慢練習，慢慢轉進。直到有一次禪一時，主一老師 孫老師說：「想念的想，就是念」，那時才眞正確認自己「無相念佛」的念是正確的。接下來都攝六根，淨念相繼，因爲沒有疑，這方面沒有遮障，每天固定拜佛一個小時，行禪一個小時不敢懈怠。有時會到喧鬧的地方練習，導師在《無相念佛》裡提到：「此種無相憶念拜佛法門是一種強而有力的習定方法。此種功夫由動中得，是故將來修成無相念佛時，身心能於聲色中來去自如，而不妨礙無相念佛之淨念相繼。」所以騎車時很放心憶佛。有時騎車去講堂上課，騎過頭都不知道，直到發現兩旁建築物不同時，才發現騎過頭了，這是常有的事。讓我最得力的方法是，帶著憶佛的念睡覺。

有一次在拜佛時，有一隻蚊子在耳朵旁嗡嗡作響，告訴自己：「要認眞拜佛，不要理會牠。」這時聲音不見了，又放心繼續拜；過了一會兒，聲音又出現，再告訴自己：「不理牠，繼續拜佛。」發現蚊子停在耳朵上，耳朵有一點癢，但不想去理會，只想專注在憶佛上；不知過多久，當意識覺知時，○○○○○○○○○○○，那時心想：「**我並沒有要去抓耳朵啊！**」是誰去抓耳朵？是意根？是處處作主的意根啊！因沒有深入去作觀行，又失去了一念相應的機會，也因爲這樣才找到意根的所在。

又有一次身體很累，中午去小睡一下，睡到一半突然猛力的爬起來，動作非常迅速呆坐在床上；弟子不知什麼狀況，更覺奇怪：「**上廁所？電話聲？有人？**」都不是，百思不得其解當下，大概幾秒鐘，突然地震出現！

接著又有一次睡到半夜，當意識現起時，弟子已經走到電話前坐下來（從床鋪走到電話旁大概十步左右），正納悶著，弟子不是在睡覺嗎？走來這裡作什麼？也不是要上廁所！就在此時，不到幾秒，電話來了！當下知道是意根，處處作主的意根；因當時知見不夠具足，觀行也不夠深入，無法一念相應。

如來藏與意根恆常住於清醒位（如來藏與意根始終是不離不棄的難兄難弟），如來藏不會因爲意識眠熟就不現五塵相分，祂時時刻刻都在現五塵相分，而意根一直領受相分五塵上面所顯現的法塵，保持著攀緣一切法運作不斷；攀緣外相分五塵入時的變動法塵，也攀緣內相分五塵上的內法塵（藉意識的了知而有內法入）。導師在《阿含正義》也提到，如來藏其實也有法入，只是未悟及初悟者聽不懂，這要到大乘別教諸地菩薩修學一切種智中才會說到；所以在二乘菩提及大乘菩提的三賢位所修種種法中，都不說祂有法入。

我們一向在乎、關心自己外在與內在（外、內我所）的事物及想法，內在在乎的想法，有時根本不會發覺它的存在；等到境界現前加上種子流注所產生的連續動作完成後，才覺受到身心受創，想制止，無能為力，根本來不及反應，這就是眾生無明所帶來的負面情緒；若是透過修行，善知識的引導，瞭解生命的實相，找到無明的根源，並且找到意根、意識的處所，才有能力對治，實證解脫，斷除無明。弟子透過五蘊的觀行，探討不能原諒我家同修其原因為何：是眾生無明所致，對於「識蘊」的自性不能了知，對於「我見」有錯誤的認知，以意識覺知心「我」認為他是我的，把他佔為己有；被別人佔有時，挺身而出極力捍衛屬於自己的一切，對他作出種種不如理作意的行為。對於意識錯誤的認知是透過熏習而來（種子生現行，現行熏種子），熏習的結果，變成慣性，當同樣境界現前時，意根喚起儲存在如來藏內的種子流注完成動作，讓我痛不欲生，讓我酬償業果。原來一切唯心造，是自心所現，怪不得別人。而此色身也是一樣，老了、壞了、不堪用時，即敗壞；最後剩下什麼？是誰又讓我出生下一世？又去取下一個色身，輪迴不已？是頑劣的意根，因爲害怕自己不存在，帶著如來藏入胎又去執取下一個色身。

努力說服意根，又是一個相當艱鉅的任務；從執著到放下，不是那麼容易的事情；如同個性暴戾變爲調柔，需要長時間調整；若心不夠堅定，很容易半途放棄，因爲不想受委屈。弟子決定說服意根，每次看到同修，說服自己一次、二次、三次……就這樣經過一段很長的時間；有一天，弟子呆坐在沙發上，大概一秒鐘的時間，一個境界閃過，隨即一個念頭出現：「**我只是一個過客**。」這時才眞正對同修的執著放下，對生命也有了不一樣的認知與詮釋。就算同修再犯錯，也不會再恨他，更不會感到意外；世間本來如是，他本來就不是我的；因緣具足遇上了，等著業果酬償；若無明之人，舊業加新仇，惡業越加越多，下一世劇情再演變一次，角色互換！想到此，不免腳底發涼。

努力觀行，努力轉換善的種子，其目的是希望此世所造成的種種不如理作意的業種不要再帶到下一世，希望下一世有因緣見面時流注善的種子，能夠繼續共同在正法上努力護持；護持 導師繼續廣傳 佛的法脈不間斷，直到月光菩薩降生人間。經過以上的體驗，深覺佛法如此奧妙又具體，深覺因緣殊勝難得，更積極求明心。佛云：「**常當一心勿為懈怠，未證得者勤求證悟，如是應學。**」積極求明心，盡未來際不被無明籠罩，值遇善知識，繼續修學佛法，繼續廣度有緣眾生，護持法脈永續流傳。

有一次與同修回花蓮的路上，進休息站稍作休息。後面停了一輛大卡車，就在離開的當時，看見卡車司機坐在駕駛座上，正在享受一碗熱騰騰的泡麵；看他滿足的表情及帶點急躁的動作，是餓了吧！原本這只是很平常的現象，但是當時看到這一幕，心的深層湧起一股難以形容的感覺：「**他好辛苦！誰能夠體會他的辛勞？他回到家時，他的妻子能體諒、感謝、心甘情願為他煮一頓熱騰騰的飯菜嗎？**」想到此，就想到之前對同修百般挑剔，恨他、討厭他，不願意原諒他的過錯，是因為自己好強、虛榮、自私、任性、無知、無明，只想到對方能為自己作什麼？只想到對方不能對不起我！對我的百般忍受與付出，竟然當成是理所當然！連一聲感謝都沒有，想到此不寒而慄！

現在學佛了，心境改變了，也能感同身受了！末學深刻體認：沒有一個人應該為我作什麼！有人幫我，就要感激不盡了。就像如來藏一樣，無始劫來雖然祂最忙，覺知心我只是出主意的份，但是祂從來沒有抱怨，一路支持著我不間斷。祂才是眞正的不著相。

大師們都說：「放下煩惱，不要執著！」苦就此消滅於無形了嗎？沒那麼容易！他們才是不懂人間疾苦的人；否定「意根」、就永遠找不到苦的方所，如何對治？否定「如來藏」，如何實證佛法？只能辛苦的用意識去壓抑。意識的功能只是了別，依祂而起，沒有自體性。意根（末那識），恆內執我，因觸如來藏所變現五塵境而出生意識，與意識同起心行（意根與如來藏恆常住於清醒位，也攀緣外相分五塵入時的變動法塵）；行相微細，有覆無記性；雖能配合意識等而造善惡業，然恆緣（現境現量）現在進行式；雖能作主，然不能分別善惡美醜（分別是意識的功能）；故因業力所牽引，攜同如來藏隨業受生六道。

意根帶著如來藏入胎執取受精卵時，此時的受精卵位無五識、無意識，此時的「色」，只有受精卵（若有意識，就應該知道五根長養時的狀況，譬如：

頭、心臟、手、腳什麼時候長出來，長出來時的狀況如何……等）。此時「名」只有意根，因五根未具足長養，所以無法透過五根觸五塵境而出生五識乃至意識，所以入胎識的「名」只有意根。必須等到五個月左右，漸漸具足五根，乃能藉五根現五塵境而出生六識；但這時母親的子宮是胎兒外世界的全部，只能觸母體體溫、心跳、呼吸等少分。

入胎識入胎執取受精卵時，受精卵位無五識、無意識；若有意識，我們就應了知受精卵位的狀況；既然我們不知受精卵位的狀況，就表示此時的受精卵位還未出生五識及意識；既然意識還未出生，那是誰讓受精卵分裂而漸漸長養五根？就是「入胎識」——如來藏阿賴耶識。如來藏有能生的功能，祂所生的法必定會○○，被如來藏出生的七轉識不可能又回來出生法界實相如來藏；若是如此，其過失必定無量無邊；七轉識必須依附於如來藏才有作用，如來藏才是法界的實相。大師們不知此道理，否定如來藏，如何實證法界實相？如何斷盡見、思惑實證解脫境界？無法實證法界實相，如何成佛？

《長阿含》卷十，第十三經《大緣方便經》佛云：「**阿難！若使無眼、無色、無眼識者，寧有觸不？**」答曰：「**無也。**」「**若無耳、聲、耳識，鼻、**

香、鼻識，舌、味、舌識，身、觸、身識，意、法、意識者，寧有觸不？」答曰：「無也。」「阿難！若使一切眾生無有觸者，寧有受不？」答曰：「無也！」「阿難！我以是義，知受由觸，緣觸有受。我所說者義在於此。阿難！緣名色有觸，此爲何義？若使一切眾生無有名色者，寧有心觸不？」答曰：「無也！」「若使一切眾生無形色相貌者，寧有身觸不？」曰：「無也！」「阿難！若無名色，寧有觸不？」答曰：「無也！」「阿難！我以是緣，知觸由名色，緣名色有觸，我所說者義在於此。」

「阿難！緣識有名色，此爲何義？若識不入母胎者，有名色不？」答曰：「無也。」「若識入胎不出者，有名色不？」答曰：「無也。」「若識出胎，嬰孩壞敗，名色得增長不？」答曰：「無也！」「阿難！若無識者，有名色不？」答曰：「無也。」「阿難！我以是緣，知名色由識，緣識有名色。我所說者義在於此，阿難！緣名色有識，此爲何義？若識不住名色，則識無住處；若無住處，寧有生、老、病、死、憂悲苦惱不？」答曰：「無也！」「阿難！若無名色寧有識不？」答曰：「無也！」「阿難！我以此緣知：識由名色，緣名色有識。我所說者義在於此。阿難！是故名色緣識，識緣名色；名色緣六入，六入緣觸，觸緣受，受緣愛，愛緣取，取緣有，有緣生，生緣老死憂悲苦惱大苦陰集。阿難！齊是爲語，齊是爲應，齊是爲限，齊此爲演說，齊是爲智觀，齊是爲眾生。」

入胎識是一切法的根本，一切法都是輾轉從入胎識出生，佛說「名色由識生」，所以這個能出生名色的入胎識不是意識也不是意根，入胎識就是如來藏。爲何入胎識恆常不斷流出異熟種？是因爲眾生無明所致，以意識覺知心爲我，誤認識陰爲眞實法，常住不滅，不願識陰滅除，住於識陰相應的身行、口行、意行境界中熏習與造業，而有了無量的善惡業行；入胎識收藏了識陰所造的業種，在三界中受業力支配繼續不斷流轉生死；若不入胎取得名色而出生，就不會有眾生的老病死憂悲苦惱。若能如實的觀察識陰的本質，就能了知識陰的自性只是了別，五位必斷滅，不再錯誤執著識陰六識所行一切境界，說服意根接受此事實，無明即可斷除。

十因緣　佛所說「識緣名色」主要在說受精卵位，因識緣名色，名色增長，漸漸具足五根，而有意識。意識因意根（末那識）觸五根所現五塵境諸法而有，未具足五根前無意識，所以「識緣名色」之識是如來藏，不是意識。

大師們於《阿含經》佛說的「入胎識」讀不懂！十二因緣自然也讀不懂！枉費出家修行，說是修學佛法，講的竟然是羅漢法，而且還是錯誤的羅漢法，可悲啊！

《眞實如來藏》〈依小乘阿含經佛說十二因緣法證有如來藏〉第十三章八十五、八十六頁 導師說：「是故佛云：『若見法便見緣起，若見緣起便見法』，法者『識緣名色』之識——如來藏阿賴耶識也，若見阿賴耶識，便見色蘊及七識受想行蘊之緣起性空，遠離自性見，阿賴耶識離見聞覺知故，本性清淨、無分別性故；若見色蘊及七識受想行蘊之緣起性空，便知有一能使五蘊假藉父母爲緣而現起之法——『識緣名色』之識——如來藏阿賴耶識。若無此識，十二因緣應名『九因緣』，無『無明緣行、行緣識、識緣名色』之識故，則此三應除，唯餘九緣。亦應名『九緣』，不應名『九因緣』，無『無明、行、名色』之因故。則名色應無因有緣而起——唯依父母之緣而起，則同四大外道之四大極微派。」

是故緣起性空之理，不可稍離十二因緣法，亦不可取十二因緣法之局部而說。若離「無明緣行、行緣識、識緣名色」之識——如來藏阿賴耶識，則十二因緣法，必墮斷見，成爲「有緣無因」之法，則三世一切佛所說佛法，皆成無因而起之法，則成戲論。

## 參、禪三的過程

承蒙　導師慈悲不捨，第一次收到錄取通知時，內心非常激動，久久不能自已；從一樓走到四樓佛堂，大概走了十分鐘，邊走邊流眼淚，終於走到佛前向　佛陀稟告：「**收到錄取通知了。**」不知又哭了多久。

第一次上山，心情無法放鬆，也無心欣賞祖師堂周邊的美景，抱著忐忑不安的心情準備迎接四天的震撼教育；一直期待能夠早點面見　主三和尚，早點知道自己整理的方向是否正確。進入祖師堂，大家開始報到領名牌床號，接著到寢室，護三菩薩非常親切幫我們找到床位，行李放置妥當之後，上三樓大殿。進入大殿時，非常壯觀、非常莊嚴的佛龕映入眼簾，中間是　本師釋迦牟尼佛、右邊是　大慈大悲觀世音菩薩、左邊是　當來下生彌勒尊佛；三樓大殿門口聳立著莊嚴的護法　韋陀尊天菩薩，右對角是　聖克勤圜悟祖師（正覺祖師堂是建來紀念克勤大師而舉辦禪三選佛之用）。我們每個學員，一一抱著非常虔誠的心情禮敬諸佛菩薩、發願、懺悔，希望佛菩薩佛力加持，禪三期間能夠順利圓滿。

第一天起三儀式（熟悉的場景讓弟子激動不已），接著下午拜懺後起三，主三和尚為大家開示五蘊十八界的內涵與由來，幫助大家徹底斷除三縛結、斷我見；蒙山施食，迴向功德給冤親債主，讓他們這幾天不要遮障，讓我們能夠專心參究。

第二天由 主三和尚為全體學員小參。弟子進入小參室，頂禮 主三和尚坐定後，主三和尚問：「有什麼心得？」我說：「有。」不知如何說起！只有把一隻蚊子的體驗說明一次，接著我說：「那是意根。」主三和尚說：「嗯！心得決定。」只因當時觀行不夠，無法聽出 主三和尚話中的意思，白白浪費一個機鋒；意根是心法，○○○○？接著又說：「哪一個是如來藏？直接說出來。」弟子○○○○○○說：「就是這個。」主三和尚說：「那是色身，那是會滅的。」我說：「色非我、不異我、不相在。」主三和尚說：「那是我書本上說的，妳要具體的說出來，要說服我啊！」主三和尚說：「妳觀行不夠。」這一下心涼了一半，頂禮要退出時，主三和尚好像看到什麼，似乎聽到「福德夠」三個字。當弟子開門走出去時，主三和尚急著說：「祂很忙。」弟子道謝之後，離開小參室。

回到座位，像是洩了氣的氣球，呆坐一會兒，心想：「祂很忙。」我們這個色身是很忙：「有如來藏、有色陰，有七轉識。」又要具體說出來，確實是觀行不夠。祇因當時又遇四二五演講前夕，大家非常忙碌、上山下海廣發邀請函，末學也不例外。禪三期間因身體非常疲累，在山上用無相念佛的功夫，解決了身體的疲累(沉浸在憶佛的念裡)；下山之後末學跪在佛前懺悔，怎能辜負 導師的慈心與悲心；痛定思痛，下次一定會努力，請 佛陀再給弟子機會。

第二次上山，原本以爲有一次經驗就會比較輕鬆，沒想到比上次更緊張，不敢掉以輕心，就看這幾天能不能在 主三和尚及監香老師面前「口說手呈」；這次位置排在女眾第一排，靠近 克勤圜悟祖師旁。

第一天起三儀式，如之前一樣下午懺悔，主三和尚主持起三法會，開示五蘊十八界的內涵，斷除我見、蒙山施食，迴向功德給冤親債主。

第二天早齋時，主三和尚說：「今天怎麼沒有花生？」主三和尚交代下去：「明天要準備花生，吃花生會開悟喔！」我把「吃花生會開悟」這句話帶著，看看明天吃花生會不會一念相應！主三和尚第一輪小參，入小參室頂禮 主三和尚後坐定。主三和尚說：「妳已經找到如來藏了。」才篤定自己的方向是正確，這下心才放下一半。主三和尚接著說：「妳雖然沒有讀什麼書，不要小看自己。」又說：「我跟妳有因緣。」弟子聽了之後擔心是惡因緣，隨口就說：「希望是好因緣。」 主三和尚說：「好因緣、好因緣。」（主三和尚責備我「什麼地方不好受生，生到山上去？」）因所整理的方向不知從哪裡說起，只好向 主三和尚坦承弟子不會說，希望 主三和尚引導。主三和尚非常慈悲為我解說，從妄心的角度去觀察眞心的體性。經 主三和尚提示，更能深入去體驗，眞心與妄心之間的關係，方向也就越縮越小，只差臨門一腳。

第三天早齋時間到，桌上看到花生，心想：「主三和尚說吃花生會開悟，要如何看？」主三和尚為了要照顧每個人，連過堂也不能好好安心坐下來用餐，好給我們多一點機鋒、多一點提示，為的全是我們的法身慧命早一點出生。主三和尚草草吃完粥之後起身，叫大家吃花生！主三和尚說：「吃花生要這樣吃。」我很注意看，深怕遺漏了什麼！主三和尚就……！ 主三和尚說：「**就是這樣吃！**」當時看不出所以然，但是弟子把此當成是話頭帶著。

第三天進小參室，監香老師是陳老師。因為念頭一直在話頭上，所以忘了 主三和尚昨天的開示，支支吾吾也不知說了什麼！只聽到監香老師說：「**妳繞太遠了。妳忘了主三和尚昨天的開示嗎？**」突然驚醒夢中人。回到座位後，把 主三和尚昨天的開示再重新好好整理一遍，但心裡還是出現花生的念頭；這時我起身拜佛，看能不能有進展。一拜下去，就在起身的當下，我眼睛睜開，突然看到眼前有幾位師兄、師姊走過來、走過去；身體拜下去，又起身，這個境界閃過，一個念頭出現：「是○○○○？」這時突然一念相應：「**是祂，一直都是祂，祂就是如來藏。**」（是後來才通透，八識具足，色身是祂出生的，意根也是祂出生的，六識更是祂出生的，這○○○○○○○全部都是祂的；祂沒有一刻○○○，沒有聲音，從不抱怨，祂才是真正的主人；七轉識是客，而我們一直被自己客人欺騙了幾十年；現在終於找到主人了，主人從來不吭聲，把客人服侍得服服貼貼，客人要什麼就有什麼，到最後客人勢力坐大，淪落到無明街頭，主人還是不離不棄，現在終於醒過來了。）

沒有經過佛法知見的熏習，沒有經過「無相念佛」功夫的鍛鍊，沒有善知識的引導，以及辛苦參禪，歷經困難與挫折，沒有經歷這一段的現觀，哪能體驗「體、相、用」之間的道理，哪能理出如來藏與七轉識之間和合運作的過程。主三和尚施設此禪三道場要有多大的恆心與毅力，加上不捨眾生的大悲心，不願看到我們被邪知邪見的惡知識誤導，讓每一位有緣佛子能夠悟入，是大菩薩才能勝任此艱鉅又吃力不討好的工作。引 導師常說的一句話：**「只因太近，難會啊！」**確實難會啊！現在想起來，覺得自己怎麼這麼笨，前面有這麼多機會可以相應，就是白白錯過。

眞想現在馬上就衝到小參室，看看時間還沒到(因規定必須再等兩個小時才能再登記小參)；眼睛一直盯著時鐘，好不容易等到兩個小時過去，馬上起身去登記小參；進小參室弟子把剛剛的體驗報告監香老師，陳老師說：**「這麼快就體驗到了。」**陳老師說：「〇〇〇〇〇〇〇〇。」我說：**「這裡面有〇〇、有〇〇〇，有〇〇，〇〇即是〇〇……，如來藏是〇〇〇〇，〇〇是〇〇〇〇〇〇〇〇。」**老師說：**「什麼〇〇與〇〇的過程？要具體的說出來。」**老師叫弟子回去再整理。

回座後，主三和尚召弟子小參，主三和尚看到弟子的進展，說：**「妳已**

經找到了！」再對弟子作了一些提示，主三和尚似乎知道我這次不會過關，安慰我說：「妳這次如果沒過，沒關係，下次再來，但是要報名喔！」主三和尚的大恩大德弟子如何回報！想到此，告訴自己，不能放棄，不能讓主三和尚失望，要拼到最後一刻；終因知見不具足，書讀得太少，考到第四題被考倒了。此次又辜負 主三和尚了，有愧於監香老師及護三菩薩們辛苦付出；眞是慚愧至極，自己太笨太不用功了，以爲自己只差臨門一腳，原來門門都是關卡，如洗三溫暖般，又跌落谷底。

在同年的下半年，又收到禪三錄取通知。當弟子從郵差先生手中接到臺北正覺講堂的信件時，全身顫抖，腦海裡想的是：「弟子又錄取了嗎？」打開信件後，何其有幸，是錄取禪三通知單，何德何能 導師不放棄這個鈍根的小孩，不啻恩同再造！如何報 佛恩、導師恩啊！趕緊上四樓佛堂，謝過諸佛菩薩之後，在佛前發願，此次絕對不能再辜負 導師的大恩德。也自覺奇怪，要上山前一個月，我拿起《識蘊眞義》時特別喜歡看，讀得非常徹底；而且能夠融會貫通，不像之前那麼吃力。加上上山前，進階班的最後一堂課，正文老師的慈悲攝受與用心；正文老師與 導師一樣老婆一樣慈悲，深怕這個鈍根的小孩聽不懂，不厭其煩地說了又說！那堂課幾乎是爲弟子說的，弟子都聽進去了。

這麼多人的護念，豈能讓大家失望。爲了報答 世尊、導師、正文老師，絕不錯過僅剩一個禮拜的時間，把老師在課堂上所說，全部複習一遍，每天讀到凌晨二點才去睡覺，弟子這叫臨時抱佛腳嗎？平時不準備，事到臨頭才趕緊設法補救，眞是屁股該重重打上三大板還不夠；相對，迎面而來的壓力非常大。上山前一天，弟子的胃糾結在一起，無法放鬆，導致消化不良；藥吃下去，更是不舒服，弟子知道壓力所導致；還好我同修教弟子按壓身體某一部位的穴道，才紓解不適感；深深自覺爲什麼大家對弟子這麼好，弟子一直都在受用功德，什麼時候才能報恩啊！

上山第一天起三儀式、接著下午拜懺，主三和尚爲大家開示五蘊十八界的內涵，斷除我見；蒙山施食，迴向功德給冤親債主。每一步都非常戰戰兢兢，深怕遺漏了什麼。在佛前更是一字一句慢慢說，深怕自己忘了說什麼，也深怕 佛陀、韋陀菩薩、克勤圜悟祖師聽不到（怎麼會聽不到，還沒說，祂們已經知道弟子要說什麼了）。弟子被安排在女眾第一排的第二個位置，主三和尚在開示五蘊十八界的內涵時，比前兩次更專注，也聽得很清楚。此次比前兩次更緊張，整個身體都是緊繃的，胃也非常不舒服，穴道已被弟子按得非常疼痛。擔心如何面見　主三和尚。

好不容易等到第二天早上四點鐘剛醒來，突然出現一個念頭，聽到　主三和尚說：「不是只到華美里就好！還要往前走到坑底，才算到喔！」我知道　主三和尚的意思，因這是保證不退轉班，光找到如來藏還不夠，除了眞心妄心體性具足了知之外，還要能夠融會貫通，正、反都要透徹深入了解，若反說會有哪些過失？這樣才是標準的金毛獅子，才能放心放下山，否則免談！眞難爲他，還不斷來到弟子的念頭提示，主三和尚比弟子還緊張，深怕這個孩子不知上進，入了寶山還是提著兩串蕉回家(空手而回)。

第二天，好不容易進入小參室面見　主三和尚，頂禮一拜之後坐下，主三和尚說：「好，妳說哪一個是如來藏。」我把手舉起來：「○○○，如來藏○○，○○是○○。」接著　主三和尚又說：「現在我給妳一道題目，妳回去整理：意識爲什麼不能○○○？如來藏爲什麼可以○○○？」主三和尚提示方向，並且又說：「意識不能○○○，多找幾個理由，每一個理由由正、反都要整理。如來藏祂可以〇〇〇！也一樣多整理幾個理由，正、反都要整理！」又說：「反的會有什麼過失。」謝過　主三和尚之後，退出小參室，回到座位。終於壓在胸口的石頭掉了下來，稍稍紓解了心理的壓力。女眾抽到優先，所以弟子是第二位進小參室，後面就有很多時間整理題目。弟子先整理意識：意識是被生、祂的自性只是了別、祂不自生、是後生。弟子再把這四種理由，正與反都整理，反的會有什麼過失。同樣也把如來藏，從十因緣，入胎識、〇〇〇〇、〇〇〇去整理；正反都整理過，反的會有什麼過失。深怕會忘記，一再的反覆去整理，這次算是徹底把腦袋瓜子翻轉過無數次；有練過「無相念佛」，在思惟整理時，不覺煩躁。

晚上普說時，主三和尚語重心長的說：「飲水要思源啊！」不知　主三和尚又看到了什麼，心情這麼沉重！他問大家：「認爲自己是中國人的請舉手。」看看沒幾人舉手，又問：「認爲自己是臺灣人的請舉手。」舉手的人似乎多了一些，主三和尚看不下去，就說：「沒舉手的是怎麼樣？」又說：「既是中國人、也是臺灣人的請舉手。」這下我趕快把手舉起來，主三和尚就指向我說：「月花！妳不一樣，這世才在臺灣投胎，妳前世跟我在大陸。」主三和尙的意思是說，與東山禪相應的人，往世都是東山禪門下的弟子，就表示我們都是中國人。所以 主三和尙才語重心長的說：「飲水要思源啊！」弟子一定會把 主三和尙的話深深烙印在八識心田裡，下一世能夠繼續在他座下學法，若遇惡知識時不相應，弟子不要當一個欺師滅祖的叛徒。

原來弟子的夢境裡面，很多都是眞實的，不就都是如此嗎！一世一世投胎變換不同角色，因緣具足了就會再相聚；因隔陰之迷，又變換角色，所以忘了。重要的是，今世又能在 主三和尙座下修學佛法，目標明確、篤定，不畏艱難；與眾生在一起，爲的是續佛慧命，爲的是飲水思源，只爲報恩啊！下一世還要懇求 主三和尙一定要再拉弟子一把，在其座下學法，讓弟子有機會爲正法付出心力，幫助 主三和尙弘法順利。

一定有很多人像弟子一樣，渴望遇上好老師，而弟子現已如願以償遇上了大菩薩；想到深陷在痛苦中的眾生，就想到以前的自己，無明籠罩；想要出離痛苦，無能爲力，又怕被邪知邪見的惡知識誤導。想到此，悲從中來，所以更要積極參與護持正法的任務，穿梭在每一個大街小巷，讓有緣人有機會接觸正法；這是正覺人的責任，也是弟子的責任，不能推辭。主三和尙的大恩大德，無以爲報，願盡形壽奉獻此身心，幫助 主三和尚與親教師弘揚如來正法而努力，才不枉此生來此投胎。

第三天輪到與監香老師小參，進入小參室，與白老師頂禮一拜之後坐下；白老師非常親切，但是弟子的腦袋瓜都是昨天整理的題目，弟子被問倒了，白老師說：「月花！不要緊張。」我說：「我整理的題目不是這個。」白老師說：「我若不這樣跳來跳去問問題，出去很容易被問倒，妳一定會退轉的。」說得也對。白老師又問：「妄心爲什麼是妄心？」這下弟子努力的說：「因爲妄心是被生，只是了別；祂不自生，是後生。」接著白老師問：「如來藏爲什麼◯◯◯◯？」我說：「從十因緣 佛陀說識緣名色、名色緣識、齊識而還、不能過彼。」白老師說：「十二因緣裡面也說識緣名色啊！」我說：「要從十因緣觀裡看起，確認如來藏出生色身；因如來藏有◯◯◯◯可以入胎◯◯◯◯，所以祂可以◯◯。」我接著答：「《維摩詰經》云：知是菩提，了衆生心行故；不知是菩提，不會六入故。七轉識是如來藏出生的，祂當知七轉識的心行；雖然不會六入，但會配合運作，八識心王和合運作，即是此意。」白老師的下一個題目，我答得不是很明確，叫我回去再整理一下；回到座位上，看看時鐘，等兩個小時後再登記小參。

早上十點多再進入小參室，白老師問：「哪一個是如來藏？」我〇〇〇〇〇。老師眞是厲害，故意把話題岔開，不知如何回答；也許是自己太笨，腦筋一片糨糊，明明前面已經講過，偏偏這時又講不出來；還好經過老師的慈悲攝受，叫我慢慢說。弟子把手舉起來，好不容易慢慢把題目一一的講出來：「〇〇〇〇，如來藏〇〇〇，〇是〇〇。」老師也舉起他的手說：「〇〇〇〇〇〇〇。」接著老師考第三個題目：「〇〇〇如來藏〇〇〇？」我說：「因爲如來藏〇〇，祂……。」老師說：「就這樣而已嗎？還有很多啊！妳回去好好整理。」謝過老師之後，退出小參室。

主三和尚看不下去：這個笨小孩還沒有消息。召弟子小參，看看弟子的進度，就提示了一些方向，第三次進小參室是下午大概三點多，經主三和尚的加持就是不一樣，連闖了三關。白老師問：「〇〇〇〇〇如來藏〇〇〇？」我說：「祂很忙，因爲……等。」白老師又問：「爲什麼祂就是？」我說：「如來藏〇〇〇〇〇〇〇，祂有能生的功能，色身是祂生的，當然祂〇〇〇〇〇，所以〇〇〇〇；如來藏有〇〇〇〇〇，所以祂能〇〇。」

白老師又問：「若器官移植○○○○，○○○○○○○○？」我說：「不會○○，○○○○，會○○，○○○○○○；可以用○○○○○○○○○○。」最後一個問題是：「○○○○○○○？」我答：「如來藏先……，再由根、塵相觸處，才能出生六識，六識是後生。」白老師聽完就說：「喔！就是這樣；慢慢說，理清楚之後，才不會退轉。」白老師很高興的說：「我要開一張紅單了喔！」不知爲什麼，第三次進小參室，我異常冷靜，最後聽到白老師說要開紅單了(表示通過了)！心裡沒有任何起伏，更無喜悅之心。但是出了小參室，眼淚開始霹哩啪啦、霹哩啪啦！不聽使喚地從眼珠子滾下來，我直奔佛前，向 佛稟告五關通過了。但是 主三和尚那裡還有一關，絲毫不敢懈怠，心情也無法放鬆。

第四天早上 主三和尚的第一道筆試題目是：「如何證明如來藏○○○○？」給我們一些提示與方向。我們回到座位後，弟子整理了五道題目。時間到，糾察老師引我們入小參室，與三位學員共同輪流一一作答，把自己整理的題目報告 主三和尚：

**一、法脈傳承**

二千五百多年前 佛所實證離於文字之法如何傳承至今世而不間斷，可知即是阿賴耶識；阿賴耶識不是經中的文字，文字也不是阿賴耶識，文字只是敘述阿賴耶識這個心體。祖師爲了續佛慧命，一代一代辛苦傳承，不忍五濁惡世深陷苦海眾生，願意一世一世不畏艱難在五濁惡世出生，演說此無上大法，讓每一位有緣眾生得悟入。若無阿賴耶識，能有色身五根、七轉識心及所有法嗎？有法脈傳承至今，即知必是阿賴耶識也！所以阿賴耶識不生滅。

二、**眞如**

眞如乃是顯示第八識心體之眞實性，是所顯法，所顯法是顯示識體之眞實性；眞如無作用，眞如不能出生任何一法，唯能作爲第八識心體性相上之顯示，眞如是阿賴耶識心體藉十八界等法而顯示之識性。讓證悟第八識的人可以現前觀察第八識心體自身的眞實不壞性與如如性，所以眞如必須依阿賴耶識而有，眞如依阿賴耶識爲體，若離阿賴耶識，則無眞如可得，所以阿賴耶識不生滅。

三、**從修行到成佛**

歷經三大阿僧祇劫的時間辛苦修行，最後成佛，是因爲阿賴耶識持種，最後成佛。若無阿賴耶識，如何儲存今世辛苦修集的成佛種子，何況要累積三大阿僧祇劫的時間沒有間斷；阿賴耶識從來不滅，既然從來不滅，哪來生時？所以如來藏不生滅；就是因爲如來藏不曾斷滅，儲存著每一秒每一刻落謝的種子（種子生現行，現行熏種子），一世一世換著不同的面貌在三界中來來去去辛苦的行菩薩行，邁向成佛之路，累積三大阿僧祇劫，最後究竟成佛，所以阿賴耶識不生滅。

## 四、六道衆生

譬如具有天眼之人，看到鬼道眾生時也是八識具足，也是這個阿賴耶識。看到欲界天眾生時也是八識具足，也是這個阿賴耶識，不多也不少，阿賴耶識橫跨三界六道，所以阿賴耶識不生滅。

## 五、種子的延續

我們可以從小孩子身上了知種子的延續，譬如某些小朋友在學習才藝時有過人之慧力，學習的速度驚人，一接觸就能融會貫通。又譬如我孫子，在三個月時，特別喜歡聽佛樂，可以安穩入睡；放童樂給他聽時，他開始渾身不對勁，動來動去。他在八個多月時，坐在佛堂大門前，面向外面發呆。由以上種種行爲特徵，就可了知前世的種子延續到這世。誰持種子來到這世？即是阿賴耶識也。所以阿賴耶識不生滅。

之後，主三和尚再給我們一個假設性的問題。爲我們說明，楊、蔡、蓮等人要找一個眞如純無爲體性而能出生阿賴耶識心體，將無作用的所顯法眞如，建立爲有作用而且有爲的能生阿賴耶識的實體。（弟子覺得這些人眞是荒誕無稽、天方夜譚；有這樣想法的人，就知道並沒有實證阿賴耶識心體，沒有深入瞭解每一識的功能差別，沒有深入觀行文字背後的內涵，只在文字上咀嚼，實在可悲啊！）眞如乃是所顯法，而非能生法，譬如：美麗是花體之所顯法，唯可觀見，並無作用；美麗只能被觀見而不能出生花上任何一法、任何作用。識上所顯眞如一樣並無作用，是識體在三界有爲法中所顯示之眞實性，不可顚倒建立爲識之所依體，也不可顚倒建立爲能出生識體之主體識。

如果正如他們所說這樣，就有兩個心並存，其過失必定無量無邊；如兩個心並存，要如何死亡，以目前現象界來說，死亡的定義是否要重新修改。就以上假設性的問題來讓我們整理其過失，從如何……的小範圍盡量去發揮。

以下是弟子所整理的過失：

……（以上是禪三整理的內容，不便公開，是故省略。）這時又有一位師姊闖關成功，共四位一起進入小參室，主三和尚讓我們四位學員輪流回答所整理的問題，爲了這個笑掉大牙的問題，學員不時在小參室，哈哈大笑呢！

在喝水體驗這段時間，主三和尚在我的右手掌內側肌肉兩邊、手背、肩膀兩側、腰間兩側，臀部兩側的肌肉用竹如意迅速點了一下；主三和尚並小聲的指導，叫我〇〇〇〇〇〇〇體驗，收回去又不同。第一個體驗的方向是〇〇〇〇〇〇〇！第二個體驗的方向是〇〇〇〇〇〇〇，體驗的非常粗糙；不知過了多久，糾察老師安排我們四位學員進小參室報告喝水的觀行體驗。每一位輪流報告所體驗的內容，因我體驗得太離譜，結果 主三和尚說：「**我剛剛點的地方，都白點了！**」眞是慚愧。還好 主三和尚非常慈悲一一再爲我們分析指導，講解細膩深妙處。伸手去拿水時，眞心的動作以及妄心的功能，讓我體驗得更深細；妄心的了別功能也很厲害，見的當下已經了別完成：距離、形狀、顏色、方向、溫涼、高低、左右。如來藏〇〇〇〇，〇〇〇〇〇〇〇〇〇，又說：「這不是意識作的。」主三和尚又為我們講解妄念的速度，主三和尚以一彈指作比喻：「一彈指共有六十剎那，……………；一剎那裡有九百生滅，在這快速的生滅裡面，傳回給如來藏，如來藏在此接收〇〇〇〇〇，妄念是不是也非常的厲害啊！」我們這個身體種子的新陳代謝………………，滅了又起新的妄念！速度之快，讓我們不自覺此色身是念念在生滅。從出生開始就已經念念在生滅，就是因為念念生滅，才有眾生的出生與死亡，始終處在五濁惡世輪迴不已，無有出期。也因為有念念生滅，找到如來藏，依止如來藏的體性，無妨有妄心的生滅，在五濁惡世度他無量千百回不休息、不倦怠；因為菩薩現觀如來藏無生滅，離苦厄，世世願意在五濁惡世演說佛法無上妙意，法樂無窮。主三和尚的智慧猶如大海既深且廣，而我們悟後起修所要親證更深細的智慧內容眞是難以想像，只能用「歎為觀止」來形容。

接下來到祖師堂前廣場走路，體驗〇〇與〇〇〇〇〇如何〇〇〇〇。先張開眼睛來回走幾趟，接下來再閉起眼睛同樣來回走幾趟。經過張眼與閉眼不同的體驗之後，深覺有眼睛是多麼輕鬆的一件事；如來藏出生眼識乃至意識，見到祖師堂的美景，欣賞到美麗的花朵輕鬆映入眼簾，多麼美麗啊！如來藏出生耳識乃至意識，聞到清脆的鳥叫聲配合著隔壁工廠機器轉動的聲音，不覺煩躁；如來藏出生身識乃至意識，觸覺到午後溫暖的太陽照著我的臉頰，微風輕輕吹來，讓我感覺神清氣爽。意識了別，加上意根的習氣，完全沉醉在意識覺知心當中。○○○如來藏，祂才是主人，陶醉在情境裡的竟然是客人（妄心把自己當成是主人），現在終於明白 主三和尚在過堂時說的（無法把文字完整敘述出來，意思如下）：「沒吃飯的說好吃、好吃！吃飯的不曾吃到一粒米！」

閉眼時的狀況：一步踏出去與張開眼睛時的狀況完全不同，雖然可以聽到外面的聲音，但注意力完全放在色身（觸覺特別敏銳），很小心的踏出每一步，雙腳麻麻的怕踩空，腳不敢抬太高，幾乎貼著地板走路，走一段路之後，意識開始在思惟，應該快到了吧！（之前意識已了別距離），這時腳步越放越慢，耳識乃至意識開始在搜尋（聽覺也變得很敏銳），聽到有人在講話：「啊！到了。」意識這麼認爲，但是爲什麼還不彈指，心裡開始急了！要繼續走還是停下來！這下不敢動了！這麼短的距離，沒有眼識的配合、及意識無法準確的了別修正，就算意根作意決定，如來藏〇〇〇〇〇，也很難在短時間輕鬆走完這一段路。但是經過一段時間閉眼練習，耳識的功能變得非常敏銳，經由耳識的功能可以調整平衡感，也可判斷距離、方向……等。從體驗裡面可以了知熏習與習氣之間的關係，眞心與妄心的重要角色。

在體驗眞心與〇〇〇〇〇〇過程中，最重要是要讓我們知道，見的當下語言文字未出生時，就已經了別完成，不能說打坐一念不生時就是眞心。一念不生時仍然有了別，有分別。能夠確切了知，要輕鬆，流暢、迅速的作完〇〇〇〇，必須要「八識和合運作」，每一識都不能少，各有各的功能差別，不能逾越、不能互換；若沒有妄心的配合，眞心還眞無法在世間正常運作；而末那雖然處處作主，很多時候也必須聽命於六識。

看來平淡無味的「平實茶」，及簡單的走路，沒有親臨現場，無法深入體會現象中深奧的道理。加上 主三和尚在小參室以道種智的證量，把眞、妄和合運作再作更詳細的解說。是佛菩薩的加持，主三和尚的護念，辛苦的磨鍊太值得了，眞是不虛此行啊！我瞭解 主三和尚的苦心，殷切囑咐剛出生的小獅子，回去後要更能深入去體驗，增加自己的見地，並加強承擔力，得不退轉。最後 主三和尚爲我們蓋了「金剛印」印證我們明心破參，並要大家「飲水思源」去禮謝佛菩薩的加持及護佑——先去頂禮稟報 本師世尊，世尊是法的源頭；再頂禮稟報 韋陀菩薩，感謝他禪三期間一切順利，安撫冤親債主，無有遮障，並祈求 韋陀菩薩成佛時，不要忘記拉弟子一把，讓弟子在其座下學法。接著再頂禮稟報 克勤圜悟祖師爺爲正覺傳承之祖，祈求 克勤圜悟祖師成佛時，弟子能在其座下學法。而弟子一一如實的去 佛前、韋陀菩薩 克勤圜悟祖師前頂禮稟報，稟報弟子得不退轉，所發的願一一必如實去履行。

解三法會圓滿落幕了，弟子的心擠不出一點喜悅，很想好好大哭一場；但是，念頭竟是「責任」，連哭也哭不出來。遇此大善因緣，不是巧遇，當知皆是諸佛之神力、主三和尚之悲願！舉雙手贊成 主三和尚千叮嚀萬囑咐，洩漏密意是虧損 如來的重罪；爲保護未悟之人的法身慧命，應善護密意，讓正法久住世間。已悟之人，莫生慢心、莫輕視他人，更不要去懷疑老師們之證量；明心只是修行的開始，還有重關、牢關應修應證。並勉勵未悟之人，切莫氣餒、下次再來；參加禪三的功德非常大，能與 主三和尚共聚四天三夜更是值得高興的事。

## 肆、結語

佛法如此浩瀚無邊，沒有進來正覺講堂，沒有經由善知識的攝受與教導，就算是世間最聰明的人，想破腦袋瓜子，也無法入此無門之門。偏偏就有一些人得少為足，學了一點法，自認為證量高於 導師，如此貢高我慢之人，如何撐起如來家業？自己這個眾生都度不了了，如何接引廣大苦海眾生？還落得謗菩薩僧、謗法的大惡業，省思啊！

修學佛法的過程的確非常辛苦，但是辛苦的背後學到了世間學不到的智慧，這個智慧讓末學看到痛苦的根源。當不順己意境界現前時，看到意根而能說服……這個過程更是痛苦；但是當知道意根並沒有過失，是因為意識錯誤的認知及錯誤的熏習，不如理作意傳給意根變成意根的習氣；而習氣種子執藏在如來藏裡，遇到境界現前種子從如來藏內流注，變成現在進行式讓自己痛苦萬分。當知道這個道理之後，觀察「能取的意識五位必斷滅、所取的六塵相一切皆是幻化終歸壞滅」努力說服「末那」意根，慢慢除掉性障。

痛苦只是轉變染污種子的過程，而願意咀嚼箇中滋味！一次學習、兩次學習、三次學習……當有一天，同樣境界現前「眼能觀色、耳能聞聲……」，但心已不與之相應時，那時的心境已不是言語可以形容，如《心經》說：「**觀自在菩薩，行深般若波羅蜜多時，照見五蘊皆空，度一切苦厄。**」完全相信佛不打誑語。由於有這樣的覺受，看到眾生氣呼呼、強詞奪理、痛苦萬分時，心底油然生起一種難以形容的感受（願意爲他承受一切痛苦），很想把自己的感受全部掏出來送給他。越看清楚自己，越能感受對方的處境，會選擇原諒與包容，容許眾生犯錯。

並深刻體認，文字般若雖然非常重要，但是文字般若背後又有著非常深遠的內涵，如 導師開示：「**次法比法更重要，次法是一步一腳印走出來的；次法比法難修，看人不能看表相，要看實質。**」十二年來所走過的每一步，弟子願意再重來走一次！一步也不能少，因爲每一步踏出去都是指向佛菩提，每一步踏出去都是文字背後的內涵；唯有境界現前，才有福德可修，想到此就想到老師在課堂上諄諄教誨，督促每一位學子，不要放棄任何境界，在境界裡學習，在境界裡觀行。的確，六度萬行，在書本裡學不到；就像如來藏一樣，行六度祂最行，從來不曾對我起過任何瞋心，無怨無悔，不喊苦、不喊累、不要求回報，具足一切智慧；祂幫我作這麼多事情，感激不盡。而我要依止如來藏的所行，學習祂的布施、學習祂的持戒、學習祂的忍辱、學習祂的精進、學習祂的禪定、學習祂的智慧。確實履行無量菩薩行願。

在此更要感謝家裡的同修，他是弟子最尊貴的貴人；以前對他不如理作意的種種行為，弟子在此深感慚愧。弟子作講堂的工作他舉雙手贊成，在背後默默護持；他從來不抱怨，更覺他是有菩薩種性之人。現在換弟子來護持他，讓他安住在正覺講堂，在　導師座下，也能親證佛菩提，被正法所用，共同荷擔如來家業。

遇此大善因緣，不是巧遇，當知皆是諸佛之神力；主三和尚成就一批金毛獅子，就是要幫助　主三和尚復興如來正法，破邪顯正；共同攜手護持千年血脈，長久住世，利益無量眾生，直至月光菩薩降生人間。弟子唯願生生世世受生人間，共同為如來家業而努力，學習菩薩的大悲願力，發起菩薩種性，以拔眾生苦為念，不考慮自己的利益，世世以護持正法為己任，接引有緣眾生得聞無上大法。

最後謹以此「禪三見道報告」供養本師 世尊、諸佛菩薩、最尊敬的 導師、親教師、累世父母、冤親債主；並迴向佛法長興，正法久住世間。

一心頂禮歸命 本師釋迦牟尼佛
一心頂禮歸命 地藏王菩薩
一心頂禮歸命 大悲觀世音菩薩摩訶薩
一心頂禮歸命當來下生 彌勒尊佛
一心頂禮歸命護法 韋陀尊天菩薩
一心頂禮歸命 達摩祖師
一心頂禮歸命 聖克勤圜悟祖師
一心頂禮歸命導師 平實菩薩摩訶薩
一心頂禮歸命老師 正圜菩薩摩訶薩
一心頂禮歸命老師 正德菩薩摩訶薩
一心頂禮歸命老師 正元菩薩摩訶薩

弟子 林月花 頂禮敬呈

二〇一一年十一月十七日

# 見道報告

薛樂儀

母親一生善良勞苦，在學佛多年後的一場車禍中驟逝，當年我才得到一份穩定的工作；剛結婚懷孕中，悔恨親恩不及反哺，傷心的淚水，無法洗滌內心的思念，因此遷怒於佛菩薩：「爲什麼這麼好的人不保祐，這麼早死？」徹底將佛摒棄在自築的心牆之外。

從小我是那種不敢離家太遠，買一瓶醬油要一路背唸到商店門口，才不會忘失的小孩；膽小又記性差，撿到一元一定會丟掉兩元的人，因此日子也算過得很知足，心裡想完成的事情，除了努力再努力大概沒有別的座右銘了。

國小，中、高年級一天的朝會，頭腦一片空明，虛空中一聲：「我是誰？」從此斷斷續續的陪著我一起成長。雖然我依舊是父母的掌上明珠，但臺灣的女人在婚後生活通常很苦；忙碌的職場生涯，首長一位換過一位，適應已不及；回到家庭，孝順公婆、相夫教子，是基本的要求；配偶出自日式教育的家庭，在與公婆同住的四年中，因爲內外兩邊想法的衝突，自我精神及體力剝削又更形嚴重，常問自己：「**我就要這樣吃飯、睡覺、工作、家庭過完一生嗎？**」那麼人到底來這世界作什麼？難道就只是這樣不斷重複過著相同或類似的日子而終了一生嗎？因此逼著自己去找一些自以爲能解脫苦悶的娛樂，打太極拳、登山、賞鳥、學蠟染，每一樣新獵物在起頭時都以爲找到了自己的最愛，但是都無法撐太久，就又回到平淡，回到原本苦悶的心情。

「**我是誰？**」在我同時遇見三位個性、作法完全不一樣的出家師父後，又不斷地冒出來。其中教我蠟染的師父，於上課中提及：「**每一位眾生最終目標就是成佛。**」但是，對於這世尚未接觸佛法且對於佛菩薩有極大誤解的我，直接反問：「**不知道佛是什麼，如何成佛？**」師父無語。但我還是不知自己的方向。因此興起希望尋找可以解決現況、說明一切的「智慧」，而「佛」到底是什麼也因此在心中埋下了很深的種子。

哥哥在我公公過世時，拿了正覺講堂 平實導師所著之《無相念佛》、《我與無我》、《大乘無我觀》，風塵僕僕的送到家裡來，爲公公及我講了一部《妙法蓮華經》。但是當時一點佛學基礎都沒有的我，只知龍女是小女孩，她成佛了，其他的完全有聽沒進去。期間，又怕對遠道來的哥哥不好意思，還要不斷地把厚重的眼皮努力撐開，心裡卻又不斷地嘀咕：「到底要說到什麼時候？」當然所帶來的書，也就躺在書櫃裡了（還好佛菩薩保祐沒有進入垃圾桶）。這一躺就是四年，進正覺後這是最令我懊惱的事。

可能是世間太多的苦寫在臉上，太極拳同門陸續有勸說我去學《廣論》，並且拿了一些虛雲老和尚、聖嚴法師等人著作的書籍給我看；家中也有老公所購達賴、奧修所著書籍，唯並無太大的感動，有些沒看完就放下了。閱讀密勒日巴傳時，於其時甚爲嚮往，爲何有人可以以身、口、意完全去供養他的師父？馬上去買了一本來啃，還畫重點，到處去找什麼是「明點」，但都沒有找到明確的解釋，好像太神祕了。這時又看見沈家楨所書之《金剛經的研究》，但是對於書中提及「修佛修到最後人會變成虛空中的原子等極小顆粒」感到不解，促使自己去找《金剛經》原文來看。還好因爲以前的習慣，看見《金剛經》，雖然沒看內容，就會把它帶回家，因此家裡並不缺《金剛經》。但不看還好，看了就無法自拔了，不是因爲寫得太好，而是看不懂，這對於學歷是碩士的我，面子問題，打擊太大；再接下來日子就非常充實了，除了每日讀誦《金剛經》外，也不斷在網路上閱讀相關的佛學著作。現在想來很奇怪，就是沒有進過正覺的網站，因此所有的佛學還是一知半解。不過在閱讀中知道「般若」就是智慧。

不斷摸索的結果，知道原來自己的喜怒哀樂，決定於「我」自己怎麼想，可以完全掌控在自己的手中，不假外求，因此以為自己悟道了。看見在正覺的哥哥，跟著不斷被其他佛學界批評的 平實導師學法，講話永遠與我們其他兄弟姊妹不對頭，還興起想要救他的念頭；對於哥哥提及色身是虛妄的，以及正覺的〈總持咒〉，完全嗤之以鼻（在此要對平實導師及哥哥懺悔）。

但是總感覺自己的佛學好像不那麼紮實。有一次在對鏡梳頭時，看見自己的背影，非常陌生，興起了自己的眼睛為何看不見後面的疑問。隨後兩、三天，在《楞嚴經》中直直的翻見經文所載：「**如眼觀見後暗前明：前方全明，後方全暗；左右旁觀，三分之二；統論所作，功德不全；三分言功，一分無德，當知眼為八百功德。**」非常奇特的感覺，自己連「功德」兩個字的內涵都不清楚，世尊是以何為基礎來計算的，功德可以計算嗎？所以不斷見人就說：「**我想要找一位上師。**」數月沒有下文。這時哥哥不斷的藉著網路信箱在佛法知見上提攜我，並且遠到東部來看我，就爲了救他的阿斗妹妹。可是我完全聽不進去，思緒東飄一點、西飄一點，還在「微塵長、微塵短的」與他爭論不休，根本看不見自己的短處；幸好我有一個聰明絕頂的老公，雖然沒有學佛，但在旁一聽，就知道實在差太遠了，也很白目的告訴我「差太遠了」。「誰差誰？」是我直接的反應；白目的他，眞白目的說：「妳差太遠了，妳哥哥說的有多廣，妳都不知道。」（現在想來還眞感謝他的白目。）

次日上午，懷抱一線贏的希望，抓著哥哥不放，究竟到底，終於俯首稱臣，眞心如來藏像生了根一樣，在腦海中迴旋不去。回到家打開塵封在書櫃裡的 平實導師所著書籍，已不夠我啃，遂請哥哥幫我寄一箱來吧！但書雖然看到難以釋手，因爲職務及路途遙遠，老公又剛好身體欠安，並沒有決定要來正覺上課。可是書中的法義這麼多，一時之間哪裡會得了，只好抓著哥哥猛問。哥哥一句：「妹！妳這是盜法……。」在請示了夫君及首長後，終於踏上正覺之路。在閱讀 平實導師所寫書籍過程中，覺悟到佛法是所有眾生都應該學習的。因此見人不管對方是否願意，自己也不具善觀根性的能力，張口就說正覺的法，當成自己的最愛，世間法成了多餘產物，欲去之而

何等的有幸。

明愚異趣；忠佞相仇，邪常嫉正。」不是每一位眾生都能受此大法，自己又辱經》卷一所說：「佛之明法，與俗相背；俗之所珍，道之所賤。清濁異流，後快；也因此讓學法因緣未到的親友離我愈來愈遠，才深深體會到《羅云忍

進正覺沒幾個月，八八水災造成南迴鐵路中斷，飛機、公車、火車的接駁，配合很會暈車的我，上課上得坎坎坷坷。哥哥建議我要懺悔，真的很至誠的作懺悔，六個月後在佛菩薩的加持下回復正常通車。

住臺北的大弟、及住屏東的小弟在我下一期也分別進入正覺學法。因學法的關係，與小弟接觸頻繁。在佛法上，小弟的智慧反應精準而快，是我遠不及的；但諍勝的心，不斷使我倆發生爭執，怒顏相向，更是常有的事；哥哥每次就我所不明白的法解說時，我總是胸懷滿脹，頭腦打結，硬是聽不進去，還抱怨哥哥沒有講清楚；連續在親教師郭老師座下聽法六個月，也不太知道老師要告訴我們什麼。嗣後接受郭老師的悉心指導，及哥哥從旁幫助下，知道這是自己的瞋心及慢心造作使然。所謂「瞋心障道，不障初禪；慢心障道，也障初禪」，自己遠從臺東到高雄求法，就是要見道，要知自己的

法身慧命、生命實相到底是怎麼一回事，怎能被這二事所障礙。因此分別在兩次禪一的學員經驗分享中，在 佛前對眾懺悔；懺悔完後，只要對境起瞋、起慢時，自己馬上知道，才知道原來一整天下來，自己可以生起這麼多次的瞋心及慢心，回想自己的一生一直在十惡業中精進，如果沒有遇到正法，下輩子淪墮三惡道有望。因此接下來就不斷的觀行、懺悔、自我修正，並聽從哥哥的話禮拜八十八佛，自己也加上禮拜 平實導師、郭親教師及哥哥，另對親友當面徹底懺悔，消除性障；當看見自己懺悔的對象流露出尷尬喜悅的表情，輕鬆化解了兩邊的敵意，更深深的體會到懺悔眞的是無可名狀的善法。

在禪淨班學習期間，知道不論修習小乘解脫道或大乘佛菩提道，依據 導師爲我們整理的「佛菩提道二主要道次第概要表」內涵，第一個關卡就是「斷我見」，導師並爲我等施設方便，以「無相念佛」法門，提升自己的定力來契入，所謂「先以定動，後以智拔」。因此以無相拜佛增加自己定力減少對外攀緣後，回到自身上觀察，了知知見上如果不知道什麼是「我見」，依舊無法將之斷除，所謂「先知法住，後知涅槃」。爲了知道自己的我見長什麼樣子，也多費了許多折騰，才在正緯親教師於三乘菩提講述斷我見中得知個大概。原來大部分凡夫眾生一直在六塵上攀緣，不曾觀察到其實自己這擁有見聞覺知的色、心，在佛法中可區分為五陰十八界，而且各有各的功能差別，互不相屬，都是如來藏所出生變化的生滅法；而眾生竟統統看為一體，認為是一個，總稱為我，並且認定自己這個能見聞覺知的色身的合成體就是自己，就是「我」，固執著這樣的看法是眞實的。

例如說：某人打了「我」（指色身）、「我」可以看得見、「我」可以聽得見（指眼識、耳識）等，因此以五陰十八界的其中一陰、一界或多陰、多界為「我」的「見」解形成。如果人生或眾生只有一世，不會再有後世，這樣的看法，自非無可取；但是相較於三界六道生死輪迴、生命實相之理，宇宙唯一眞常如來藏「常」、「永恆」、「不滅」的特性，眾生在六道輪迴中一世世的生死，一世世的不同色身的「我」，這一世的「我」就顯得短暫、無常、生滅且虛妄了，哪裡還有個「我」在；意識、意根根本就是自己無始劫來造作善惡染淨諸業、生死過咎的主角。在知道這個道理後，依 導師書中所教的方法，逐一去觀察五陰十八界的一一陰、一一界內涵確實是如此時，在無相念佛定力逐漸增加的情況下，對於我是實有及因這看法而執著有我的程度，逐日遞減。

但是這只是聲聞及大乘通教初果修證的內容，我到正覺是來學成佛之道的，非聲聞或緣覺解脫道，可是我的菩薩大願發不起來。依 導師所列出的「佛菩提道二主要道次第概要表」內涵，要成就佛菩提道，一定是以如來藏為主軸進修菩薩五十二位階，但如何才能與菩薩道相應呢？「菩薩」兩字該如何正解呢？記得正覺師兄姊在寫見道報告時，最後都會提到：「導師問：『你現在是菩薩了？』」如果正當時，我能毫不猶豫告訴導師「我是菩薩」嗎？為什麼只有菩薩才能與如來藏相應而找到如來藏呢？為何菩薩是修六度波羅蜜？為什麼凡夫眾生及修聲聞、緣覺法的二乘人不會與如來藏相應而找到如來藏？而修聲聞、緣覺解脫道，重點只在觀行四聖諦、因緣法？再看看 觀世音菩薩在《妙法蓮華經》〈普門品〉中的願力、普賢菩薩在《華嚴經》普賢菩薩行願品十大願、地藏王菩薩在《地藏王菩薩本願經》中所發「地獄不空誓不成佛」的願、阿彌陀佛四十八大願、藥師琉璃光如來十二大願，以及本師 釋迦牟尼佛在《金剛經》云：「所有一切眾生之類，…，我皆令入無餘涅槃而滅度之。」等等，都是目前的我所作不到的。

但是如果不往如來藏體性方向去思惟、去踐行，一定找不到如來藏，卻是自己非常確定的事，況且在經過自我觀行後，當眾生眞的是很不可愛的事。於是著手整理 導師書中有關如來藏體性的開示：「一切有情之根源」、「如來藏空性離見聞覺知，不自知自心，亦不作主，不貪不厭五塵、不貪不厭佛法」、「譬如明鏡持諸色像，能依五根而持色像乃至法相，故能依於外五塵而對現內相分之內五塵，有情依於內相分之內五塵境受諸苦樂，乃至修學佛法」、「離見聞覺知而不了知六塵，不墮六塵，能生六塵萬法而任運隨緣」、「佛以海水及波浪，譬喻藏識與業相；有智佛子依此類比詳審思惟，使知必依於色蘊及行蘊覓彼藏識空性：此謂色、行二蘊即是業相，藏識與業相恆相共隨」、「一切諸法皆是自心緣於自心」、「要能現觀萬法如何從入胎識中直接、間接、輾轉出生，這只有菩薩才能現觀。若無常住的眞實法永住不易其性，就不可能會有種種法藉緣而起，『若見緣起便見法，若見法便見緣起』」……等法語。但是如來藏無形無相，到底要從哪裡著手，也很困惑。有一次在拜佛時突然冒出「觀自在」三個字，導師在《心經密意》中解釋為「觀察自己存在的事實」，既然眾生與自己都共同擁有各自的如來藏，要找如來藏自然是從自己或眾生的身上找，看不見自己的部分，就從眾生身上看。

在未進正覺前，有一次在山中產業道路上，左邊是山谷，右邊是山壁，我低著頭一直看著地上步行，並思索就佛法中自己的見解向同伴表達看法，大約一個多小時後，同伴因聽聞鳥聲，突然大叫一聲，我抬起頭來，看見左側的高山到谷底，山依舊是山，谷依舊是谷，但井然有序的全部布滿透明並排瓜子形狀的顆粒，同向一處（中間的下方）流動，不疾不徐，一個跟著一個，沒有中斷，也沒有一處空缺，整個山谷像是布滿一顆顆水珠流動的瀑布，非常壯觀；視線轉向山壁，整個山壁也成了瓜子拼圖，也同樣流動著，向中央下方流動，好像手可以直接伸入山壁中，放眼所見世界是浮動的，好像假的一樣；再看看地上，整個泥土變成是許多會流動的瓜子，愈靠近自己流動的速度愈快，感覺自己快要被淹沒了，心中起了極大的恐慌，自己的眼睛怎麼出問題了，而極力想甩脫，才回復正常；但是兩三天後上班時，瓜子零星在空氣中、手臂上及牆上看見，再度用力甩了一次，其後不再出現。所以知道自己的見聞覺知心所見聞覺知者與其他人不同，別人也各個不同，都不是眞實的外界。

而意識所了別的內容，僅限於前五識取自如來藏所現出的六塵相分，意根依意識所了別的內容作決定，其他如來藏未顯現出來者，無從了別，自然就不屬於意根能決定的範圍；看著自己左手背上的皮膚病，爲何長在手上？如何形成？應該如何消失？都不在意識所可了知的範圍，也不是意識離見聞覺知後可以知道的，因此知道一定是如來藏管理的，自己沒有那麼厲害；爲何每位眾生都只看見別人，卻看不見自己，早就引起自己很大的疑惑，再看桌上、牆上的螞蟻不斷在爬，好像從來沒有想過停下來休息一下，與高雄車站出站的人潮像放大的蟻群，左顧右盼找尋目標很雷同；火車上的人群在火車來時頭部一起轉向左邊或右邊，與被鬼神附身的女證人伸長脖子幫忙找證據的一付忘我的樣子也很雷同；自己在縫補衣服時眼手不協調時的感覺；觀看或傾聽入神時，不知自己身在何處；經行時意識已經叫眼睛不要動了，眼睛還是在轉彎處移動都很雷同；得知自己或眾生可以了別的前六個識，其實一直都在外境物質上追逐，追逐中追逐者不太知或者根本不知自己色身全體運作的情形，也不能完全準確操控自己的身體。直到回過頭來把前六識的了別放在自己身上時，單單從自己的手如何拿杯子、如何洗碗、如何綁鞋帶，每天必作的事情，都變成很陌生。躺在床上突然冒出「……（以上是參禪密意，不宜公開）」。在下班回家的途中，看見一隻狗經過有紅綠燈的路口，自己心中冒出一個聲音「**現在輪到我過**（馬路）」，那隻狗在對我說話，終於知道 導師書上用眼睛聽的意思，原來每個眾生都同樣是這個如來藏，運作的模式也一樣，出生色身、□□□□，變化色身，□□□□，當下確認下來，就是祂，這是在上禪三前之事。

禪淨班兩年六個月的時間，轉眼即過，因爲求明心的學員太多，郭老師希望大家都報名禪三，但不要存有錄取的希望，也不要安著篤定自己一定會錄取的心。但上禪三一直是自己兩年半學法的目標，報了名後實在很難捨去求取的心。去高雄上課時，看見同班學姊接到錄取通知後，雖然替學姊高興，但自己心中卻是五味雜陳。雖然知道上禪三一定要知見、因緣、福德、智慧具足，並且除慢，自己到底是哪一樣還不夠，說實在自己也不太清楚，因此課後回屏東翻騰一晚未眠，果眞被老師料中了。一早到高雄接新班上課，趕

快再到　佛前懺悔，心情總算平靜下來，能專心上課。後來才知爲此事懺悔的還有哥哥，眞的非常感謝他一路的護持及愛護之情。當天上完課後，回到臺東，看見錄取通知靜靜的躺在信箱裡，原來都是自己虛妄取異相，弄出許多是非。拿著錄取通知書飛奔上樓到佛堂胡跪合掌感謝佛菩薩加持，並且把喜訊傳給哥哥。

既然對如來藏是什麼已確認下來，上禪三的壓力減少許多，倒有點感覺是回娘家，很想去看看祖師堂、看看　導師。弟弟也交代我要努力的參，不要再佔禪三的名額。但是因爲這世學法的時間眞的太短，要把如來藏與五陰十八界明確用語言文字區隔開來，口說手呈向　導師及監香老師說清楚，讓導師及監香老師確定我眞的找到如來藏，不是偷來或打探密意來的，對於口拙、反應又慢、禪門語言也不太清楚的我，心裡還一直在嘀咕：「**如果以言語文字表示，其標準答案是什麼？**」而且也不知道找到如來藏還要回答這麼多問題，還眞的不太容易。在小參室遇到監香張老師接二連三的提問，常落在第二句上，必須再出小參室整理後，才能再回小參室回答，因此第一次闖關失敗。禪三第三天還是第四天早上經行時，一個念頭閃過，告訴我這是選佛場，雖然闖關失敗，自己何德何能能來到選佛場，卻是只有無盡的感激，並且發願生生世世不入涅槃，永隨 佛學。

快樂的時光總是短暫，離開的時間總是會到，不由自主的痛哭。導師在解三時以《華嚴經》云：「**善知識者，得值遇難，得共住難，得奉侍難，得其意難。**」這次雖然沒有過，卻許我們下次禪三再見再相處的機會，眞的除了感激還是感激，也期待下次再來。

第二次承蒙 導師同意報名禪三並再度錄取，但是有感於大嫂及兩個弟弟都未錄取，心情上雖然高興但有點悶，多麼希望我們可以一起上禪三。雖然這次進小參室還是結結巴巴，無法很清楚說明自己所悟的內容，一直需要導師與監香游老師的提示；對於 導師丟過來的胡餅也不知該如何接，明明是祂，卻無法用祂來應對，常常愣在那裡；自己果然不是利根人，而且還有點鈍，要學習的法還眞的非常多。出了小參室，想起親教師吳老師一直教我們背誦 彌勒菩薩所說：「**我悔一切過，勸助眾道德，歸命禮諸佛，令成無上慧。**」憶起哥哥提及，其在禪三以過去生稗販如來、虧損法師、虧損法事而於 佛前懺悔，十分鐘後破參；因此趕快再去佛前懺悔，心情總算比較穩定下來，終於得到 導師的印可。仔細看著祖師堂 世尊、觀世音菩薩、彌勒菩薩、克勤師公的塑像，原來一切都是在講祂，在這說法的道場裡，怎能忽視無始劫來、盡未來際無一剎那不默默的爲眾生訴說一切法的主角如來藏呢？隨後 導師按部就班指導我們破參的學員關於禪門祖師如何助益學人，如何觀察眞心與妄心的運作，又說明意根如何默容一切法，諸法如何剎那生滅，七識心自己與如來藏心直向、橫向等無間流的關係，意識如何學習在眞心中找東西……；如此勝妙的法，都是自家裡的東西，今日得聞，眞的非常感謝導師的慈悲，也爲自己慶幸減少奮鬥許多劫；同時希望因緣成熟的眾生速到正覺講堂報到，一起打拼弘傳 佛之正法。

禪三四天三夜期間，煮食、洗廁、拖掃整理環境清潔、照顧學員起居、擔任糾察護持道場，都是明心見道的菩薩；與學員朝夕相處，管理學員生活秩序，不時老婆心切在言行隱示悟道方向，小參室時扮黑白臉的是二位監香老師；吃喝拉撒，愁眉苦臉參禪的是學員；導師則主持起三、解三法會開示法要，過堂開示，晚間普說；觀察學員證悟因緣，給予適當機鋒，安慰參禪心焦痛苦不止的學員；小參時分別各學員知見落處，給予題目整理釐清觀念直入悟道方向，依各學員進度、已見道學員給予進一步再進一步開示，讓學員更精進，知見更具足，日後早成大器，精傳 世尊大法；完全無視自己汗流浹背、鼻病不止、不求己利，猶與學員同進同出，無事自坐蒲團，解三時悄然離去處理法會結束後其他事宜，不受學員供養禮謝；翌日晚猶回臺北講堂妙語如珠講述《妙法蓮華經》，沒有怨言，心情歡喜，只爲對 世尊囑咐又有了交代，以身教一點一滴告訴我們如何學佛。

這是生平僅見非常不一樣的道場，不是體積大、造形特異或供養多、隨眾廣，但是卻一切遵循 世尊的法默默的完成。是「法大」使然，才能形成最沒有福德的學員在這裡享用最大的福報，當大爺大嬸被人無微不至的奉侍著；愈往上愈有福德智慧者，反而馬不停蹄、張羅鋪設、安定舒適圓滿一切，讓緣熟者或未熟者帶回滿滿無可言喻的寶物。因此自己暗暗許下一個願，一定要好好地向 導師、監香老師、明心的菩薩等學習，下次也能有護三的機會，略盡己棉薄之力，並願隨 韋陀菩薩學習盡未來際護持所有同修會同修成佛而後成佛。

南無本師 釋迦牟尼佛

南無十方一切諸佛菩薩

南無 平實導師菩薩

佛弟子薛樂儀恭書

# 真正一貫道

許坤田撰

## 門不當　戶不對

「念頭一轉三千卷，了悟片刻百部經」，「了悟猶如夜得燈，無窗暗室忽開明」。這兩句是我在一貫道將近四十年中最喜歡朗誦的詞句；每當有機會登上講臺宣道時，總不會忘記拿出來賣弄一番。只是，我口中的「悟」和時下四大山頭大法師們講述的「悟」相去無幾。此外，爲了有別於「紅陽期」四大山頭的佛教，我還學會附上一句「任君聰明勝顏閔，不遇明師莫強猜」，刻意將悟的內容導向一貫道三寶的第一寶「玄關」。

這玄關指的是兩眼之間的凹處。一貫道的祖師謂之爲人投胎與捨報時靈魂出入的門戶，並引用儒家「生我之門，死我之户」，稱之爲「生死門」。這「玄關」是胎兒出生後靈魂的投入處，馬上就被一道無縫鎖鎖了起來。如果沒有得遇領有眞天命的點傳師用中指點開，那麼捨報時靈魂只好從眼、耳、鼻、口、天靈蓋、肚臍等處遁出。一貫道認爲，從眼出者爲卵生，即飛禽類，故飛鳥眼睛十分銳利，從高遠之處可覓食小虫。從耳出者爲胎生，即豬狗類，故善聽人言、善解人意。從鼻出者爲化生，即蚊蚋類，故善於徵逐氣味。從口出者爲濕生，即水族類，因舌頭常造口業，故游魚於濕水中嘴巴不時一張一合。從肚臍出者爲人道即人類，可依個人福報分爲富貴、普通、貧賤者。從天靈蓋出者爲天道，即氣天神祇，雖然可享受人們膜拜，惟最多只能享有五百年的福報，等氣數盡了，必須下凡投胎於富貴人家繼續生死輪迴。

我們一貫道將胎卵濕化這四生，外加天道、人道合爲六道。但有時也會回歸佛教天、人、阿修羅、畜生、餓鬼、地獄等六道的說法。惟講道者侃侃而談時，卻從不曾發覺兩者有矛盾之處。然後引用《大學》右傳之三章，釋止於至善：詩云：「邦畿千里，惟民所止」，詩云：「緡蠻黃鳥，止于丘隅」。子曰：「於止，知其所止，可以人而不如鳥乎？」

「這邦畿千里，惟民所止」的「止」被解釋：指的是玄關。一貫道也認爲〈論語，雍也〉中，子曰：「誰能出不由戶？何莫由斯道也！」這「戶」

與「道」指的亦是玄關，其與道教三花聚頂，五氣朝元的「元」是爲同一個。至於佛家經教不曾出現玄關這兩字詞彙，一貫道就只好把「**不二法門**」，這個門拆來加上「正法眼藏」的「眼」兜進玄關。一貫道舉證每尊佛像臉部的兩眼眉頭之間都畫有一白點，以此證明兩眼之間的凹處是爲有情人類投胎的門戶；並說它是佛家的密意所在，古聖人不敢將白點畫於凹處，僅可暗示性的圈點於傍，蓋洩漏天機者必遭天譴雷誅。一貫道有時候會將《聖經》、《可蘭經》一些不著邊際的事蹟東拼西湊，牽強附會的說成五教聖人都證明玄關爲生死的重要關隘，最後以「**點開玄關竅，閻王嚇一跳**」作總結，說這樣就可以跳出三界外，免去生死輪迴。

漪歟盛哉！一貫道的歷代祖師、道長、老前人們，竟然能拼圖式的編湊出這一大套的道理，還言之成理美化爲五教合一，掰故事的功夫實在是一流。更不可思議的是，一貫道的道親中不乏社會賢達、袞袞前賢，竟了無一人有智慧洞穿其中淆訛之處，足徵世智辯聰、身分地位是不能和修學佛法的智慧劃上等號的。而我竟也一樣因循前人的說法，講了三十餘年誤人無數。奇怪的是從來沒有一個人告訴我這樣講是錯的，更沒有人告訴我錯在哪裡。

甚至於有些在佛教的大山頭修學多年的人，也會被這邪詖論說所吸引，以爲這就是佛道，就是開悟，而成爲一貫道的信徒。這樣的現象，說明佛教界大師們坐享名聞利養之餘，未以正知正見來利樂眾生，以致佛教徒少聞寡慧者眾，多聞廣智者稀。

悟的內涵是什麼？禪又是什麼？佛門外道的現代大法師、大禪師們都弄不清楚了，更遑論一貫道的那些祖師、道長、老前人。二十年前我曾參加爲期四個月的一貫道「佛員班」，我們的教務主任爲班員上課談到禪門公案的故事時，即曾表示對其內容不明就裡。爲何墾田多年的和尚丟出石塊所發出的撞擊聲，行者一聞即悟？悟了什麼？

我們在鳳山有位魏姓的領導點傳師，他老葉公好龍，向來喜歡附庸風雅，沒事就會拿禪門公案夸夸談論一番。對禪矇朧無知的我和其他道親，總是把耳朵洗淨拉長，想從中聽出一些端倪，只是每回都聽得耳朵奇癢無比。魏點傳師卻每每搔不到癢處，我想恐怕連他自己也都滿頭霧水吧！所幸他們都沒有像某大法師說出的：「禪就是胡說八道一番」、「禪就是把話顛倒過來講」，看來渠等對於向上一路的禪法還是懷有敬謹之心的，就此而言應予讚許。夫對於自己不懂的佛法不宜妄加弁髦，否則一旦謗法的地獄罪業獲身，將噬臍莫及矣！如今余終於得聞禪門公案正解，此是後話。

## 契機與入門

想在一貫道道場學佛法卻了不可得，連原來具人天善法功能的一點點作用，也因為一貫道總部耽於熱歌勁舞的推廣，而漸漸失去原汁原味的意義。此時余暗自心忖，與其在那裡虛耗生命，倒不如回頭追逐人間福祿，多攢一些錢財，等孩子接棒後可以遊歷世界，過個快意人生也不錯！遂為我所屬那個人事傾軋的屏東道場，成立了管理委員會，以期在我淡出以後，後人還能保住那片將近三甲地的道場。

就這樣為了進一步開展世間的事業版圖，我到鳳山五甲開了一家分店，沒想到才開張不久，就傳來那屢次勸勉我回去道場護持的林柏澄（原名林景坤）點傳師，人在中國天津作肝腎器官移植，陷入了性命交關的險境。聞訊阢隉不安的我，在家裡同修慫恿下，立即束裝啓程前去照護，而同修也在我出門後將分店店鋪盤讓予他人，俾余得以專心致力。經過四十五天與死神拔河，我終於把人平安的帶回家。沒想到這看來沒啥的事情，卻爲我學佛的聖業起了影響深遠的變化。

回臺養病中的林師兄，因緣際會遇到了臺南正覺同修會的師兄；乍聞正法，林師兄有如雷貫耳相見恨晚之震撼，除在臺南師兄們指導下潛沉於平實導師的著作以外，念茲在茲想方設法的要將我夫妻倆人引入正法道場。時適逢高雄講堂甫新成立，平實導師前來演講，我們幾個人就在林師兄的安排下，得以親炙地上菩薩的法雨甘露。聆畢這一場演講，地上菩薩的獅子吼聲讓我徹底震聾啓瞶，法螺音影繞心三日遲遲不退。平實導師於佛法闡奧的精義，腠理分明且游刃有餘，皆能深入淺出引人入勝。現場幾位年輕的菩薩發問的問題，也讓我頓感所學十分貧乏，因余疑雲滿腹卻無力發問。在一貫道道場精進了三十餘載，對佛法的正知正見卻落得付之闕如的下場，汗顏之餘亟思補偏救弊之道。於是我決定如林師兄所請，報名參加高雄講堂第一期禪淨班，並矢志兩年半期間絕不空過任何一課，後來我拿到了親教師給我全勤的獎勵，一張偌大的《心經》墨寶。

林師兄徵詢所部道親依其意願妥置後，我們幾個道親就在張老師（正圓菩薩）的座下安住了下來。我們這一禪淨班共約兩百五十位同修，學生中有像我這種販夫走卒，也有好多位教授、醫師，函蓋的社會層面非常廣泛，來自各道場的久修及新學菩薩兼而有之，冶之於一爐而毫無障礙，足見正法適合每一修子。歷經兩年半的授課，畢班進階時，人數變動不大，這也見證 平實導師所指派的親教師證量之高，使於四方不辱君命。

張老師家住臺北市，兩年半來櫛風沐雨披星戴月，不辭辛勞，用十分調柔的身段，爲我們有次第的建立佛菩提道正法與次法的正知見。讓我等從外門廣修六度波羅蜜入手，這裡頭有福德的修集，慧門的知見，定力的修證。特別是定力的修證，能藉由無相念佛、拜佛的功夫迅速成就。課堂上用了很多善巧方便，讓大家知道如來藏的大機大用，五陰十八界生起的次第，正覺同修會東山禪的歷史沿革等等。大約上了半年的課，親教師帶領班上同修們去臺北講堂作上品的三歸依，由 平實導師攝受作爲我們的依止師。不久，我們又精進的受了上品菩薩戒。我從對佛法茫無所知漸漸地有了概念，平實導師的著作也慢慢看懂一些，且有能力從佛菩提道五十二個位階認清楚自己所處的位置，知道我們禪淨班的同修們正從初住位一步步的邁向六住位。

往「世」知多少？

禪淨班上了近兩年的課，高齡九十五的父親色身開始有了層出不窮的狀況，我把父親從鄉下接來高雄同住，就近照顧。與父親年齡相若住在鳳山的岳父，因兒子們迫於生計，白天無人在家，其饔飧起居打理之工作也落在我的肩膀上。如此每天高雄、鳳山兩頭要跑上幾次，偏偏此時我進禪淨班前發作的腳疾劇痛不已。就在這個節骨眼上又傳來林柏澄師兄母親駕鶴西歸的惡耗，相隔不到一個禮拜，復傳來慈制墨經中的林師兄，也因器官移植的排斥作用而溘然辭世，一殯雙棺世所罕見！

噫！出師未捷身先死，長使英雄淚滿襟。一心求法卻等不到禪三即齎志以終，其寧不謂為人生一大憾事？白雲蒼狗人面桃花，世事多舛幻化無常，在在讓觀行中的我強化了加行的決定心。余從紛至沓來的事件中，克服種種困難忙裡偷閑，每天藉著憶佛、無相拜佛的功夫，渡過這最難熬的日子。

在無相念佛的功德加持下，我開始具有少分定力的功夫。有一天晚上，睡到半夜作了一個迴異於一般的惡夢。夢中我看到幾位身著喇嘛僧服的年輕人，手提木棍正合力抵抗一群從山坡下攻上來的惡人，彼執有閃亮兵器且攻勢淩厲。有位體型壯碩的姑娘拉著我的手，意圖保護我逃跑。這時我回過頭下令那幾位年輕人：「**快跑！快跑！我們不是人家的對手！**」之後鏡頭轉到那個姑娘家門前，那是築於山坡的小村子，家家門口都懸掛有五色旗。姑娘原本想帶我進去她家避難，但我考慮會株連她家人，遂覓一處無人住的破落戶躲過鋒頭。接著鏡頭又跳到一片大草原（諒係青海地區），我和那姑娘養了一群羊，用茅草蓋了一間三、四個榻榻米大的房屋。我正在茅屋前宰殺一隻四腳被綁著的羊，那位姑娘用手壓住羊掙扎的後腳，我內心泛起一股很甜蜜的感覺。我清楚的知道這姑娘就是兩年前曾來我家住六個月的不丹小姐，隨後即幡然醒來。

我坐在床沿沉思良久始終不得其解，爲何會有這奇特的夢境呢？我應該怎樣看待這個夢呢？直到禪淨班結束入進階班後，才由孫老師正德菩薩的口中得知三百多年前，平實導師在西藏領導的「覺囊派」，慘遭一場滅絕式大屠殺的法難。至此，把過去現實生活中的一些不解之事串連起來，我馬上知道是怎麼一回事了！

又有一次夢境：我坐著家人駕馭的獸力車，上了一家以木板葺建的道場。我的內心清楚的知道此是 平實導師的禪三道場。隨後鏡頭跳到廚房和浴室的地方，我摸摸廚房和浴室隔間的木板，心想：這木材好厚啊！然後又看到廚房裡有四、五位師兄忙著做菜煮飯。接著我人在室外，看到道場右側有塊空地，那裡來了十幾位流動趕集式的攤販，他們各自帶有幾隻禽獸之類的動物。印象最深的是一位身著白長衣，皮膚黝黑身材頎長，纏白頭巾的印度男人，手上拉著兩條分別繫在鬥雞腳部的繩子。這兩隻鬥雞昂首挺胸，一付好戰的樣子教人難忘。因賣場沒有任何一個客戶光臨，我心想：這窮鄉僻壤能作得了什麼生意？由於大白天裡，那些小販除了纏白頭巾者外，餘皆未戴遮陽物。醒後我據此推論其位處偏北之地。後來有人告訴我，印度西北部是纏頭巾的錫克教人出沒之地。不久我就在週二上《法華經》的課上，聽聞平實導師提及過去世嘗於印度一處偏遠之地出世弘法，二者若合符節。故余確信今世有緣投於 恩師座下，洵乃肇始自無量世前即已結下之殊勝因緣。

以上余僅擇其攸關今世修行之夢境言之，其他諸如曾在熱河行宮當過捲入派系之爭的小太監，二戰時出生於匈牙利為駕駛運兵車的軍人等等，囿於篇幅略而不贅。這些夢境只能對同修者稍稍談述，其他人等不可多言，說了徒招訕笑耳！

過去世的因緣會緊緊扣著未來世賡續出現。前揭提及的不丹小姐，我們在印度傳道的點傳師屢次面邀其來臺學習中文，卻始終未獲頷首。透過余以電話敦請，彼二話不說，隨即不顧眾親友之極力反對遞出辭呈。她的職級是不丹國家圖書館掌管喇嘛文物部的部長（即主任），享有人人稱羨的待遇。住入我家六個月的期間，彼此嚴守分際溝通無礙，彼對我的提議可說是俯首貼耳言聽計從。我每次與其見面，感激之心都會油然生起，當時我也不知道是何因由。

另外，和我追隨林師兄一同上禪淨班的吳春鳳師姊，有回與我同車共乘外出破密，聽完我陳述的夢境後，也說出她自孩提時代即常常夢見的境況。夢中她處一寺廟中，有位師姊行色匆匆跑來催促她趕快逃亡，說有人要追殺她。一陣慌亂後，她感受到發生了一場大事，於是傷心的哭將起來。二、三十年來同一夢境不斷重複，直到進階班孫老師說出了前塵往事，此夢才落幕不再出現。我們幾位從一貫道進入正覺的同修，就存在著兩位曾於夢境中，看到了往世有關西藏法難的故事。

我也直接或間接聽到很多位師兄姊，亦曾發生過雷同的夢境。至於沒有相關夢境者，並不表示其未於西藏或往世追隨過 平實導師；說不定與西藏那場法難的因緣比我們都還深呢？余亦據此結論：我與林師兄等幾位道親，和那群從禪淨班一路到現在進階班的師兄姊們，都是無量世以來即曾與 平實導師結下了不世法緣；今世知道 法主出生於寶島臺灣，為荷擔如來家業救亡圖存，故大家都乘願而來，團聚在 平實導師法座下同事利行，進修無上妙法。吾等多劫以迄必然重複過無數次這種菩薩行，沒有往世的合作經驗，大夥兒於破邪顯正的工作時，就不會如此的默契十足合作無間了！

**向上一路勇往直前**

進階班的孫老師依功課的進度，開始傳授我們十因緣、十二因緣，其為何分別稱為還滅門、流轉門？如何順觀、逆觀？十因緣的「識」和十二因緣的「識」不同之處。這些法在禪淨班時都已上過好多次了，不次串習有助於學生功行的再提升。最重要的是五陰十八界與六塵萬法之關係的觀行，這部分屬於比較細微晦澀難懂，學生們常常困惑於此。幸好從禪淨班到進階班遇到無法解決的問題，都可以登記要求小參，由親教師不憚其煩的授解。

當無相拜佛、憶佛的功夫漸漸成熟時，親教師開始教導看話頭，再由看話頭轉成參話頭，這期間大家發生了不少趣事。例如，我同修多次刷牙時錯將洗面乳當成牙膏，等到快刷好時才發現這糗事。又，我自己騎機車出門時，我兒子豢養的寵物狗喜歡跟班，常常在半路中偷溜下車，而我卻渾然不覺，比及發現時得大費周章去找回。

看話頭之後開始轉入參禪，這參禪的功夫有別於那些自稱爲大禪師的方法。古大德云：「念佛不在嘴，參禪不在腿。」錯將打坐當參禪的大有人在。東山禪不以打坐爲禪，舉凡行、住、坐、臥，語、默、動、靜，生緣處處。參禪的功夫到了一定程度，就會生起疑情，這時候只要「一念相應慧」就悟了！古代那些遊方行腳的禪和子，無不帶著濃濃的疑情，到處參訪已開悟的大善知識；至於大善知識是否願意攝受開示機鋒，那就得視各人的因緣而定了。開悟是指找到如來藏而言，求開悟者首重福德與慧門知見。如來藏又名眞如心，專供深具菩薩種性者修證，緣慳於聲聞人與緣覺人。蓋聲聞人與緣覺人急於自求解脫，不以廣度有情爲職志，這些　佛陀口中的焦芽敗種，焉得有機會親證佛菩提呢？難怪有某大法師嘗謂：「**開悟是大菩薩的事，我們怎麼可能呢？**」故除了理證上的用功，在事修方面我們以弘揚正法，續佛慧命作爲植福的方便，建立了福慧兩足尊的丕基。

後時孫老師抱病卸下此班教職，很幸運的，繼孫老師之後來了一位余老師正文菩薩，接任進階班的親教師。余老師看到我們這些學生上課有一段時日了，所以課堂上偶爾會穿插有關唯識種智的知見。爲了讓我們容易明白，經常講一些十分有趣的故事來作比喻，笑得大家合不攏嘴，寓學法於歡樂中，讓我們這群尚未破參的學生，皆能隨性自在不生煩惱。

進入參禪階段，講堂開始接受禪三報名，獲錄取者得以上山參加選佛場三夜四天的悟入與驗證。很幸運的，我報名五次，獲得了四次的錄取，除了感謝佛恩師德，夫復何言？

**過堂與普說**

正覺禪三道場祖師堂，位於桃園山區一處幽靜之地，風光明媚景色宜人。禪和子們一早完成報到，從此起三禁語，違者再犯，逐出道場永不錄取。

爲了方便禪三學生們參禪順利無有遮障，禪三開始前，除了平常的讚佛禮佛，主三和尚特地爲吾等進行蒙山施食的法會，以期於冤親債主得以解冤釋結。

累次禪三期間，課程安排得寬緊適中十分允當。每日三餐過堂時，主三和尚都會有一些機鋒開示，例如：「你手上有水果，我給你一個水果。」「你手上沒有水果，我卻搶了你的水果。」「吃鳳梨就是吃蘋果，吃蘋果就是吃香蕉。」或問大家：「吃芭樂和吃楊桃有沒有一樣？」大家回答：「有！」主三和尚再問：「有在哪裡？」大家遂啞口無言。主三和尚這時說：「光是耍嘴皮子是沒有用的，總得說出個道理呀！又，『吃葡萄的不吐葡萄皮，不吃葡萄的倒吐葡萄皮』是啥意思呀？說來聽聽！」

明知這裡頭有蹊蹺，我們卻摸不透其中奧妙。主三和尚開示機鋒之餘，還會講一些古代軼事趣聞，不假思索信手拈來皆成文章。結齋後大夥兒排隊上大殿時，主三和尚會再加上一句：「注意！腳下有黃金！」我有注意了，可是黃金在哪兒呀？承接了恁多的禪料，一直悶在心裡又始終化不開這葫蘆！

不斷的參禪思惟一整天下來，難免疲累一些，然而歷次禪三每個晚上有著最精彩的「普說」時間，可以說是提神醒腦的催化劑，在這個重要時刻來聽聞禪宗公案，於破參發揮著畫龍點睛與加溫催熟的重大功用，一聞公案即得開悟之利根者不乏其人。往昔很多人望之興嘆的諸則禪宗公案，在主三和尚娓娓道來之下，聽得弟子們個個如沐春風興致勃勃。

主三和尚講公案，時而緣著故事內容盡說一些看似無厘頭的話，〇〇〇〇〇〇，然後說：「頻呼小玉元無事，只要檀郎認得聲。」再加上一句：「會麼？」可是這些意在言外的機鋒，檀郎們又有幾個能會？把唐朝的小豔詩拿來為弟子參禪加料，禪師老婆作略多，袖裡文章也不少！

蓋禪宗公案一千七百多則，乃歷代諸祖師大德們拋機鋒接引學人的紀實，留與後人作為悟前佐參及悟後佐證的重要依據。其中除了有少部分未悟祖師留下者外，餘皆為含有總相智、別相智、道種智等等妙意存在著。內容諸多雙關語，根鈍的未悟者，聞之如同丈二金剛摸不著頭腦，根利者一聞立即契入。故而自古以來有為數頗眾的學佛者，欲藉鑽讀公案一窺禪家堂奧，皆不得其門而入。

今天有幸參加禪三的學子們，得以在行家的指點下，若隱若現揣摩機鋒。所謂「內行看門道，外行看熱鬧」。歷屆參加禪三的緣熟者，因「普說」而茅塞頓開者時有所聞。至於根遲者，必也不致空手而返。因 主三和尚總是誾誾侃侃、亦莊亦諧的「普說」公案，就像時空倒流千百年前似的，對於古代的禪師大德之名諱事跡，皆能如數家珍指道無誤，從不發生張冠李戴的情形。故事內容亦包羅萬象教人歎爲觀止，對公案的解說鉅細靡遺。哪個朝代的禪師爲人個性如何，生平有哪些事蹟均有纂詳的描繪。聆聽故事時有若置身在古代禪林的臨場感，故上山未破參的人，解三後仍有著無窮的回味，亦有助於之後疑情的生起。

## 大事未明　如喪考妣

「衆生無邊誓願度　煩惱無盡誓願斷　法門無量誓願學　佛道無上誓願成」，此四宏誓願允爲大乘佛菩提入門首重，其中斷煩惱、學法門、成佛道等無一不是爲了圓此度衆生之大心願而立，故而三世諸佛莫不將度盡無邊衆生懸爲鵠的。惟自無始劫以來衆生始終未曾度盡，是以圓成佛道後的諸佛亦不得稍懈。吾師常常鼓勵弟子們要有爲眾生求法的大心願，是以求悟也是爲了救護眾生。

每回起三後，請師開示第一堂課，主三和尚會花一點時間祭出殺人刀、活人劍，幫助學人斷三縛結；三縛結未斷，欲求明心了不可得。首先得從我見（即身見）作起，我見斷了，其餘疑見、戒禁取見自然就容易斷。主三和尚用了很多醫學上的理論來證明五蘊的虛妄非實，讓學人證得初果；懷裡揣有一顆初果，心裡就踏實多了。

第一次參加禪三，雖粗具相似般若知見與少分的定力，可是見道最重要的福德卻貧瘠得很，因此到了選佛場腦子裡盡是糨糊一片。

第二天在小參室謁見　主三和尚時，主三和尚對我的情況稍微瞭解後，沒有多說什麼，倒是我把握機會請求和尚慈悲，給個悟入的方向好參禪。和尚卻說：「**去向佛陀稟白，發大心願！多懺悔！**」一傍的監香老師正是我進階班的親教師孫老師正德菩薩，其亦接著說：「**別忘了向護法韋陀尊天菩薩摩訶薩請求護佑，讓累劫累世的寃親債主願意放過你！**」

退出小參室回到禪堂，我趕緊如所開示一一發願祈求，並於聖　克勤圜悟菩薩座下發荷擔如來家業的大願，事畢回到自己的座位繼續參禪。一開始我決定從五陰十八界去參尋如來藏。我心想：既然眞妄和合運作，在蘊處界裡頭一定可以找到我的「祂」。自進階班親教師教導參禪那天起，我就是這樣參究的。過去無法參著或許是太粗心吧！今天上得祖師堂可要深惟細察一番……。

到了第二天下午，游入蘊處界的茫茫大海中，依舊一點消息都沒有，內心開始著急起來，於是趕緊登記小參。入了小參室向監香老師請益，監香老師問明我用功的方法，開示曰：「**莫非懺悔沒有淨盡？還是心願發得不夠大？再回去反省反省！**」退出小參室後我如所開示再次懺悔、發願，而後繼續用功，不過仍然茫無頭緒。到了晚上過完堂後，主三和尚叫我與幾位師兄到廚房洗碗，主三和尚教我們□□的□□，叫我們邊洗碗邊參禪。我知道這一定有爲學人之處，故十分用心體會洗碗的意涵。最後碗都洗完了，還是杳無音訊。晚上「普說」過後，我決心晚一點睡覺，這可是一寸光陰一寸金啊！豈能輕易的蹉跎？佛前跪求一番後繼續努力以赴，就這樣一天又過去了！

第三天下午我看見有人開始喝無生茶了，內心好生羨慕與讚歎。惟臨淵羨魚不如退而結網，我再登記小參，冀望能從監香老師處得到一些幫助。這回監香老師針對我的請求只問了我一句話：「主三和尚教你洗碗了沒有？」答曰：「教洗過了。」「這就是嘛！眼睛放亮一點，再回去參詳參詳！」監香老師說。

第三天結束了，我整個人陷入了黑漆桶中悶到不行。臨睡前我只得暫時放過自己，心想也許一覺醒來，「一念相應慧」就悟了。「夜夜抱佛眠，朝朝還共起，我的佛，你在哪裡呀？」想著想著……。

第四天，眼巴巴的看著喝無生茶的人愈來愈多了，而我自己一點門都沒有，不禁兀自嘆息，之所以沒有入處，乃是自己的努力不足，看樣子這回沒有破參的指望了！鼓起勇氣再登記一次小參，進入小參室我皺著眉頭對監香老師說：「我五陰十八界一一的搜尋過了，可還是瞧不出一點端倪啊！老師您能否更明確的指示入處？」

監香老師說：「不急不急！第一次參加禪三沒破參是很正常的，不必操之過急，人家各大山頭的大法師們少小出家，髮鬢霜白晃過一生都還沒有悟的多得很呢？下山後多多爲弘揚正法救護眾生作事，生緣處處。」

退出小參室，我想自己的福德淺薄，倉促上得山來，參得昏天暗地是必然的。同時心裡也想：有老婆心切的善知識攝受幫助，想找到如來藏都如此困難了，那些沒有大善知識攝受的禪和子更別提了！故也頗能領略了古大德所說的「**大事未明，如喪考妣**」那種心境了！

在解三讚佛的唱頌聲揚起之後，主三和尚宣告本會期禪三結束，勗勉未及第的學人不必沮喪，破參固然可喜，未破參的也獲取了參究過程的體驗；這體驗十分寶貴，對未來破參後道業的進修有著很大的助益。下山後要繼續參究不可懈怠，多多爲眾生作事，等福德莊嚴了，就有悟的機緣。至於幾位破參者宜其悟後起修，切忌悟後起慢，開悟僅僅是內門廣修六度萬行的起端而已，成佛五十二個位階歷三大阿僧祇劫，我今在遙……。聽聞主三和尚如父如母慈祥的殷殷囑告，我的雙眼不聽使喚的垂下了淚水。

下山後，我謹記 主三和尚與監香老師的叮嚀，更用心投入推廣組的工作，對於破邪顯正的事幾乎無役不與。這不單單只是爲了累積開悟的福德資糧而已，而是那些藏密的淫敗行徑，對臺灣婦女造成個人與家庭的傷害，著實令人髮指，無法坐視！

有一天，當肚子一陣絞痛急著出恭，才坐馬桶上，頓時耳際一片沉寂，忽地浸淫於疑情中的我，往那耳際直認而取，以爲那大片寂靜就是如來藏。心裡想：古代祖師們不是曾說「道在屎溺」嗎？莫非這就是如來藏？接著我開始從上課所獲得的般若知見中比對，例如：不增不減、如如不動、非一非異等等。事後越發覺得祂就是如來藏，我的內心很高興，這時我想到親教師平素曾開示過，參禪期間若有所悟，不可自行認定，要等到禪三當著 主三和尚當面勘驗。

半年後，又接到第二次錄取禪三的通知，我有機會請 主三和尚幫忙印證了！照例輪到我與主三和尚小參。進得小參室才見過禮，主三和尚劈頭就問道：「有消息麼？」「有！只是不知這是眞會抑或誤會？」我說。主三和尚：「且道來聽聽！」「弟子參得耳際一片寂靜相，請和尚開示，這是否即是如來藏？」我誠惶誠恐地稟報。主三和尚：「非也！此乃意識心也！」「啊！是我誤會了？可是這很像所描述中的如來藏呀！」被打回票後我趁機請 主三和尚給個方向。

「看好……」。主三和尚□□□□□□□□，接著說：「從這裡頭參去就有了！」領了機鋒退回禪堂，再找 如來本師釋迦牟尼佛、韋陀護法菩薩、聖克勤圜悟菩薩訴求一遍，然後又一頭栽入那晦澀不明的機鋒裡面繼續琢磨了快一天，這心裡頭只生一個「悶」字了得。此時東單傳來低沉啜泣的聲音，別過頭一看，原來有位女眾參禪到了須要出一口氣來釋壓！主三和尚出面說話了：「要沉得住氣！愈是沉不住氣，就愈發找不到如來藏！」偷偷瞄了大家一眼，只見個個低頭沉思，也有藉由無相禮佛參究的，大家的臉上都同樣寫了一個「悶」字。

「升天入地求之徧，上窮碧落下黃泉，兩處茫茫皆不見」，左思不是，右惟也不是，怎麼辦？咳！還是登記小參吧！這才是唯一出處。進入小參室，我告訴監香老師：「我將虛妄的逐一排除了，可怎麼眞心卻始終不肯露臉來？老師您能慈悲慈悲再作個開示嗎？」「你剛才□□□□□？」老師問。「我□□□□□。」我回答。「從門口走到這兒，□□□□，找看看！」老師說。「老師！爲什麼主三和尚說那耳際的寂靜不是如來藏呢？」我問。「你找來的那個寂靜會□□嗎？」老師問。「不會□□。」我回答。緊接著又問「如來藏會□□喔？」監香老師：「你說呢？」我：「哦！……………。」接著：

「這麼說，□□□了？」監香老師：「方向對了！再下去仔細參詳。」

第三天上午我登記小參，再向監香老師面陳：「這□□□□的就是如來藏！」監香老師：「太籠統了，你能□□□□□講出來嗎？」我：「………。」又呆住了！監香老師：「這找到了是可以口說手呈的，後面還有很多問題呢！」我：「老師！您還可以再給個明白一點的入處嗎？」監香老師：「下去再參，找到了才來告訴我！」退出小參室，我又抱著頭陷入苦參。

是晚，主三和尚「普說」公案的課，講得讓大家哄堂大笑，倒也消消不少悶氣。安板後，今晚我決定早一點睡，不再隨人挑燈夜戰了！

翌日，整個上午，我都留在座位上托頭苦參，主三和尚瞧出我已經黔驢技窮，走過來示意要我□□□□狀。我學著照作，半天過去了，我活像孵蛋的老母雞一樣，屁股都燒燙了，卻還是一點點消息也沒有。下午我又看見金毛獅子出生了，心想；這回大概也沒有指望了，雖然有自知之明，但仍不輕言放棄。

最後一天下午，我又小參，有最壞打算的我向監香老師說：「老師，看情形，這次我恐怕又得名落孫山了，下山後我要怎樣加行才能迅速累積福德智慧呢？」監香老師說：「多作護持正法的事，平常也多作無相念佛的功夫，自然水到渠成。」「可是這些我都有在作呀！」我說。「那好！就這麼作去，繼續努力加行！」監香老師說。

解三後，我得知 平實導師有意在高雄舉辦一場演講法會，深知這場法會對眾生的重要性，於是我積極的爲此事奔走，無論馬路上發文宣，或加入小蜜蜂宣傳車隊，乃至活動當日交通秩序的維持，讓整個活動得以順利完成。四二五活動結束後，我又重新拾回功課的用心繼續那未竟的志業。

有一天，我那已經參加過一次禪三的同修，在她自己的房間剛作完參禪的功課，也許是內心悶到不行，喃喃自語的說：「如來藏啊！你到底是□□□□□□呀？」此時我也剛好在自己的房間參禪不久，疑情正濃乍聞此語，我整個人跳將起來；剛步入我房間的同修冷不防被我嚇了一跳，開口問：「怎麼了？」「沒事！沒事！我正在作功課，沒事！」我喜形於色故作鎮定。

簡單回應後我不再聊話，我開始作比對的功夫，最先閃進腦子裡的是 主三和尚給的□□機鋒，這一比對肯定符合了。緊接著我又想到入胎的狀況，五根身未具之前的狀況最是容易推求的，從這兒入手比對，加分甚多。再來逆推中陰身狀況，發現兩者前後「孟不離焦，焦不離孟」緊緊地扣在一起，這一比對又賓果了！再來，現觀祂的眞實與如如，又果眞不與六塵萬法相應，如如；再比對「不一不異」，復完全桃符相契。我再次的從色受想行識、十八界的出生去比對，還眞的是離不開祂呢？「不垢不淨」一比對也正確，祂具有非常乖、恆隨七轉識取用的特性等等，在在都與禪淨班以來所教導相吻合。最後也與之前監香老師開示的如來藏會□□，任何事情□□□的，吃不吃葡萄，吐不吐葡萄皮，既是祂，也不是祂。自此每天我都盯著祂，愈發覺得有我的祂長相左右，日子過得很愜意！但有了上一次的誤會，故雖懷有信心，卻沒有把握，深恐這又會是一場讓人空歡喜的誤會。我在等下一次獲得禪三錄取，當著　主三和尚的面口說手呈，請求印證。

第三次報名未獲錄取，再隔半年報名，禪三錄取通知又收到了，我的內心充滿感謝。終於等到見　主三和尚小參了，才見過禮，主三和尚開口便問：「怎麼樣？找到了嗎？」「弟子找到了，但不敢貿然確定，請和尚開示。」我說。「說出來聽聽！」主三和尚說。「○○○○便是如來藏，這樣說對嗎？」我說。「不對！」主三和尚說。我心想這下子又完了！還來不及開口請示，主三和尚用一種很不解的眼神對著我說：「你怎麼把這個會癢的當成如來藏呢？」一聽之下我馬上知道主三和尚，在我用臺灣話呈報時有了音譯上的出入，「○○」這話用臺灣話講起來與會癢的臺灣話極為相近，我很高興的向主三和尚說明清楚。主三和尚聽完我的報告，點著頭說：「這樣說不親切，再用○○○○○○說！」我心想：「不親切」不就是等於間接告訴我，我的射箭接近紅心了？至於如何才算是親切？要從何處入手？這是一個我從不曾思惟過的問題。

「請主三和尚指個入處與方向。」我提出請求幫助。「手和指頭是五蘊中的那個？」主三和尚問。「色蘊。」我回答。「○○○○是什麼？」主三和尚又問。「是○○！」我回答。「在這兩者的基礎上，有一個你找找看，就是了！」主三和尚說。退出小參室我又開始陷入沉思中了，○○○○○○○，就是看不出這裡面還能藏有啥機關。我重新設定回到起始點，再行檢查一遍，發現並無重大錯誤；再說如果存有重大錯誤，主三和尚當不至於只說「不親切」而已。

每次參禪碰到了瓶頸，我都會習慣的找上 佛陀、彌勒菩薩、觀世音菩薩，韋陀菩薩、克勤圜悟菩薩訴求一番。

第三天上午，輪到我的小參時間。監香老師聽完我訴說的難處，並沒有給我多講話，只淡淡的說：「答案都遞在你的手上了，再參！」啊！哪裡有遞在我的手上呢？沒有呀！低著頭退出小參室，我用無相禮佛的參禪方法，正拜得入靜，突然我感覺到右手掌被人把住，方要抬頭看看是誰，這時我的頭被另一隻手壓下來，我馬上知道怎麼一回事了！是主三和尚○○○○○，給我送機鋒來了。我用這個機鋒參了一整天，漸漸地靈光時而乍現乍隱，有呼之欲出之勢。惟總是功虧一簣退回原點來，這有別於過去參禪的經驗，我暗忖莫非快有突破處了？我努力再努力，用功再用功……。

晚上「普說」公案時，主三和尚提及本次禪三罕見的沒有好消息，這回恐怕要難產了；有監香老師建議剖腹生產，但主三和尚怕早產兒難以哺育成人。這意味著本次禪三有可能全數鎩羽而歸，然卻不可因而放水大開方便之門，這會使得悟者智慧生不起來，貽害終生。

最後一天過午不久，我又看見幾位師兄姊開始喝起無生茶了，我為主三和尚高興，也為破參的師兄姊們高興；但正在為自己的福德淺薄暗自嗟嘆時，突然又靈光一現，我觸證到這個○○○○○○的正是「○○」，來不及思惟，趕緊登記小參去，趁著在佇候小參的時間，我開始檢查比對，一切都沒有問題，只是拿「在聖不增，在凡不減」、「有情眾生平等平等」一比對，這螞蟻的○○和牛的○○怎堪比呢？文人與武夫的○○也不一樣呀！我又遲疑起來了！進入小參室，監香老師問：「怎麼樣？有了嗎？」

「報告老師，本來找到了這個『○○』認為祂就是如來藏，但是剛剛在等候小參的時候我把祂推翻了！」我說。聽完我的陳述，監香老師莞爾不語。俄頃，對著我說：「那就再回去慢慢參吧！」退出小參室，走回座位坐上蒲團，想到剛才忘記請老師開示一下，下山後好用功。於是一邊思惟參究，一邊注意我可以再登記小參的時刻。比及我再度進入小參室時，已經距離解三的時間不到四十分鐘矣！

監香老師又問：「怎麼樣？有了嗎？」這是另外一位監香老師。「有是有啦！就是那個『○○』，可是我又把祂推翻掉了！」「為什麼？」監香老師問。我把剛才的理由告訴他，監香老師也不再多言，著我回去再參。

不得要領的我有點沮喪的走回座位，心想：這○○與○○當中除了這「○

〇」以外，的確也沒有其他的影子了。我是否應該用不同的角度來詮釋「**在聖不增，在凡不減**」、「**有情眾生平等平等**」這幾個涵義？

在濃濃疑情中一如往常行禮如儀的完成解三。拎著行囊準備下山，孰知才一個箭步跨出祖師堂，一陣涼風迎面徐來，剎那間我觸證到眼前的樹林都在風的〇〇中拂動，天上的星辰也在這〇〇中軌運，流星也是在這「〇〇」中疾馳，甚至於整個宇宙也是在這個「〇〇」中大爆炸，誕生了無數恆河沙數的日月星辰，這無情的器世間蓄養了無法計數的有情眾生，飛潛動植，三界二十八天，四生六道，諸佛菩薩……都有祂的存在。宇宙萬物皆在祂的總持下成住壞空，周而不息。

啊！原來我們活在如來性海中而渾然不覺。周遭一切突然變得新鮮起來了，見山已非山，見水已非水，見人已非人，這種感覺很奇特，難以言喻。開著車子回首來時路，從車子大小零件，整條高速公路與路上柏油，可看到集著無數有情眾生如來藏的共業所成就。覺明現前一路開車不覺得累，當我將搭乘便車的護三菩薩送抵臺南時，才知道所花的時間是歷來最短的。

對周遭環境的特殊感覺，經過一段時日才趨於平靜，我回到了原來的生活習慣，只是偶爾會拿來欣賞欣賞。此回我鐵定祂就是如來藏了，但必須等到下回禪三，給　主三和尚蓋上金剛寶印，這才算數。

歲月有情，日子不曾稍動，半年的時間又到了，我再報名禪三，很幸運的又獲得錄取，由於胸有成竹，這回內心篤定多了。表面上我隨大家十分精進的參究，骨子裡卻一派輕鬆，唯一擔心的是不知又會否橫生枝節？

見過禮，主三和尚一開口即說：「你幫助我座下的親教師，我就幫助你悟道，親教師對救護眾生是很重要的！」「本該如此，不足掛齒。」我不好意思的回答。主三和尚曰：「能○○○○道出如來藏嗎？」「這個○○○○○○就是如來藏！這樣說親切嗎？」我問。「嗯……能再○○○○○○把祂講出來嗎？」主三和尚問。「啊？還有更○○○○喔？」我眉頭深鎖地說。「是！○○○○！」主三和尚說。「報告和尚，弟子一時智慧生不起來！」我說。「再去參詳參詳……」主三和尚說。

退回禪堂，我開始發大愁了！絞盡腦汁窮索枯腸，我已經費盡了九牛二虎之力矣！此刻已然瀕近百尺竿頭，望去也不可能再擠出一丁點東西了！半天過了，我再登記小參，找監香老師討個方便去。進入小參室，監香老師面帶微笑的問：「怎麼樣呀？有答案麼？」「沒有，我已經把如來藏講得那麼親切了，還能有什麼更直接的形容詞？我實在參不透了！」我說。「這個都參不透，那後面還有一大堆問題等著你呢？」監香老師說。「老師您能否再指出一個方向？這個題目實在教人頭大……」我望著監香老師。「要不要再回去參參看？」監香老師支開我的話。「只好這麼著了……」我起身問訊，退出小參室逕回座位。

俗話說：頭過身就過。胎位正，卻鬧難產，怎麼會這樣？想想還是去佛菩薩面前求助吧！我就在葫蘆裡悶過了這第二天。第三天上午，深陷參禪泥淖中的我簡直無法自拔，正在考慮是否登記小參求助監香老師時，護三菩薩示意我往一隱密處去，一趨前看見主三和尚站立在那兒，主三和尚對我說話：「你對親教師有情有義，我可不能無情無義，我知道你的付出是沒有所求的。來！……這個……，等一下……時，你……」接著和尚又□□□□□□□□，然後說：「公案裡說的就是這個，很多人就是看不出來！」

哇！主三和尚決三江之水送將來也！內心一陣陣悸動，我忙不迭的頂禮謝恩，眼前這一幕洵非始料所及！果真百尺竿頭更進一步之後別有洞天。到了這裡，不再以親切相稱，改以融入見名。和尚袖裡乾坤大、口中金蓮香，才這麼一轉身，黑漆桶底立即脫落個通通透透。著回禪堂靜候小參時，和尚在背後輕喚：「**低調一點！**」……。

按捺住內心的激動，很快的傳來小參之請。進入小參室，監香老師見又是我(多次輪到他監考)，於是說：「**我們還眞有緣呢？來！說說看，直接說出……。**」我用一種很平穩的語調一氣呵成：「這個○○○○○就是如來藏！」監香老師睜大眼睛看著我說：「**你確定嗎？要不要再參參看？**」「我很確定！不用再參了！」我說。監香老師：「**你這決定會面臨兩種結果，要嘛就是退出去，等下回報名禪三再來，要嘛就是繼續下個考題，你要不要重新考慮一下？**」「不必了！再也找不到什麼了！」我說。「**萬一被退回去，你要怎麼辦？**」監香老師說。「那也是沒辦法的事，就這麼著了！」我說。

「**好！繼續考你下一個題目，○○○○○○○的？**」監香老師問。心想這題目還不簡單？這是我最常思惟的事，於是我試著將祂表達出來，不意講起其生起次第，卻顯得十分佶屈聱牙，語無倫次。「**你爲何講得如此零零落落？**」監香老師說。「我也不知道，大概是平時沒有討論觀行和法義，缺少論述的經驗吧！」我說。「回去整理再來吧！這下面還有一環扣一環的問題等著你呢！」監香老師說。

退回禪堂經過整理，再次進入小參室，這回就順利多了。最後監香老師又問我○○○○○○○○○等，我回答得勉強通過。終於結束監香老師各種盤詰，事後想起這段經過，覺得這種種考驗對我智慧的生起有著重大的幫助。

與幾位師兄姊一同進入主三和尚的小參室，經主三和尚又一次的勘驗，終於主三和尚宣布為我們蓋上金剛寶印，也就是印證我們這幾位師兄姊已經破參。主三和尚進一步為我們作如來藏的導覽，輕輕點撥講明，頓時教大家驚歎連連，怎麼我們身上有這麼多的機關存在著，天天在使用而我們自己都不知道；有位當過法醫的骨科開業醫師即曾表示，其天天執刀手術，竟全然不知人體有這些功能在運作。接著護三菩薩為吾等作○○○○○實驗，體會○○○○○○○○的狀況下，其意識判斷反應會如何，身根走路又會如何。經實際行走後，對八識心王和合運作有了更深層的體認。沒有大善知識作引導，一般人開悟後還是沒有能力一睹本地風光的。最後，再進 主三和尚小參室，主三和尚著大家在各自座位上喝無生茶，並逐步爲吾等指導體驗如來藏運作的情形。這回我有如劉姥姥走進大觀園，一切是那麼新鮮有趣，適才那種種緊張鬱悶，自此一掃而光。

隨著時間一分一秒過去，我們在解三讚佛迴向聲中圓滿完成這一期的禪三任務，大家帶著 主三和尚的叮嚀，各騎白牛下山續佛慧命。

## 大事已明 如喪考妣

主三和尚爲吾等開示的如來藏功能，只是九牛一毛而已，吾人身上的 多寶如來欲睹究竟，則須以三大阿僧祇劫去完成，歷菩薩成佛五十二位階才能遊盡普賢身；開悟只是佛菩提道修證過程一個重要的關鍵，是內門廣修六度萬行的第一步。在證得總相智之後，尚有別相智、道種智、一切種智等等待吾儕一一去分證。沒有眞正大善知識作引導，即使已經證悟者，其亦如盲如瞶，無法深入無量義的法海中鉤玄萬一。

悟前與與悟後的差別在於：悟前學法是在比量中完成解知，悟後則是在現量中完成證知，而證知的念心所功德則遠遠大過解知，裨益未來世道業增

上的速度良多，故大德們嘗云「悟後進修、一日千里」。依四無盡願，悟後

有著無量無邊的課題等著我們去修證、克服。

尤有甚者，橫亙在眼前的難題是佛教正法弘傳的慧命如同懸絲，朝不保夕，佛法正義被各大法師殺舛誤導也就罷了；面對披著羊皮的狼，藏密喇嘛教的借殼上市，各大山頭的大法師們個個作壁上觀，無一出面破斥。更有等而下之者，引狼入室沆瀣一氣，對著被自己籠罩的四眾弟子伸出魔爪肆行淫虐；是可忍，孰不可忍？這些囂張的行徑，雖經吾師帶領正覺同修會的菩薩僧團，極力抗衡下卒告稍得遏制；惟，斬草不除根，春風吹又生；何況彼只是化明為暗潛蟄各地，在附密大法師們卵翼之下蠢蠢欲動；吾人稍有懈怠則前功盡棄，佛教命運，其將不待龜著而後知！

破邪工作之艱辛遠大於顯正，蓋五濁惡世眾生之濁見已甚；加之邪詖者善於偽裝，而善良的四眾們卻因對僧衣的崇拜，卸除了防備的盔甲，馴至那些獅子身中蟲得有舞弊的機會。

推廣組開會時，曾有師姊義憤塡膺地表示，某週刊剛剛報導，高雄有位小有名氣、平常好以放生為道業的出家僧，帶著所籠罩的女弟子赴西藏「朝

聖」；這僧人的表妹在西藏即不明原因仰藥自殺，回程中又有另一女眾在投宿的飯店自盡，該週刊強烈懷疑這兩位少奶奶的死與喇嘛有關。此事已逾半年了，這僧人猶天天若無其事地上電視滔滔不絕說法呢？

知我者謂我心憂，不知者謂我何求？出家的僧尼們有很多人不但怯事，有的看到我們破斥密宗也會起煩惱；面對喇嘛教冒充佛教之名曰藏傳佛教，到處招搖撞騙，卻一付置身事外的樣子。有一次，有某年逾花甲的比丘尼，在聽完我講述西藏密宗之禍害後，竟出聲叫我不可以說四眾過，這讓我感到訝異。我反問彼：「喇嘛如果算是佛教四眾中的出家人，請問他們大口大口吃肉，妳們吃嗎？他們到處行淫，妳們可以嗎？他們受的戒和妳們一樣嗎？」經我一反問，此位老比丘尼才啞口無言。又，嘉義地區有一以戒律精嚴見稱之道場的比丘尼，聽聞我提及宗喀巴的《菩提道次第廣論》與《密宗道次第廣論》兩本著作後，竟備極推崇宗喀巴為證量甚高的人；經我出示此兩本書的內容後，才不解的說：「怎麼會這個樣子？」足徵目前佛教界對喇嘛教的認識嚴重不足，大道場都如此了，遑論其他？我告訴她：「已經有很多比丘尼的道場，半夜裡常接到修密者來電邀約共修無上瑜伽。」當時她滿臉疑惑，似乎難以相信；兩年後她卻告訴我，她們的道場最近也常常接到這種電話了。

又，屏東有位戒行清淨的老比丘尼告訴我們一位師兄：「某夜晚有修密者致電這位住持，提出上述要求，這位老師父問他：『你知道我多少歲了嗎？』對方回答：『年齡老少無所謂，只要皮膚接觸就有效了！』」修密者這些恬不知恥的行爲，簡直罄竹難書。佛教面臨如此重大危機，作爲一位證悟的七住位菩薩，當然必須要對佛教有所捍衛以報答佛恩。幸好此時有位地上菩薩出世住持正法，我們的婦女同胞有機會獲得保護。吾人深具信心，佛教的危機必能在 平實導師的帶領下化險爲夷。

## 大乘佛菩提道　一以貫之

如前言所敘，一貫道將剽自各宗教的教理揉合民間信仰，用這個拼盤式的教理在臺灣盛傳了幾十年，自有其時代背景。因爲彼時地上菩薩尚未出世住持正法，而各大佛教山頭也沒有稍具證量的大法師，故一貫道得以乘勢而起。然而畢竟外道的祖師沒有佛法的證量，當座下的大弟子們羽翼已豐，遇到祖師久臥病榻，就開始令不出午門了。那些大弟子們成天教導後學要盡忠盡孝，自己卻欺上瞞下陽奉陰違，割據道場擁眾自重，可憐的一貫道祖師孫師母，晚景甚為悽涼；歿後草葬於風雨交加之夜，迄今已近四十年，卻未曾公布墳處受其弟子們祭拜；更可憐的是廣大善良的道親們，受到這些大前人的籠罩，盲目追隨、崇拜天命出錢出力，抱著學佛的期待卻得不到教導佛法的正知正見，被人利用而不自知。

有位同修會增上班的師姊告訴我，她們以某某老人自稱的老前人健在時，她曾陪同點傳師謁求老前人，帶後學們去孫師母墳前祭拜，得到的是老前人怫然變色曰：「一具臭骨頭，有什麼好拜？」當時她們也不覺得裡面有文章，反而認為老前人講這種話顯示境界很高。到現在那些老前人們已一一作古，這件事也就無人聞問了！

一貫道各大山頭紛紛蓋起雕樑、畫棟巍峨壯觀的建築群之後，隨著領導人物不斷地凋零遞嬗，盛極而衰。現時有些道場也懶得再剽竊各宗教的教義了，改以扶鸞開沙預言災難劫煞，或仙佛借竅降壇，解決內部紛爭不等；有的更以媚俗的熱歌勁舞、發展觀光撐住門面。總之，一人一把號，各吹各的，倒也相安無事。

只是很多有心追求佛法的道親，礙於情面與誓咒，敢怒不敢言。有的道場告訴道親：彌勒佛就要來降生收圓了，屆時一貫道那林立的山頭將得到統一，萬教也會接受收圓。道親們其實都知道佛經記載：彌勒菩薩受記五億七千六百萬年後當來娑婆世界成佛。只是因爲對佛法知見的匱乏，道親們才會相信那些老前人講的話：「五億七千六百萬年只是個暗喻，如今天時緊急，末法眾生無法等那麼久遠的時間，彌勒佛現在就要來人間收圓了！」離經一字即同魔說，佛經被會曲解是因爲說者與聽者皆無佛法的正知正見，這些錯誤的解說才會在一貫道裡面生根發芽。

五億七千六百萬年，以兜率宮的天上時間計，那只是四千年的事。如果用成佛三大阿僧祇劫作爲一天來計，那是不到幾秒鐘的事；如果以無始劫作爲一天來計，那人間五億七千六百萬年，甚至還不到一剎那的事！用這種宏觀的角度去思惟才是學佛的正知見，可惜有這種宏觀的道親並不多存在，我也是在正覺修學正法深入經藏以後，才獲得這些智慧的。

在佛陀時代，印度有著爲數頗眾的外道信仰者，因深懼自己發過的毒誓，不敢棄邪歸正歸依 佛陀；最後在 佛陀逐一爲其斷三縛結下，這些外道信眾才得以擺脫毒誓的陰影。三縛結係指身見(又名我見)、疑見、戒禁取見,其中斷戒禁取見是指已經知道悖離法毗奈耶的戒禁是無效的。法毗奈耶是法界的軌則,違反法的軌則,不論有無發毒誓,都將受到因果報應,而那些在外道法中所發不如法的毒誓自始無效,證諸許多道親離開一貫道,回歸唯一弘傳 彌勒菩薩所著《瑜伽師地論》的正覺正法者,沒有人會受到毒誓的威脅。乃至我離開一貫道了,如今也破參明心了,不但不曾遭受五雷轟頂之報,反而獲得擁護正法而破參明心的殊勝果報。試問一貫道違反法毗奈耶的五雷轟頂,其效力安在呢?

進修正法除了應斷三縛結以外,斷情執也是很重要的一環。《佛說大乘無量壽莊嚴經》:「**復有眾生,雖種善根,供養三寶作大福田;取相分別情執深重,求出輪迴終不能得。**」這說明了情執深重,非但救不了他人,自己也將出苦無期。我與林點傳師有道親間那種深厚的感情之下,所幸未為情執所繫縛,否則今天就沒有見道的因緣了!

大乘佛菩提道函蓋二乘解脫道,十因緣法、十二因緣法、四聖諦、八正道、五戒十善、三界二十八天、四生六道、無量恆河沙佛世界,皆如來藏一以貫之；並以法界實相的功能德用，出生五蘊六入十二處十八界六塵萬法，內外合一並行不悖。大乘菩薩僧團打從　佛陀住世時迄今二千五百多年來未曾分裂過，非如聲聞僧團持續分裂爲部派佛教；菩薩們依道而行才是眞正道情深厚的道親，一貫道的道親們唯有回歸佛門進修大乘佛菩提道妙法，才是眞正的一貫道！否則無能將萬法一以貫之，焉得名爲一貫道？

佛教正覺同修會每半年免費招生一次，每星期上一次課的禪淨班，有次第、有方法教導學人如法進修；能安住禪淨班半年，勝過於任何道場一輩子的修學，這是後學的見證。

茲以撰寫見道報告的殊勝功德，迴向眾多有志修學佛法的道親、前賢大眾們，及時報名參加禪淨班，早證菩提。余亦以此見道報告，供養曾哺我以法乳之恩師，以及歷任親教師，聊表感激之心於萬一。

阿彌陀佛！

# 見道報告

段灣妹

一心頂禮本師　釋迦牟尼佛
一心頂禮極樂世界　阿彌陀佛
一心頂禮當來下生　彌勒尊佛
一心頂禮　大悲觀世音菩薩
一心頂禮　大勢至菩薩
一心頂禮　護法韋陀尊天菩薩摩訶薩
一心頂禮　聖克勤圜悟菩薩
一心頂禮　平實菩薩摩訶薩
一心頂禮　平實師母菩薩摩訶薩
一心頂禮　親教師正鈞菩薩

一心頂禮　親教師承化菩薩
一心頂禮　監香老師及諸護三菩薩

五歲的我，親眼目睹母親拳打腳踢發瘋的捶打父親，父親不停的安撫母親，並任由母親隨意的施暴；外婆、大舅、大舅媽、表姊、左鄰右舍圍成人牆勸說母親，並拉住母親失控的情緒和身軀；我害怕無助的只能站立在一旁，母親突然掙開人牆朝向我，用兇惡眼神瞪我、憤怒透過指尖射向我，口中念念有詞，彷彿所有的過錯都是因爲我而起。在混亂中我默默退後到房外空地，仰天尋找　觀世音菩薩在哪裡：「**大人們都說您是救苦救難大慈大悲觀世音菩薩，我現在好害怕，拜託觀世音菩薩來救救我，讓我脫離這恐怖的地方。可是爲什麼我怎麼找也找不到您？**」心裡產生疑惑和失望。仰望注視天空，心中默默的想，爲什麼父母親要生下我？爲什麼我要叫段灣妹？爲什麼段邦鐵是我爸爸、段張桂英是我媽媽？爲什麼我是女生？爲什麼我不是生長在好人家？爲什麼眼前會發生如此令我驚恐的事……？太多的「爲什麼」一直不停的在我心中盤繞。

直到我高職畢業後，母親的病方有好轉。期間我僞裝堅強，其實心裡是緊張萬分、害怕得不知道如何應對問題；因爲小小的年紀，面對問題時無人可問，所以不會面對問題處理；長輩和鄰居們看見我們這群孩子時，只有頻頻流淚搖頭嘆息說：「可憐啊！一群孩子這麼小，母親就生病了；段老師一個男人得照顧四個孩子，還得上班和照顧太太，辛苦啊！」並叮嚀我們聽話，別再讓父親多個牽掛。滿腹無解的疑問只得放在心中，唯有向長輩點頭答應。爲了不在眾人面前令自己掉下一滴眼淚，我總是抿嘴沉默寡言，一概以微笑代替所有的回應；因爲害怕一開口，就會讓別人看見我的眼淚、看見我的驚恐怖畏、脆弱與笨拙。放學後幫忙洗衣、燒飯、整理家務，假日作父親的幫手，一起替母親清洗房間和身體。我從來不主動向人談論母親，也刻意不去記憶這段驚恐怖畏的成長歲月。父親身兼母職，倍極辛勞，我常常擔心父親過於辛勞而生病；倘再失去父親，屆時我們兄弟姊妹又將會被迫分離；爲了不讓父親牽掛，我努力管好自己、讓父親少個牽掛，並且盡責照顧家務。

回想父親，心裡也是有無限的苦，因爲父親從民間信仰、乩童、基督教到觀世音菩薩，整整繞了一圈。父親說：「自從供奉觀世音菩薩以後，心中很平靜。」在開胸腔腫瘤手術進手術房的時候，觀世音菩薩一路護佑他，父親希望子女們多多雙手合十禮拜 觀世音菩薩，保佑生活平安健康，離苦得樂。我雙手合十禮拜 觀世音菩薩，望著 菩薩，心裡問道：「只要禮拜就能離苦得樂嗎？可是現見生活中，人會生病、會衰老、有分離、有不測風雲、有恐懼、有死亡，所見周遭人死後的傳統法會，讓人看了心中更產生害怕，活著的意義是什麼？問題若無解還是沒有離開苦呀！菩薩啊！一定有一個方法和道理，可以教導大眾，如何是苦和能知道這些問題的根源何在！」

約在八〇年代末，小叔興起學佛熱忱，請了慧律法師的錄音帶分享予我，聽畢【佛法與人生】、【生從何來、死從何去】、【幽冥問答錄】，內容打破許多傳統生活束縛，聽得有味道；但是生從何來？死從何去？慧律法師的弘法似乎沒有解到重點。小叔又送上一串念珠交代說：「勤唸阿彌陀佛！往生後必可得到阿彌陀佛接引往生西方極樂世界。」心想若死後能到極樂世界安住，比在世間痛苦的地方安住好，於是每天勤唸 阿彌陀佛。唸佛號一段時間之後，心中妄念仍然不滅，也沒有信心死後能往生到西方極樂世界，心中起了煩惱，於是停止唸佛號。

臺灣九二一大地震，先生的老家中寮鄉受創嚴重，堂哥們還住在當地，回去看堂兄們，幸好人都平安，財物損失輕微，不幸中之大幸；但整條街屋倒塌，眼見慈濟團體穿梭其間幫忙救災事務，於是藉此機緣勸說先生行布施錢財，由有名的佛教團體出面集眾人資金行善，可以達到最大的效益，心裡也想藉此因緣瞭解慈濟團體。從此，慈濟邱玉花師姊固定每月從內湖到家中收功德金，還附贈一本慈濟月刊。在每個月見面時，順道聊聊慈濟義工都在作些什麼事情，並請問師父都在教些什麼？師姊說不到我想要的重點，慈濟月刊內容讀後令人感動落淚，只是感動流淚後心中還是覺得缺少些什麼，尋不著生命的眞實相在哪裡。

二〇〇二年父親二度中風住院，父親生前常透露不願意急救，此刻更堅持不願意作急救；哥哥情執不捨，爲了插管急救把父親完好的下排牙齒硬是推倒；紅腫的雙唇、傾倒的牙齒，牙根和牙齦殘留的血跡，口腔插著管、躺在加護病床；眼見這般情景，淚水像潰堤的河流，怎麼都擋不住。氣切後的父親，只能躺在醫院呼吸照護中心的病床上；爲了陪伴父親，空大的課業暫停，每週往返臺北、二林；兄弟姊妹們對父親的依賴和不捨，讓周遭的護士們都非常好奇，頻頻想探究竟。在醫院裡，妹妹凡中告訴我，她目前在臺北的正覺講堂熏習佛法，我表示未來應該也會往這個方向走，並叮嚀凡中要小心選擇這一類的課程，因為一個錯誤的認知建立後，要回頭是很辛苦的，也是很困難的；如果苗頭不對，要趕快停止，不要讓自己受到傷害。

因為父親臥病的關係，姊妹彼此經常見面，我關心問凡中學了些什麼？凡中說：「如來藏法。」當下我完全聽不懂，只覺得凡中解釋來、解釋去都是一些我未曾聽聞的名相，我回應說：「凡中，妳講得好學院派，光是這些名詞我就聽不懂了，妳們講堂為什麼不用一般人聽得懂的名詞說，我會比較容易瞭解。」凡中說：「我也是剛學不久，很多地方我還不懂，如果妳有問題，我可以代問老師，老師們都很和善，樂於解說。」適值婆媳問題嚴重苦在心裡，於是請凡中代請問老師：「佛經上有沒有說公公、婆婆是我的親生父母？」得到的答案是：佛經上沒有說公公、婆婆是媳婦的親生父母。經張正圜老師肯定的答覆，我知道應用何種態度面對婆媳問題，心中如釋重擔。凡中同時也送給了我一本《無相念佛》，翻看了幾頁，看不懂，問凡中：「講堂週六有開課嗎？」「目前沒有」「若週六有開課，通知我，我也想去聽聽看。」

凡中說：「導師說法純粹在法義上作辨正，不作人身攻擊；有人不能接受，姊可以接受嗎？」我回答：「道理本來就是要講清楚說明白，如果是在法義上作辨正，不作人身攻擊，我可以接受。」

終於盼到二〇〇六年四月開課，懷著忐忑不安的心情去講堂，剛進入九樓講堂，迎面而來的是義工們和善親切的態度，大家安靜不攀緣，莊嚴、祥和的第一印象感覺非常好。章乃鈞老師上課說話速度不疾不徐，內斂沉穩，緩緩鋪陳法義，聽者如沐春風，自己的疑惑在課堂上經常可以得到解答，世間煩惱隨著上課時間累積而漸漸消除，講堂弘傳的法義和內心想法十分相應，覺得許多的法好像是特地爲我而說，於是天天盼望週六的來臨。章老師在課堂上只要遇有合適的因緣，一定鼓勵學員們週二要去聽 導師說法。之前我爲了到講堂聽課和先生吵了一架，先生昔日受到不好觀念的影響，一些偏見讓他心裡害怕，害怕我往這裡行，最終必會拋家棄子離去；先生不相信我的保證，冷處理了一些時日。

活了將近半百，我從來沒有這麼堅持過一件事情，在心底深處知道這裡有我想要的答案。爲了不讓先生起煩惱，先固定一星期聽一次的課；在家中百分百配合先生的飲食與作息，更不在言詞上作爭論，修正自己說話的態度；慢慢的他可以接受，邀他同來聽課，還是一口回絕，說他來了、認可了，我更可以肆無忌憚把全部的時間都放在講堂。對於先生的態度，我只能以包容心對待，並且常求諸佛菩薩慈悲攝受先生早日有緣同行。但想要週二聽 導師上課的願望從來沒有停止過。

在禪淨班修學無相念佛、親近善知識、恭讀 導師著書，心裡讚歎萬分；能夠把佛法修學次第寫得這麼清楚的，導師是第一位；能夠把生命實相和世間道理關係來龍去脈寫得這麼詳細的，導師也是第一位；心裡至誠感謝諸佛菩薩，派一位大菩薩來世間救護眾生，一路走來冥冥中諸 佛菩薩神力護佑，令自己能夠值遇依佛菩提道修學次第教導大乘佛法的大菩薩。修學過程中知道自己不擅言詞，尚無才智把如此的勝妙大乘法說給別人聽，便努力揹回講堂的結緣書，到土地公廟、醫院、結緣書櫃、素食餐廳擺放，希望有緣人能閱讀之後來到講堂，聆聽正法，解脫生死到彼岸。章老師說布施度時，說明要先照顧身邊的親緣眷屬，有多餘的能力再作財布施；我內心十分相應，未曾聽聞過這麼圓融的世間法與出世間法；我暗自下定決心要爲自己種植一塊大福田，於未來世用這塊福田增長智慧、利益眾生、攝受眾生，也期盼減少在菩提路上的遮障。隨著講堂的進度，從入會員、受三歸依、受菩薩戒，沒有一絲的遲疑，心得決定。

二年半的修學期間，經常聽聞章老師讚歎 導師的慈悲心；參加禪一心得分享時間，師兄姊們都同樣發自內心誠懇又感恩的讚歎 導師和親教師們慈悲無私；而我只有在二〇〇七年大溪教育中心觀禮時，第一次有幸仔細端詳 平實導師，導師給我的感覺和他寫的書一樣，平易近人，實實在在，無私的一直把佛法送出去，心裡對 導師特別特別的感到親切完全沒有距離。三歸依、受菩薩戒、二年半的時間，總共有三次機緣親眼見到 導師慈悲心內含廣大威德攝受眾生的力量。

二年半結業，有幸被錄取上禪三，上山前我很緊張，適應力差的我趕緊請教凡中，萬一我回答得很差會不會被笑呢？凡中誠懇說：「導師很慈悲、溫和、有耐心，導師從來不罵人。不要自己給自己壓力，導師問什麼，姊有什麼心得就直說，不要擔心。」凡中說我想太多了。往日求學和成長不順利的熏習，負向種子一再現行自我干擾！想想也對，遲早總要面對自己膽怯的問題，就面對吧！

第一天完成報到手續後，護三菩薩讓我們把行李先拿到寮房放妥後，再到禪三大殿準備供佛儀式；當維那敲響大磬時，我全身毛孔豎立像觸電般遍滿全身，拜懺唱誦 阿彌陀佛！淚流滿面。我在 阿彌陀佛面前，想到自己無始劫來無明的造作，讓自己一直不斷重複輪迴三界的苦；懇求 佛慈悲以佛力攝受加持，令無始劫來我的無明造作，能夠滅罪消愆，在菩提道業上能夠精進，得進入內門修學。主三和尚開示中爲我們殺我見，看見 主三和尚慈祥的眼神，很自然而且無法控制的眼淚如同傾盆大雨般，灑落不止，內心彷佛是見到久別的親人，現在終於可以在親人面前卸下心防，毫無忌諱將心中所有的苦和委屈訴說。最後，主三和尚帶領大眾宣誓，說明宣誓目的是爲保護大眾，不作虧損如來之重罪；每個人應善守密意，如來正法方能久傳，證如來藏時方能夠發起大智慧。殷殷叮嚀，流露悲心爲大眾。

晚上的普說，我是第一次接觸聽到如此的說法方式，禪師誰是誰？講了什麼內容，我還未弄清楚，就已經往下繼續普說，跟不上、聽不懂的心情，好緊張。第二天過堂時，進入齋堂前，抬眼看到護三菩薩們在列隊等候，心中感恩心湧現，眼淚又不聽指揮，好像壞了的水龍頭滴水不止，那一餐食不知味。每餐和尚都會起身巡視關照每一位學員，頻頻垂問：「是什麼？」或是說：「你有饅頭，我給你饅頭……。」、「你沒有饅頭，我搶了你的饅頭……。」只因自己知見不足又非利根人，無法明瞭 導師的苦心。

第二天進入小參室，肅然起敬的恭敬心自然生起，主三和尚慈祥的說：「來！說說妳的修學心得。」我回答：「有天我在廚房洗菜，看著○○○，就是祂。不生不滅、不垢不淨、……《心經》裡面的這些話就一一冒出來。」和尚再問：「祂在哪裡？」我回答：「祂無形無相，看不見。」和尚施設很多方便善巧，我還是不懂如來藏無形無相該如何手呈。繞了一圈之後，和尚給了一個提示：「○○、○○、○○○，用一個比喻說明○○關係。」之後和監香老師小參，自己說的不切入問題，越說越心慌，為什麼監香老師問的問題我聽不懂？問題卡在當下，放在心裡很難過。

也不知道哪來的勇氣，看到了 主三和尚便主動向前請示，請問了一堆疑問：為什麼監香老師問問題的方式好奇怪，我想知道我的問題出在哪裡？和尚慈悲啊！沒有罰我壞了規矩，還一一為我解答釋疑。最後我還是參不出來，直到第四天下午，主三和尚慈悲，特別把我喚到迴廊，慈祥慈悲的把摩尼寶珠輕輕塞到我手上，然後交代回家好好讀《眞假開悟》、《楞伽經詳解》。還說明如來藏的知見如一個人的頭，我呢，從前面看沒有問題，但是從後面或左右看，我的知見不足，便看不清楚；要我回家好好用功，下回報名再來。面對慈悲無私給予法乳的 導師，內心猶如遇見自己久別的慈父，此刻心中盛滿溫暖和感激；我點頭如搗蒜，淚流滿面說不出話來。捧著這顆寶珠，內心感動又感恩，心忖我何德何能，能得 和尚對我如此的寬容厚愛。每每想到這一幕，雖未破參，感動與感恩 導師大慈悲心攝受駑鈍寡慧的我，自然是痛哭流涕，淚流不止頻頻拭淚，心中更是堅定跟著 導師走一定能得解脫。

參加第二次、第三次的禪三，我還是沒有走出當初問題的癥結，面對 導師好生慚愧。下山後，痛定思痛，決心從頭來過。在進階班何老師的教導下，才發現自己不善求佛、不會觀行；一切從頭作起，勤讀 導師的著作、拜佛、學習求佛、發願、功德迴向、懺悔，努力寫觀行報告；雖然寫得不好，起碼也是開始學習。何老師雖然身爲女性，勇猛精進的心讓我佩服；她常常鼓勵大家，提升學員們的信心。何老師的勇猛精進，初開始時會覺得有壓力；但轉念想，何老師如此無私的付出心力，只祈盼學員們能穩固知見增長智慧，這部分又是自己很欠缺、要加強的地方；既然要學法，又有老師在旁爲大家設護欄，自己只負責作自己該作的本分而已；算盤怎麼打都划算，跟著親教師的教導作，一定會進步。何老師在課堂上常常叮嚀：「**你們週二一定要聽導師的弘法，那才是正課；大菩薩的弘法，難值難遇，不要錯過。**」終於在二〇一〇年卸下工作，同年六月如願的週二到講堂聽 導師弘法。

週二在大樓外面排隊上樓聽法的人好多，大家井然有序進入講堂；導師說法深入淺出，化艱澀爲平易、解釋詳細、脈絡清楚分明、幽默風趣，不打草稿，法滔滔不絕自然脫口而出，過程完全不打結；聽得我瞠目結舌，內心充滿法喜，茅塞頓開如醍醐灌頂妙不可言。大菩薩弘法果眞厲害，從此以後，週二的課我沒有缺席過。熏習大乘勝妙法，轉依如來藏的清淨自性，我心量逐漸寬大，卑慢膽怯、焦躁不安、貪、瞋、癡、慢、疑等染污習氣一分一分的去除，心行轉爲調柔，心不再有驚恐怖畏；了知生從何來，死從何去，生命的意義爲何，知道因果輪迴爲何，知道生命的實相爲何，知道世間一切萬法生起的因，讚歎！讚歎！在 導師的弘法和著書裡可以得到全部的答案，如來藏勝妙法能令眾生解脫生死到彼岸，至此心得安隱，智慧漸長。從此更精進拜佛、恭讀 導師著作、看正覺的電視弘法、到講堂聽課、親近大善知識、作義工，漸漸能看懂《楞伽經詳解》內涵，心中有法喜出現，知道自己進步了。

二〇一二年四月的禪三報名，本來沒有考慮；因助教程老師下課時經常站立在出課堂的門旁，和下課的學員們親切微笑點頭招呼，於是我莫名的向前要了一份報名表；回家後反覆考慮了好多天，最後決定不報名了。報名日快要截止前，程老師關切的問我報名了嗎？我據實回答心中的想法：「雖然有進步，信心不足。」程老師給予信心打氣，很奇妙當下我突然有一個篤定清明的念，「不要違背老師的善意。何老師也說過明心是過程，給自己一個機會。」於是回家後立刻填寫報名表。何老師愛護心切的對學員們說：「報名的學員填寫的資料，只要在最後一週前已填寫好的，先拿來，我可以給個建議。」我在報名截止日前一週交出去，我很不好意思的向何老師說：「老師！不要叫我改了，因為報名表上面我怎麼想就怎麼寫，我腦袋裡也沒有其他東西，也學不會如何改。」何老師慈悲，要我等一下，何老師快速看過後說：「寫得很好啊！」於是順利交出報名表。

很幸運得蒙 導師慈悲又讓我可以再一次參加禪三。此時遮障也跟著來，先生是我弟弟的主管，弟弟擺爛讓我先生為難，我被夾在中間；境界現前，若在往昔，我一定會妄念不斷，焦慮緊張，擔心煩躁不已；現見先生在耳邊叨叨唸唸，我可以充耳不聞，還能藉機轉換先生的情緒；對弟弟的情執放下，該作的都已經盡力了，危機就是轉機；該弟弟自己承擔的，讓弟弟自己面對問題，才能藉機成長。這回心境完全不同於往日，我可以沉著面對，內心明顯感覺到沉穩；深知這些心境的顯現，是因為已了知生命實相轉依如來藏體性的功德受用。到了大溪祖師堂，四周環境一片祥和寧靜，心生歡喜，有回家的熟悉感覺；心裡打定主意，這次的禪三不要想太多，就專心拜佛、求佛，小參若有不懂是自己努力不夠，繼續努力吧！慧不巧的我，說不定就是那位打破七次紀錄的人。沒關係！只要安住，繼續努力一定功不唐捐。

第一天小參，主三和尚一邊翻看手上的個人資料，還親切微笑，好慈祥的對著我半開玩笑地說：「**灣妹啊！妳會來超過七次打破紀錄吧？**」我心想主三和尚怎麼知道我就是這麼想的，我老實回答：「**對啊！有可能！我覺得**

是呢！我可以說說我的體驗嗎？」主三和尚慈悲，完全沒有責備我的無禮搶話，還讓我說話。「我讀《楞伽經詳解》，讀第一義諦七種性自性後有確實觀行體驗，禪三前再讀到非一非異時，頓時我明白眞心妄心祂們和合運作。」主三和尚說：「妳說的書上都有寫，來這裡是要說些和書上不一樣的。」我愣住了，心想我所有的正知見完全都是來自於 導師的著作，依於正知見、無相拜佛和親教師的授課，才能往菩提路前進，若不是值遇 導師出來弘法，佛經的字彙深奧、義理更深奧，鈍慧的我是完全看不懂，現在要我說些不一樣的？我所知所學會的就是相應認同 導師教導的如來藏法，何況如來藏法根本上就不能創新的呀！

導師看出我的疑惑，便施設方便善巧，叫我拿桌上的打火機，要我○○○○○○，我說：「我伸手拿桌上的打火機。」導師問：「○○○○？」我回答：「○○○○。」導師問：「○○○○？」我回答：「○○○○○○○○○○。」導師再問：「那如來藏呢？」我回答：「○○○○○○○○○○○○○○○。」導師再問一次：「如來藏在哪裡？」我心裡又想，導師書中就明白說出如來藏無形無相，要○○○○○○○觀看體驗。我回答如來藏○○○

〇〇〇〇〇〇〇，已經說明了，爲何還如此問？導師又施設方便問：「手〇〇〇〇〇〇？」我回答：「因爲〇〇〇〇。」導師問：「如來藏爲什麼〇〇〇〇？」我回答：「如來藏〇〇〇〇。」導師很耐心的引導我說出關鍵點，我依然是傻傻的二愣子，達不到第一義諦。導師又再度施設洗碗問答，讓我確認如來藏無疑，但仍然是沒有突破清楚點，最後 導師說：「起碼和之前比，現在清楚很多了。」

退出小參室，立刻到 佛前稟告小參過程，求諸佛菩薩以慈悲神力攝受護佑我能順利回答問題，發願我未來必當成佛，生生世世緊跟 導師腳步荷擔如來家業，演述《法華經》，行菩薩道，並懺悔自己的無禮過失。向 聖克勤圜悟菩薩祖師爺求：「鈍根的我是一心向佛，現今好不容易遇上導師如此的慈悲願意攝受鈍根人，我才有機會往前邁進，求祖師爺高抬貴手，讓我有機會喊您一聲祖師爺爺。」求 韋陀菩薩護佑我的菩提路順利，求菩薩爲我遮擋我的遮障。

第三天早上和監香陸老師小參，我提出疑問：「如來藏就在我〇〇〇〇〇〇〇〇〇〇〇〇〇〇中。這樣說錯在哪裡了？」陸老師慈祥微笑，且極力隱言解說引導，我還是不解。導師提早時間再一次以無比的大慈悲心喚我到迴廊，特別再為我開示；我提出疑惑和不解處一再地問，一句話陳述就函蓋如來藏在內了，為什麼這樣陳述會錯呢？導師清楚點出我錯誤的落處。「能生法含攝所生法，所生法不能含攝能生法，一句話說，妳這樣說不夠清楚。」「那應該怎樣說才夠清楚？」「○○○○，第一次來打三時我就已經告訴妳了。」當下我還頓了片刻，稍後立刻訝異得無法形容 導師智慧的深廣和大慈悲心，神通廣大無時無刻都在深細了知關照每位眾生的菩提路過程和證悟的時機。導師一人面對如此多的學員，四年前對我說過的話居然還記得，令我訝異並心悅誠服敬佩讚歎大菩薩的智慧深廣、神力無邊、大慈悲心和寬容心，令鈍慧的我更堅定信念，一定要緊緊跟隨 導師大菩薩給予法乳的智慧深廣和大慈悲心，在此娑婆世界唯有 導師有甘露法門能救護眾生出離苦海。

小參再一次遇上陸老師，陸老師看懂我的表達和思考方式，以方便善巧用我懂的模式問問題，從旁引導提醒，我方能順利回答問題。問到○○○○○○，我說的不完整，陸老師要我再整理整理。出了小參室先禮謝稟告佛、菩薩，並求 佛、菩薩護佑。看見 導師坐在 韋陀菩薩旁，我不假思索就趨前，向 導師稟告我已被問到○○○問題，（謝謝導師！我有點進步了。）回到座位繼續拜佛整理問題，之前參加禪三時，過堂時間總喜歡瞧瞧 導師和藹慈祥的面容；這回過堂面對 導師，看也不是、不看也不是，心中既高興期待又慚愧不安，好矛盾。當晚入睡前，頭腦異常清楚○○○的○○○，精神也異常好，整晚沒有睡意也沒有半點妄念，輕輕安安彷彿安住在一個清淨的環境中。

隔天第三次小參時又遇上陸老師，一見面，陸老師為緩和我緊張的心情說：「怎麼又碰面了？看來我們很有緣喔！」我回答：「的確是，二○○四年我父親公祭日，讀講堂祭文的是您；我參加第一次禪三時老師也幫很多忙，這回小參都遇上您，挺有緣的。」陸老師微微笑，接著說：「說說○○○○○○。」我毫不遲疑一口氣說畢，接著陸老師又問了一些問題，我也順利回答。陸老師說：「好，現在我們再來重新整理，看看妳有沒有忘記。」問題重新整理一遍，口說手呈順利無礙，心中暗自讚歎一切法是如此勝妙、環環相扣。整理完畢，我還在等著下一個問題，陸老師說：「可以了！沒有問題了，可以寫一張紅單給妳。」勝妙、勝妙，如此這般的清楚，有力道，宗通與說通初次體會，難怪我欠缺清楚的地方是這樣的重要；若不是 導師手頭寬鬆，廣開悲憫心攝受，我想要憑自力悟入，眞的是難如登天。

導師確確實實早已在我第一次禪三時，就把勝妙法全部演述清楚塞到我手上；而自己愚昧無知，自我遮障聖道，整整繞了一大圈，至此我才全部明白、聯結起來，後知後覺的我眞是駑鈍、駑鈍啊！對 導師大慈悲心無私給予的法身慧命，從今生起盡未來際一定會努力往前實踐所發誓願，永不負師恩。之後進入 導師小參室，導師開示如來藏體性，我望著難得面對面、無距離的 導師，心中生起感恩心想著：我好幸運，今生能值遇大菩薩出世弘法，大菩薩如此無私給予法乳，救我法身慧命，機會難得，我要努力仰望 導師並且牢牢記住這一幕，並且用力發願自己生生世世要抓緊 導師的衣角……。想著分心了，導師的開示有聽進去，卻沒有聽清楚寫題目的方式，所以沒有依照 導師吩咐的方式答題。導師沒有責備我，還慈悲不帶痕跡輕輕帶過。自己心裡很慚愧，出了小參室趕緊到 佛前懺悔，第二道題目不敢分心了。

導師印證我們破參明心之後，要我們「飲水思源，感恩戴德」，先去頂

禮稟報 本師世尊，感恩 世尊是娑婆世界佛法的源頭；再頂禮感恩 韋陀菩薩護法，令禪三一切順利、沒有遮障，頂禮後要拉住 韋陀菩薩的衣角，以結未來法緣，祂是護持賢劫千佛成佛以後最後一尊成佛的菩薩；以及頂禮感恩 聖克勤圜悟菩薩爲正覺禪法傳承之祖，祈求祖師日後成佛時能成爲其座下弟子。再叮嚀雖然印證我們明心，但所悟尚淺，下山後要多多閱讀，補足知見以增長智慧；並囑咐下回報名護三，護三的第四天再到禪堂補喝無生水，導師說：「**喝水有許多法在內。**」我心中滿滿的感恩，一心頂禮 導師退出小參室。導師的勝妙智慧、廣大神力和慈悲無私的大慈悲心，實在無法用語言文字完整述說清楚，唯能意會，唯有親身經歷的人才能深刻體會。在我心中對 導師有說不盡、道不完的感恩心，導師是我生生世世的恩人，猶如我掉落在大海時唯一能救命的浮木，猶如沙漠中行走疲憊乾渴時救命的甘泉；導師給予法身慧命的恩德無法用言語訴說道盡，親身和 導師相處過的菩薩們一定都有相同體會，也一定認同這說不盡、道不完的感恩心。

　　解三時，諸佛菩薩加持，有幸親迎 主三和尚到禪堂。和尚諄諄囑咐守護密意，洩漏密意者則是虧損如來之重罪故。警慢心：莫自滿，莫輕他，更莫輕師。字字句句大慈悲心保護大眾，我默默求諸佛菩薩慈悲加被神力護佑導師色身康泰，不受外道干擾，弘法順利，並帶領大家摧邪顯正，成功復興佛教，以利樂有情眾生都能離苦得樂到達智慧彼岸。

下山回家後大約有十二天都處在神清氣爽，不覺得肚子餓、色身沒有障礙、定力很好而且體力源源不絕的環境中；前五天的時間裡，一直聽到唱誦阿彌陀佛的聲音，使我回想起兩個夢境。第一次禪三前，夢見我在九樓講堂向導師頂禮，導師站在 韋陀菩薩像前面，身著一身淺藍色唐裝，和藹可親笑容滿面；和第一次禪三 導師爲我在殿前迴廊開示的情景一模一樣。這回禪三前，夢見好大一尊坐姿佛在我面前微笑，導師穿著海青搭縵衣，在 佛後方；我胡跪叉手流著眼淚，抬頭仰望著 佛和 導師，肯定的對著 佛和 導師說：「如來藏就是祂，我確定。」眞的就是在淚流滿面的狀況下醒過來。下山後才回想起這個夢境，才知道這尊 佛就是禪三道場的那尊 釋迦牟尼佛；導師在小參室時的莊嚴相就是夢境中的樣子。我思惟自己這樣的參究過程是幸運的，參加第二、三次的禪三，是 佛、菩薩給機會，促使自己反省修正學習態度，努力閱讀增長知見加強定力去除妄念，同時一併修正自己急躁與卑慢習氣，今日才能得蒙 釋尊和 導師神力護佑慈悲攝受印證明心。

再次感恩 世尊及諸佛菩薩慈悲垂憫加被神力護佑，感恩 導師慈悲垂憫加被神力攝受。禮謝 世尊、十方諸佛菩薩，頂禮三拜！禮謝 導師，頂禮三拜！證悟破參後再看正覺的電視弘法「宗通與說通」節目，特別親切；恭讀《楞伽經詳解》速度比昔日快些，漸漸清楚《詳解》的法義內涵，能貫通法義，感得智慧增長。願以此「明心見道報告」供養本師 釋迦牟尼佛、阿彌陀佛、當來下生 彌勒尊佛、大慈大悲 觀世音菩薩、大勢至菩薩、護法 韋陀尊天菩薩摩訶薩、平實菩薩摩訶薩、師母菩薩摩訶薩、正鈞菩薩、承化菩薩、監香老師及護三諸菩薩、正覺教團諸菩薩！並迴向正法永住，一切有情眾生離苦得樂邁向菩提路！

弟子 段灣妹 頂禮恭呈

公元二〇一二年五月十五日

# 見道報告

簡燕惠

一心頂禮本師 釋迦牟尼佛
一心頂禮 諸佛菩薩以及護法龍天
一心頂禮 克勤圜悟菩薩摩訶薩
一心頂禮導師 平實菩薩摩訶薩
一心頂禮親教師 正旭菩薩摩訶薩

感謝 佛、菩薩慈悲撥轉因緣加持，感謝 導師慈悲施設這麼殊勝的無相念佛法門，感謝親教師楊老師悉心教導佛學正知正見，感恩這一路走來的增上緣以及逆增上緣。從禪三回來到現在，心裡充滿著無限的感恩，想想眼淚就不自覺的掉下來，好像關不住的水龍頭，不能自已。想我根器不好又性障深重，習氣煩惱一大堆，竟也能親證生命實相，這一切都是承蒙 佛、菩薩以及 導師的恩典。

小時候家裡給我的觀念，就是好好用功讀書，平平安安的就是福；一直到高二那年，因為爸爸出車禍，一切都改變了。我變得叛逆，對什麼事都不在意；後來被大姊訓了一頓，才應付性的繼續升學，然後媒妁之言而結婚。從小到大沒吃過苦，結婚後整個又不一樣了，才知道什麼是苦；後來就喜歡往廟裡跑，廟裡師父教我誦經，說這樣心容易清淨，就這樣自己在家誦經，很快的過了十幾年。

於一九九七年，起念想要探究經典眞實義，當時還在四育國中任職，經由學生家長介紹進入一貫道學習。一貫道提倡「行菩薩道」，又說可「明心見性」，心生歡喜。因此，在這期間很快的投入各種義工行列，努力護持修學，(自認為在修學佛法「學佛」)，因為沒有知見不疑有它，但是覺得？？？可是又說不上來，就這樣一晃過了十年。

在一次出勤當義工的時候，當時有位「講師」在談論明心見性，在一旁的我靜靜的聽他說了半天，也不見他說出個所以然來。當晚回家路上，我邊開車邊想，愈想愈不對：我來一貫道這麼多年了，也沒聽說有誰『明心見性』？當時的我才警覺到：那我在此學的是什麼？思量了很久，不禁兩行熱淚爬滿雙頰；回到家，直奔四樓佛堂，跪在佛菩薩前，邊哭邊懺悔，懺悔罪業深重；但人身難得，不想白忙一場；然後手捧《金剛經》，懇求佛菩薩慈悲加持我，有生之年能明瞭此經眞實義。從那時起每天祈求佛菩薩加持撥轉因緣，助弟子我能得遇善知識。

大概過了差不多快一個月，可能是因緣到了，在一個機會好友張師姊拿了《無相念佛》、《明心與初地》介紹我看。回家後很快的翻開來閱讀，驚喜萬分，赫然發現此爲「明心見性」的法門，覺得不可思議，一心想親見 導師。輾轉的拜託楊師姊帶我至臺北講堂聽經（楊師姊與我當天請假坐統聯北上），到達講堂時間還早，向 佛、菩薩頂禮後，選了最前面位置坐下來；環顧四周清淨莊嚴，雖然陸陸續續的來了很多人，但大家都各自用功不攀緣，迥異於我以前所接觸的道場，溫馨自在。

當天講的是《金剛經宗通》，導師講解深入淺出，清晰明瞭，對我而言都是前所未聞，似懂非懂；只覺得 導師很厲害，直覺 導師智慧如海，深不可測，令弟子我震撼無比，不知怎的心一陣酸楚，眼淚竟不聽使喚的直流；心想下回一定還要再來，這麼殊勝的法絕不能錯過。

前後北上來回約兩個多月，每次都滿心歡喜的回來；因緣時節、又當時還有些葛藤，直至二〇〇八年七月四日在楊老師週五禪淨班安住學習；週五上課及週二晚上聽經，成爲我最期待的時刻。在楊老師座下二年半期間，常常都是等開門的那一個(因爲從學校四點多就出發至講堂)，弟子非常感謝楊老師不辭辛苦，北部、中部來回奔波；而且慈悲親切又不失威嚴的悉心教導我們，讓我對佛法的正知正見也隨之增長。在拜佛方面，弟子規定自己每天必須拜佛四至五個小時，一直到禪三前每天都是五、六小時以上。雖然在行住坐臥中的串習力並不好，但這樣一路鍛鍊下來，功夫也稍微有點成就。

很幸運的接到禪三錄取通知單，弟子眞是感激涕零，當即至 佛前虔誠頂禮，熱淚盈眶的感謝 佛菩薩及 導師慈悲給予機會。

在第一次禪三小參時，主三和尚告訴我：「不要再哭了。」聽完後眼淚隨即飆了出來，主三和尚接著說：「不要一次就想要過關。」當時的我愣在那裡，還沒回應過來，主三和尚接著又說：「多來二次可以和善知識多結善緣。」弟子回答：「好！」心裡卻想著自己定力、慧力不好是事實，但好不容易上了禪三來，不拼的話，太對不起佛菩薩，對不起老師。

第一次禪三回來，剛好楊老師在臺中開始開課教進階班，便繼續在楊老師的進階班上課；一心只想當個聽話的學生，對於老師所叮嚀、交代事項，都盡全力的去完成。老師更是常常提醒我們：要累積福德。譬喻：「**福德是水，智慧是船，水漲船高。**」尤其老師常以自身經歷演說，極至老婆心切，只為了讓我們更具信心，發大悲心行菩薩道；除此之外，老師為了維護講堂制度，更要求我們謹守講堂規定。老師的悲心，為正法精進勇猛的心，常令弟子讚歎、心生效法，警惕自己要更精進。

第二次禪三，想不到又錄取了，主三和尚慈悲，將弟子叫到殿外迴廊，告訴弟子：如來藏是○○○，○○○○○，以此類推。當時弟子只能傻傻的聽；雖然聽得懂，一時之間卻不知如何深入整理。監香老師對弟子十分照顧，不斷的提示引導。最後因為時間的關係，監香老師要求弟子回來後，好好思惟整理：○○○如來藏○○○○？主三和尚更是慈悲告訴弟子：下次報名禪三，會錄取我。感恩之心，眞是難以言喻。雖然如此，回來後還是拼命的作義工，舉凡講堂任何事情永遠都是擺第一，而且認眞參與。

第三次禪三又幸運錄取，一念無明起了「自以為是」的心，心想此次應該有機會過關。竟不知自己已犯下最不該犯的過錯「慢心」，輪到我一進小參室，主三和尚問我：「**如來藏是什麼？**」腦袋好像打結，竟一句也答不上來；更糟的是腦筋一片空白，完全不知所云。直到解三，主三和尚在結三囑咐提醒未悟者，當思未悟之因，發現幾乎每一項都是弟子所犯之過失，眞是慚愧萬分。

對這次沒有破參，心裡之難過當然不在話下（此時淚水已流滿面，是慚愧的淚水、感恩的淚水）。能參加禪三，在這麼殊勝的菩薩道場，結了這麼多的善緣，又得到這麼多寶貴的經驗，打從心底感謝　導師，弟子在此向您至誠頂禮。

回到家，同修問我：「**如何？**」不問還好，聽他這麼一問，弟子回答：「**沒過！**」隨即放聲嚎啕大哭，就在同修面前一一列舉了自己所犯的無數罪過。同修安慰：「**好好懺悔消除性障，再接再厲繼續努力就好。**」隔日一大早起來，就在　佛前，將自己從小到大所犯罪過至心懺悔，懺到內心深處，淚水不斷的湧出，也不知過了多久才趕緊更衣上班。

自此每天不斷的懺悔，又重新開始禮《八十八佛洪名寶懺》，求佛菩薩加持、至誠發願，迴向冤親債主解冤釋結，早生善處，早日出離生死，將來大家都是好同參道友，一起護持正法。遵照 導師指示，檢查自己未能明心，所欠缺的地方加以修正；性障尤其深重，告誡自己多留意自己的心行，是否有慢心？是否至誠心懇切？努力作義工是否盡心盡力？一而再的檢查自己，無論如何要消除不良習性。

很快的禪三又要報名，心裡有所猶豫，沒想報名，楊老師問弟子報名表拿了沒？弟子搖頭答：「沒有。」老師說：「來！來！過來拿。」不知如何回應！跟老師頂禮恭敬的拿了報名表，家裡同修見弟子領了報名表放置書桌，就嘆氣說：「不寫，拿報名表作什麼？」（當時心想送回去還老師，然後再向老師稟告。）

「天有不測風雲，人有旦夕之禍」，事隔一星期，家裡同修在回家路上發生車禍，連走路也會被撞送急診；醫生檢查結果腦部須開刀，若不動刀，很快走人（其實當時自己心裡很清楚，這個能知、能覺、能領納六塵的意識心及處處作主的意根○○○○），因頭部撞擊受損那麼嚴重。但心想好不容易有正法可修學怎可放棄，心仍抱持著期望能有奇蹟出現，在加護病房探望時，重複對著師兄喊話：「師兄加油！你要回講堂上課，你是好學生，不曾缺課，楊老師在等！你要好起來，我們一起去上課（當時放年假期間，停課中）。」跟兩個孩子每天所能作的就是不斷的誦經迴向，最後師兄還是沒醒過來，醫生宣判不治。心整個揪著，好痛：好痛：心痛師兄爲何法緣如此淺（眼淚又不自覺的淌了下來），然後告訴自己「人生無常」，一切都有其因緣，如何作功德送師兄最後一程才是緊要之務。

同修們來助唸以後，與孩子們還是持續唸佛號一天一夜，然後不斷的繼續誦經迴向；過年當天和兩個小孩回講堂參加《金剛經》法會，國曆二月三日火化，一切處理結束。很快的又投入各項義工，滿腦子只想作義工（只要有得作，無論作什麼都很感恩）。二月十九日到鹿港（全國花燈展），推廣組派了很多小隊出勤，擺書市及發破密文宣，分布各個點。回家已晚上八點多，在車上同班廖師兄問我報名表交了沒？我回答：沒有。明天是最後一天交報名表，我連寫都還沒寫，照片也沒照；我想還是算了，一切由 佛、菩薩安排。廖師兄告訴我：「拿了就應該寫，怎麼可以不報？報了，才由佛菩薩安排。」

回家後思惟了一下，馬上至照相館照相，接著用最恭敬最至誠心將報名表書寫完成，星期一上課時，恭敬的呈上報名表。

感謝 佛、菩薩的加持與龍天護法的協助，以及 導師的慈悲，這次禪三榮任請師代表行列；當維那敲了大磬準備迎請 主三和尚，弟子我早已淚流滿面，感恩之心無法言喻。下午蒙山施食，主三和尚指示：要大家作意：願將此禪三殊勝功德迴向給冤親債主，解冤釋結，請不要遮障，禪三能夠圓滿順利。

第二天小參，見到 主三和尚，內心已不再像以前那麼緊張，而是覺得很親切、很親近。主三和尚問：「如來藏是什麼？○○○○○○？」弟子回答：「第八識，○○○○○○○。」又問為什麼○○○○○○？我說：「○○○○○，是由○○○○○○，如來藏○○○○○○，○○○○○。」主三和尚又問：「那妳的如來藏○○○○○○嗎？」我說：「不行，眾生各自有各自的如來藏。」主三和尚接著說：「譬如○○○○○，○○○○○，○○○○○○○○。」說明為什麼「終日吃飯未曾吃到一粒米」、「他吃麵，我喊燙」，……。接著 主三和尚又問：「○○的時候，如來藏○○○○？好好的去思惟整理。」然後又補了一句說：「看這次能不能喝水？」

頂禮以後，回到自己座位，趕緊去禮 佛，求 佛菩薩、求護法韋陀菩薩、克勤圜悟菩薩加持。第二次小參，監香老師問：「○○○○○○○○？」弟子答：「如來藏○○○○○，……。」監香老師又問：「妳說，當○○的時候，如來藏○○○○？」因為思惟觀察過，即答說：「……等。」監香老師補充說明……，然後又繼續問：「阿賴耶識○○○○○○○？」然後提示說：從「……」去思考。

再度虔誠的禮佛求佛，回到座位冷靜思考，主三和尚慈悲過來關懷問：「通過了？」我搖頭答：「沒有！還有一題○○○○○○○○○？」主三和尚慈悲作了譬喻：「○○○○，……。」由衷感謝 主三和尚！接下來小參就較順利了。

接著 主三和尚出了一道筆試題目：如來藏○○○○○○？並提示了方向，要我好好整理，目的是為穩固自己所悟，同時增強智慧為人方便解說。過了沒多久，主三和尚召集我們幾位進小參室，讓我們從不同角度輪流作答，主三和尚針對問題加以補充說明。

然後再給我們一個假設性的問題：「若○○○○○○，……？」且提示我們由○○、○○、○○、○○的方向來談，並說經過此問題之後可保證我們不退轉，讓我們思惟整理四十分鐘後，再輪流回答……。

接著 主三和尚指示，在喝茶中體驗○○○○○○○○○○○○○○○○？一開始隱約體會不多，經過 主三和尚點穴神功刷刷刷幾下，清楚的點出關鍵所在；加上後來小參室中 導師對喝水的法更深細的解說，才明白眞心的勝妙偉大，妄心的了別功能是如此伶俐，感恩 主三和尚慈悲教導。

通過了這個題目後，主三和尚說：到此階段爲我們蓋金剛印。但是還有體驗的題目，主三和尚特地強調妄心在這當中也很忙碌，作了很多事，所以不要對妄心的自我妄自菲薄。另一題是一輩子的功課，一直到佛地，成佛時由我們自己驗收……。

主三和尚叮嚀我們要飲水思源，感恩戴德，應到 佛前禮謝稟報，禮謝 護法韋陀尊天菩薩摩訶薩護念我們，讓我們沒受冤親債主遮障，及將來成佛別忘了我們；禮謝 克勤圜悟菩薩當初收了 主三和尚這個傻弟子，願意留下來弘揚正法，我們一一禮謝稟報。

接下來到外面○○○、○○○○走路，體會○○○○○○○的重要及個中差異?現觀了六識中的一識若無法運作時,如來藏依然能配合其餘諸識的運作、互相協調,完全配合恆緣任運。最後 主三和尚要我們閉上眼睛,等待他拿出不為人知之珍藏至寶,讓我們睜開眼睛看一眼,眞是太讚歎主三和尚之睿智,用此一目了然之方便,來為我們說明妄心也是非常敏捷有用;要我們瞭解成就佛菩提道,都是需要妄心的配合,所以勿因體驗到如來藏的功德就滅了妄心自己之威風。

解三時,導師再次囑咐:禪是向上一路,自古千聖皆不明傳,只為難信故。已悟者,當善護密意,洩露密意者則是虧損如來之罪故。莫自滿,莫輕他,更莫輕師。悟是修行之始,仍有重關、差別智、牢關、道種智應證,故莫生慢而障悟後起修之道。

回首這一路走來,除了感恩還是感恩。感恩佛菩薩的慈悲加被護佑,讓我得遇大善知識,修學正法。感恩 導師的再造之恩!如果不是 導師的引領,弟子又怎能親證生命的實相(感謝師父)。感恩楊老師多年來的諄諄教導,說不盡的感恩,難以言表。祈願生生世世都能追隨 導師修學正法,摧邪顯正,一起為正法而奮戰。盡未來際世世常行菩薩道,荷擔如來家業,續佛慧命，以師志爲己志，以此聖志爲己志業，永不退轉。願一切有緣眾生都能得度成佛，我才成佛。

最後，願謹此破參明心殊勝功德供養　釋迦世尊、諸佛菩薩、平實導師、楊正旭老師。並迴向

導師色身康泰、長久住世、弘法無礙、早證佛果。

願一切在外流浪的佛子，都能早日依止正法修學，而親證菩提，以護持正法。

願累世的父母、師長、冤親債主，解冤釋結，往生善處、修學正法、早證菩提。

弟子　簡燕惠　頂禮

二〇一二年五月六日

# 明心見道報告

林祝

一心頂禮　本師釋迦牟尼佛
一心頂禮　消災延壽藥師佛
一心頂禮　西方極樂世界阿彌陀佛
一心頂禮　大慈大悲觀世音菩薩
一心頂禮　光明無邊大勢至菩薩
一心頂禮　玄奘菩薩摩訶薩
一心頂禮　克勤圜悟菩薩摩訶薩
一心頂禮　平實菩薩摩訶薩
一心頂禮　師母菩薩摩訶薩
一心頂禮　正圜菩薩摩訶薩
一心頂禮　正旭菩薩摩訶薩

一心頂禮　監香菩薩摩訶薩
一心頂禮　義工菩薩摩訶薩

小時候常聽阿嬤說一些閻羅王及地獄之事，對於地獄受苦之情形，在小小心靈中，留下了一層陰影，揮之不去；當時農村很落後，到了晚上整個大地漆黑一片，加上我家後面有一片竹林，風一吹起，就發出沙沙之聲，影子婆娑搖曳，有如阿飄來人間遊蕩，故到了傍晚太陽下山之後，我就不敢到戶外去。無奈當時農村，煮飯燒開水的燃料就是稻草，把稻草結成一小團一小團，等小孩子放學回家，幫忙拿到廚房灶前，堆積起來備用，當時雖然很害怕，但還是需要幫忙，否則就會挨罵。

天生膽小的我，記得在國小二年級時，有一次上課，因尿急跑出去廁所方便，當我要如廁時，看到糞坑裡面有一個大大黑黑而兩眼又像貓眼睛的眾生直瞪著我，差點嚇破膽！從此以後，就是我的黑暗人生開始，尿急不敢上廁所；幸好當時國小教室不足，一、二年級輪流上課，只要盡量少喝茶水，就能免去上廁所之苦。因有前述之經歷，在孩提時代，很喜歡作白日夢，想一些奇奇怪怪之事，甚至很羨慕鄉間神明能濟世救人；五十年代農村生活艱苦，村莊中若有人生大病，一定會請村中共同信仰的神明到家中治病並祈福，說也神奇，不久病就好了。故我對民間一些信仰並不排斥，只要不迷信，皆可以接受，甚至幻想自己有一天也能跟神明一樣濟世救人，那該多好啊！從小心地就很善良，因家中小康，常常背著父母，把家中的白米拿去濟助一個老婆婆，遇到乞丐也會布施，也許這些緣故，爲日後邁向正覺的遠因。

記得曾在初中時代看過《觀世音傳》、《釋迦傳》電影片，對於 佛世尊及 觀音菩薩，能捨棄王子、公主身分及世間榮華富貴，追求出世間法，最後成佛、成菩薩而利度眾生的行誼，留下深刻印象，經常在腦海中迴盪著：我雖只是滄海中一個小小人物，云何不能效法？故有時也會興起出家念頭，突破世俗的一些觀念，遁入空門。有時路過夜總會(墳墓區)，也會有無限的感傷！《七眞傳》裡有一首詩形容人出生到老的過程，寫得很貼切：「天也空，地也空，人生渺渺在其中；日也空，月也空，東升西墮爲誰功。田也空，地也空，換了多少主人翁。金也空，銀也空，死後何曾在手中。妻也空，子也空，黃泉路上不相逢。朝走西，暮走東，人生猶如採花蜂，採得百花成蜜後，到頭辛苦一場空。」難道這就是每個眾生的一生寫照嗎？難道沒有一條了生脫死之路可以走嗎？

這些疑惑，直到高職畢業，大學聯考落榜後，由於個性倔強，不想靠人際關係謀取一份工作，就去洋裁店學一技之長，認識了一些同儕，其中就有一貫道的信徒，說起一貫道的殊勝：「**得三寶，地府抽丁，天堂掛號，可以超生了死，永脫六道輪迴**。」將來可以升天堂，在世可以逢凶化吉，晚上走暗路也有仙佛保佑，不怕魔鬼。啊！這不是我要尋找的路嗎？當時真的很興奮，眞有踏破鐵鞋無覓處，得來全不費功夫的感覺，就跟那個朋友去求道，成了一貫道的信徒，並且也很虔誠。不久家母得了重病，入院救治，我就去一貫道佛堂求仙佛慈悲，希望母親身體早日康復，只要母親能康復，我一定會好好在道場修行，度化眾生；由此緣故，這三、四十年來始終在一貫道道場修行，不敢隨便接近其他宗教；始終認爲一貫道的法義最殊勝，看到其他佛教徒，認爲他們好可憐哦！還在紅陽道場修行，佛已入滅了，沒有正法了（在此至心求佛慈悲，接受我的懺悔，因以前無知，沒有正知見，故謗佛爲過去佛）。不知天時已轉到白陽期，由 彌勒祖師掌天盤。道中有出了一本書，名爲《皇母訓子十誡》，說凡所有有情都是由她出生，宇宙也是她所創造。那時的我，猶如井底之蛙，只看到一個小天空，不知井外海闊天空，自以爲是，非常的傲慢；認爲萬教未來都要匯歸一貫道教門來修行，且有仙佛的奇蹟顯化，更加深信不疑。

民國九十三（二〇〇四）年七月，因要全心投入一貫道國外開荒道場，提早從公家機關退休。在此關鍵時刻，大概是累世修行正法種子的現起，因緣成熟了，由臺北朋友介紹我閱讀 平實導師的著作《禪—悟前與悟後、心經密意、眞實如來藏、起信論講記》等書籍。當時很震撼，猶如井底之蛙的我，躍出井底，看到一片藍天大海，任我遨遊；接觸到眞正的正法，才知原來一貫道只是人天善法，非究竟之法，由《皇母訓子十誡》的內涵來證知，例如說將來回到老母娘身邊，隨母來隨母去，吃的是仙桃、喝的是瓊漿玉液，由此可印證皇母只是欲界天的境界而已，並無究竟。

然而 世尊入滅以後，還會有乘願再來的菩薩出世，來接續佛的慧命，了知只要持五戒修十善，將來往生後，也能生天；況且眞正的修行是要「開悟明心」、「眼見佛性」，方能進入內門修學六度波羅蜜。以前在一貫道時，很讚歎其他講師，能講《金剛經、六祖壇經》（其實他們只是依文解義而已），然而自己每次讀《六祖壇經》時，都停留在第一品〈行由品〉，對於六祖見五祖時的對答文句如：「汝何方人？欲求何物？」惠能對曰：「弟子是嶺南新州百姓，遠來禮師，惟求作佛，不求餘物。」祖言：「汝是嶺南人，又是獦獠，若爲堪作佛？」惠能曰：「人雖有南北，佛性本無南北；獦獠身與和尚不同，佛性有何差別？」對於這些對答，拍案叫絕。

又神秀寫了一首偈：「身是菩提樹，心如明鏡臺，時時勤拂拭，勿使惹塵埃。」五祖三更喚秀入堂，與之開示：「此偈未見本性，只到門外，未入門。」五祖說：「無上菩提，須得言下識自本心，見自本性不生不滅；於一切時中念念自見，萬法無滯，一眞一切眞，萬境自如如。如如之心，即是眞實。若如是見，即是無上菩提之自性也。」還有六祖悟時言：「何期自性本自清淨！何期自性本不生滅！何期自性本自具足！何期自性本無動搖！何期自性能生萬法！」及五祖言：「不識本心，學法無益。」對這些文句就是莫名其妙的喜歡，但個中的眞實義卻不能了知。直到接觸到 平實導師的佛法著作後，才知道佛法八萬四千法門，法法皆同，都在說如來藏法，而且修行要有一定的次第，漸次往上提升，故對 平實導師所弘揚的如來藏法，非常信受，視爲珍寶。

又於偶然機緣，接到高雄講堂於民國九十五（二〇〇六）年十月二十二日落成安座及 平實導師至高雄講堂弘法「第七意識與第八意識？」的文宣傳單，就與幾位師姊相約，專程遠從西螺趕到高雄，參加講堂安座大典，下午聽 平實導師弘法；眞是太榮幸了，能恭逢其盛，這是我平生第一次踏入佛教正覺同修會講堂。在安座過程中，肅穆莊嚴，經法師誦經安座完後，唱誦懺悔文：「**往昔所造諸惡業，皆由無始貪瞋癡，從身語意之所生，一切我今皆懺悔。**」當時我悲從中來，痛苦流涕懺悔，問自己往昔造何業？云何 世尊在世弘法時，我無緣遇生，又生死輪迴二千多年後的今天，已是末法時期，我才遇到乘願再來的地上菩薩，在世弘揚 世尊正法度眾生，我還要錯失這個良機嗎？尤其，在下午恭聽 導師講「**第七意識與第八意識？**」時，對正法更加有信心，當下就心得決定，要邁向正覺上課；就與兩位師姊報名參加二年半共修課程，（後來陸續增加二位師姊），來到了高雄講堂上課，成了張老師的學生。

在平實導師每週二的《金剛經》宗通與說通，及張老師慈悲攝受之下，道業更精進，正法的威德力實在太不可思議，竟能讓我毅然決定離開三、四十年修行的一貫道，轉換修行跑道，決定安住在正覺修行，且對正法百分百信受；活了一大把年紀，才了知修學正法的首要目標就是證知如來藏，才算是眞正修行人（悟後起修），否則都是在外門修行。

在張老師的教導攝受之下，道苗漸漸成長，無論世、出世間法，皆比在一貫道修行時進步很多；在善知識引領下，學會無相憶佛功夫，此法非常適合忙碌的現代人，無論在作家事或在走路、搭公車，隨時可憶佛，制心一處，不浪費時間。在觀行五蘊十八界中，了知五蘊、六識心的虛妄性，了知意根的處處作主性，了知如來藏「**恆而不審、離見聞覺知**」的體性，作為未來參禪破參的明心準備；平日對 平實導師著作愛不釋手，每天喝 平實導師的法乳（閱讀平實導師著作），少欲知足，安於寂靜，不覺得寂寞，天天法樂無窮。

而在性障方面：在張老師的調教下，使我的人生變彩色，無論是世出世間法皆獲益良多，尤其張老師的一些至理名言「**一觸即止，煩惱不生**」、「**生命中所有境界都是考題。愼思！愼思！**」使我原本剛強的個性轉化為調柔，遇到逆境也會返觀自己，不怨天不尤人。相信因果，接受境界，就能解脫自在。（以前在一貫道時，沒有正知見，遇到逆境，只會怨天尤人：是別人負我，非我負人。現在了知所有的一切皆是自己往昔所造之業，如來藏只是遇緣如實執行因果律。）很慶幸自己成為正覺人，正覺同修會好比是一座金礦，只要對正法信受，天天有法樂可以享受；而且只要你願意付出，隨時都可以累積福德資糧，人在家中坐，就可以修福德（參加編譯義工校對佛經），且與佛菩薩天天見面；有時候心中有些疑惑，佛也會藉你校對經文中的內容，幫你解惑。而藉著校對經文，讓我了知 佛世尊累世修行點點滴滴，遇到有因緣的阿公阿婆就為他們說 佛的小故事，請他們要唸「阿彌陀佛」，將來可以往生西方淨土。

時間過得眞快，兩年半轉眼間就過去了，禪淨班結束時，報名了第一次禪三，很幸運被 導師錄取。第一次上禪三道場，既興奮又緊張，尤其第一輪與 導師面對面小參時，導師很慈悲問：「有沒有入處？說說看！」我就○○○，說○○○○。導師又問：「○○是什麼？」我說：「○。」「如來藏是什麼？」我說：「○○○○○。」「那，○○是什麼？」我當時愣住一下，說：「也是○○○○，○○○○○非一非異。」導師說：「不直接，不親切，眞妄不分，般若智慧無法發起，回去拜佛再參究參究整理，有消息與監香老師小參。」就這樣三天又過去了，我還是眞妄不分，參不出來。

第一次禪三折翼而歸，轉到臺中週一進階班，受楊老師的慈悲攝受。楊老師常告訴我們：「這一世有悟、沒悟不重要，重要是要把性障修除，福德資糧要累積；只要次法能圓滿，不怕沒有悟的因緣。縱使這一世沒有因緣悟，未來世也一定會悟；且這一世把性障修除減少，未來世修行就輕鬆了，不差這一世沒悟。」對楊老師的這些話，我都永記在心。在進階班時，也連續二次被錄取禪三，但每次都死在眞妄不分，再折翼而歸；回家後在佛前痛苦流涕懺悔，也很認眞累積福德資糧，而在行、住、坐、臥中努力參究體驗。

憶起在禪三，導師在過堂時，吃水果、結齋要回禪堂時，導師說「照顧腳下」，也都知道 導師的用意及所示現的機峰；晚上 導師普說禪門公案也都聽懂，云何這個不是呢？是眞妄不分呢？爲什麼說○○○○○○○○○不直接、不親切呢？百思不解。在經行時，如來藏也○○○○○，○○○○○○，○○○○，○○○○○而運作呀！後來連續二次報名禪三，都沒被錄取，跟楊老師小參時，楊老師很關心我，怕我退轉。說老實話，說沒有失落感，那是騙人的，多多少少都會；但我自己轉念也很快，幾天以後失落感就消失殆盡。因 導師連續二次沒錄取我一定有其緣由，因我開悟的因緣還未成熟吧！再延一年吧！等緣成熟再來會比較好。

本來去年十月的禪三，我想讓自己休息一下，再重新出發（因那時門牙植牙尚未完成，出門很不方便），但經過幾天思惟以後——如果被一個小小的牙齒不方便就打垮了，將來如何荷擔如來家業呢？故又向楊老師拿取報名表報名了；結果皇天不負苦心人，終於被 導師錄取了。這一回上禪三，導師說有比上一次進步了，但還是功敗垂成，只過了三題。

這一次又被錄取，在禪三的第三天，在 導師慈悲下，出手幫忙，回到禪堂整理，終於眞妄分清楚了，○○○○○○○，○○○○○○。牛奶與清水分得一清二楚了，趕快登記小參，終於通過監香老師考問；又丟出一個題目：○○○○○○○○○○○○○○○？（因那時已快要晚餐了）回去整理，再登記小參。

第四天早上，經行完畢後，回到禪堂，輪到我小參，終於通過監香老師所問的一些問題；當監香老師簽紅單時，我心中感動莫名，很謝謝監香老師。出了小參室，直奔 佛前，當下眼淚直流，跪下禮佛，感謝 佛恩：「**佛弟子林祝決不會違背我所發的宏願，此生一定要作導師的左右手，盡一己之力幫助導師復興佛教，並把密宗趕出佛門。**」在表面上好像我們在幫助 導師，其實是在利益自己，如果把密宗趕出佛門，盡未來際自己乘願再來時，就不會被密宗及外道誤導，馬上就可以遇到善知識，又開始修學了義正法，一世一世邁向成佛之路。

禮佛完畢，回座位不久，由護三菩薩引領我進去向 主三和尚小參。向主三和尚頂禮以後，主三和尚很慈悲的問了一些基本佛法的知見後，並講解涅槃的內涵及第八識、第九識並存的過失；然後出小參室向護三菩薩領了紙、筆，回到了座位把自己所能知道的○○○○○，及○○○○○○○○○，再向 主三和尚報告。主三和尚太慈悲了，我寫得並不好，然而 主三和尚並未刁難我，讓我通過了，並正式宣布我破參了。下午可以喝無生茶了，要仔細體驗○○○○○○○○○○，及交代我去禮謝 佛的恩典及感謝 韋陀菩薩護法，這三天能讓我平安的參禪；以及向 韋陀菩薩攀緣一下，成佛時要度我成爲座下弟子；暨感謝　克勤圜悟菩薩慈悲，成佛時也要度我成爲座下弟子。拜謝主三和尚時，心中百感交集，五味雜陳；此次禪三若不是　導師的幫忙，我何年何月何時才能破參呢？導師！弟子林祝決不會辜負您的拉拔，此生此世鞠躬盡瘁護持正法，以報佛恩；盡未來際生生世世成爲　導師的好弟子，荷擔如來家業。

下午喝無生茶時，經主三和尚指點，用一支金剛尺（我自創的）在我的手指頭關節、手臂、後面頸部的關節、腰部的地方指點，叫我……………；說實在的，在體驗的過程中，雖然都知道是如來藏的妙功德性及八識心王的和合在運作，但如果沒有　導師在小參室的解說，我只能了知一切萬法都是從如來藏中出生，不知道每一個○○○○，皆是如來藏○○○○○○來運作而成就的，是○○○○○。

導師又說：「**妄心厲害不厲害？厲害呀！祂一見色塵馬上分別完成，眞厲害呀！**」然後　導師再說了很多法，例如……………，才能運作自如。好比一輛新車，剛買來時也要經過試車階段，然後才能操作自如一樣。最後……………。然後再回到小參室與　導師報告體驗的經過。最後　導師拿出一個寶貝要送我們，導師……………。因解三時間已到了，就結束整個參究整理課程，跟 導師禮拜後回到禪堂。解三時由 導師主持並叮嚀一些話後，四天三夜的禪三就此結束，騎牛下山，帶著感恩與豐收的心情回家。

回家後，在行、住、坐、臥中，時時刻刻的體驗如來藏的妙功德性，並轉依於祂，眞的比以前眞妄不分時不一樣了，般若智慧已經悄悄在發芽了。最後感謝 佛恩，感謝 導師的諄諄教導，感謝師母在背後當金剛大護法（照顧導師），感謝監香老師，感謝我的張、楊二位親教師，感謝護三菩薩，感謝正覺同修會所有義工菩薩；因您們的付出，才有今天的我能成就道業明心，此生此世一定好好的護持正法，讓正法久住，幫助 導師復興佛教，把密宗趕出佛門；願我盡未來際生生世世都是 導師的好弟子，與正覺菩薩一起來荷擔如來家業。在此允許我輕輕呼喚一聲 導師爸爸、師母媽媽，我一定要當好兒子，復興佛法大業。

阿彌陀佛

弟子　林祝謹述

二〇一二年五月十五日

# 見道報告

弟子　李春毅敬呈

導師

## 楔子

在距　世尊二千五百多年後的末法時代今天，誰知此生可以有機會破參明心？遙望祖師大德，歷來找到自己本來面目者幾希！望著那不知所云的祖師公案，不知嘆氣過多少回；閱過現代諸方大師解釋公案，更是唏噓！而人人朗朗上口的《心經》：「是故空中無色，無受想行識，無眼耳鼻舌身意，無色聲香味觸法，無眼界乃至無意識界……。」如果這不是斷滅空，那又是甚麼有字天書啊？然而，佛菩薩的慈悲安排，不捨眾生的　導師再度出世弘揚正法，居然讓弟子可以親證什麼是眞正的「此經」，讓弟子可以一窺無餘涅槃的本際，更印證　世尊三乘經典所云不假，完全如實！如果沒有大善知識出世，則正法幾乎泯滅；而愚癡如我者，又豈能找到諸方大師皆遍尋不著因而否定的自心如來呢？

　而說到公案上的文字，每個字誰都懂，但是合起來以後，只能說意境很高，高到無法想像，因爲根本不知在說什麼，甚至是牛頭不對馬嘴。不過有些公案，倒也可以依文解義一番，好像也還說得通；只是說得通的，都是世俗法，從來與第一義扯不上邊，這就是現代諸方大師解釋公案的模樣。只如今，明心了，佛法大意、祖師西來意、曹源一滴水等等，從此不再是虛無縹緲，一切都是那麼的平實，般若諸經可以不用再猜、猜、猜，不用再想像；成佛之道，導師已爲我們鋪陳，在正覺，所有外面道場認爲不可能實證的中觀般若，在這裡都能實證！

## 壹、學佛因緣及過程

　記得大約在五專二年級時，有一位林同學，大概認爲弟子屬於和善之人，便向弟子介紹生命的一些概況，比如死亡啦！人生的無常，何時要離開人世間，根本就不一定，並要把握住生命，而這個可以改變命運的方法，那就是求道——也就是去一貫道佛堂求道。求道以後就可以天堂掛號、地府除名，九玄七祖齊超生，眞是好事全佔盡了。

那弟子也想說，既然是拜佛求道，當然好啊！也就沒有拒絕。於是某天就去他們道壇求道。他們人其實也滿和善的，不過那時因爲還屬戒嚴時期，所以還是有點神祕，得要認識的人帶領才能進入道壇。

整個過程記得還要發誓哩，什麼匿道不現、欺師滅祖、五雷轟頂之類的；但是當時心裡的直覺是不太管這些，覺得那些與弟子沒什麼干係，所以唸過便了。甚至後來要離開一貫道，也不會有任何壓力，更何況離開之後，也沒發生甚災厄，更可以順利找到正法。他們也講三寶，但是跟佛教三寶完全不同；但是當時年紀輕，沒什麼判斷能力！

一貫道說他們的道統，是由伏羲、黃帝、堯、舜、禹、文武、周公等一脈金線，繼傳印度　釋迦牟尼佛，再傳摩訶迦葉、阿難，一貫心法，傳至二十八代達摩祖師時，東方應運，故老水還潮，將道傳回中國；達摩祖師再續傳至六祖惠能，六祖惠能以後，道降火宅，平民百姓皆可求道，轉以儒家在家修行方式。那現在道降火宅，佛教的出家人已經沒有道了，只有他們才有道，所以要得道、得要求他們，也有說佛教的某出家人來求道。因爲當時眞的沒有能力辨別他們的說法，所以就姑妄聽之！

於是一方面在道場聽道，另一方面卻又想找一些資料來看。沒多久，知道有一本書叫作《我如何脫離一貫道》，弟子便去找來看，覺得書中所寫的，還蠻有道理的！但那時可能佛緣尚未成熟，也並不會立即想要去佛教道場歸依三寶。因爲一貫道說五教合一，所以他們也講佛教經典，但只聽過他們講《六祖壇經》，當然是把他們那一套理論套入；但聽起來始終怪怪的，總覺得是隔靴搔癢無處抓。也講《聖經》的特定章節，但是回教的《可蘭經》就沒聽說過！又佛教不生不滅的教義，根本與一神教之上帝造人不同，他們居然可以湊在一塊，還言之鑿鑿，只能騙一些沒有佛法正知見的信眾。又說無極老母生了眾生的原靈，那無極老母自己的原靈又是誰生？眾生的原靈若眞由無極老母所生，則有生必有滅，因緣到時終將壞滅，修道何用？成佛何用？

他們說：「**傳了道給你，你要去度人。**」但是到底傳了什麼「道」？他們始終弄不清楚，只是在理論上講一大堆，然後就修身養性，存好心、作好事、說好話，改毛病、去習氣之類的；或是什麼意守玄關竅啦！靜心啦！這樣就算是修「道」了！可是「道」在哪裡？！倒眞是有點像老鼠會！買空賣空嘛！引保師也是，還保證「道眞、理眞、天命眞」！唉！從無所知之物，如何證明眞僞呢？

後來弟子還被要求去參加講員班的課程，要參加還得通過考試，就是上臺去講對道的體驗等等，也不是每個人都錄取。上完半年課程後，通過考試大概就可以當講員吧！不過有一個要求，就是上講員班要吃素，所以弟子也就從那時開始吃素了！這也算是好事啦！

在一貫道打混的日子裡，雖然「得道」了，但實在對「道」摸不著頭緒，根本虛無縹緲；就算是仙佛臨壇，批了一大堆訓文，也說不出個所以然，完全言不及義！盡在世間法、因果業報上打轉。所以講員班上完，期末的考試也是要上臺去講，弟子根本就不想去！後來弟子只好自己看《金剛經》及其他法師的註解，也學著持誦〈大悲咒〉，就這樣與一貫道漸行漸遠。

因爲佛教中普遍流行持名唸佛，一味求生西方極樂淨土；弟子覺得佛法不應該只是消極地求生西方，不然　佛辛苦講三乘經典作甚？而許多標榜禪宗的道場，也都在唸佛，實在快讓弟子受不了了！後來經過公司同事介紹，接觸到西藏密宗寧瑪巴學會，因爲先前曾看過《密勒日巴傳》，爲其求法精神而深受感動，便以為藏密的法眞的很殊勝；而會中，也有臺大佛學社團的高材生，有牙醫、外交官、歷史學者也來修學，他們也都說密法可以實修，不像顯教的法，很虛無，頂多就是念佛而已。後來還有美國宣化上人座下的比丘尼也來修學，一時間還覺得藏密的法好像蠻殊勝的。

藏密的法哪裡殊勝？不過就是搞一些噱頭：觀想啦！大禮拜啦！破瓦法（也就遷識法）啦！觀想將自己的意識與 阿彌陀佛合一，然後又回到自己身上，那豈不是自己也變成 阿彌陀佛、阿彌陀佛又變成自己？還是 阿彌陀佛與自己合而為一？這豈不違反《心經》所說「不增不減」？還有一些莫名其妙的灌頂，名堂很多，也有說一些感應或是多殊勝之類的話，不過依舊是言不及義！只能欺騙一些對佛法無正知見的民眾。還有大圓滿前行，講的盡是表相聲聞法；然後就是發菩提心了，而菩提心眞正的內涵是啥，也都言不及義。

他們處處說慈悲，卻都一直在吃眾生肉。每次弟子與我同修去，那些喇嘛都會問我們還在吃素嗎？好像不吃素才是不執著，他們自己卻說肉最好吃哩！還有一位學員本來是吃素的，因為信奉藏密，依上師所言，於是便放棄吃素！他說在佛經裡，都找不到吃素的依據。（哪裡是這樣的，《楞伽經、梵網經》都有說不吃眾生肉啊！）害弟子信以為眞。還好佛菩薩加持，弟子與同修都未放棄素食。

那時曾作過這樣的夢境：仁波切與喇嘛們在修法，弟子拉著我同修往樓上跑，一直跑到屋頂。那時根本不知夢境之意，只是隱約瞭解將來我們應該會脫離藏密。後來因我同修色身欠佳，所以也漸漸遠離了！一方面對於外面是否還有弘揚正法的道場感到存疑，但又沒有因緣可遇上，於是只好在家看一些佛經；尤其看到《楞嚴經》中的四種清淨明誨，眞的是有點震撼！原來就是在預記密宗啊！難怪他們從來不提《楞嚴經》；經中還說到許多邪師，根本就是現代密宗的亂象啊！佛早就預言了嘛！另一方面，若有機緣見到擺放結緣書的地方，便尋覓一番，看看有無不錯的法可學，或是大善知識可親近。

**貳、正覺共修因緣**

約民國九十二（二〇〇三）年初某日，末學陪我同修回診，於中國醫藥急診室旁之一家素食館外面，放結緣書的地方，看到一本小冊子《生命實相之辨正》；在候診室便趁機翻閱，覺得內容很勝妙，跟以前所聽聞之法皆不相同，於是拿給同修看，想說同修智慧比我好，應該也會認同。豈知我同修居然把它丟到回收桶，並說：「都在罵人。」弟子將它撿回，說這書裡面有寶啊！而且弟子認爲，如果那些法師說法錯誤，當然是該被檢點，才不會繼續誤導眾生！那就更要好好看看那些法師錯在哪裡，就算是批評也要批得有道理；我同修也就接受弟子的看法，重新看過。

後來覺得還是應該來上課才能學更多，我們便商量，弟子先來講堂旁聽、瞭解，如果不錯的話，我同修再一起來上課；所以弟子便找一天晚上到同修會旁聽，剛好是游老師來代課。上得如何早就忘了，反正就是要上；於是就正式上張正圜老師剛開課那班，週六雙週班。只是上了沒幾次，就遇到SARS疫情嚴重而停課。後來雖然復課，但是還是怕會傳染給我同修；她抵抗力很弱，萬一遭感染了可能會沒命，爲了讓她安心，因此也就中斷了課程。

過了一些時日，實在忍不住了，又來正覺問問何時有開新班。九十四年十月，週五楊老師的第一班。上課期間，聆聽楊老師種種教誨，又引經據典，深覺正法才是如此啊！而且很信受，每一個法都與生命息息相關！二年半共修期間，因我同修身體不好，不能坐太久，需要攙扶照料，所以很少在講堂裡面拜佛，大多是遲到、早退。也幾乎沒作過義工，唯一的一次是講堂搬家。我同修的狀況越來越差，上課到後來，三不五時要住院，就常常請假了；最後一、兩個月，幾乎都沒上。因緣眞的不太好！

後來上了進階班，想說上課這麼久，應該爲正法作一點事。於是加入推廣組，不管是發文宣、結緣書或是擺書市，都很有規劃地出勤。弟子的菩薩性也慢慢生起，只要有活動一定會出勤；而且是優先，儘量不讓其他事情來干擾。偶爾也會接到編譯組的工作，但多會持續一段滿長的時間，大多是讀電子經典，再從中作業。看大量的經典當然是一種享受，只是上面若趕進度，就比較辛苦了。就這樣持續地作，雖然色身辛苦，但卻也是一種甘美。

## 參、見道過程與內容

感謝 佛、菩薩與 導師慈悲，讓弟子終於有機會上禪三。之前對祖師堂的印象，完全是從影片中得來，從沒想過第一次踏上祖師堂的土地，會是在這樣的殊勝因緣下。雖然知道這是 導師與諸多菩薩犧牲奉獻的成果，但卻完全沒有心情去好好欣賞這裡的建築與一草一木。

第二天與主三和尚小參，主三和尚慈悲指示，要弟子在○○中或○○中去找，並問弟子發這麼多文宣，有什麼心得？弟子答說「看行人猶如死屍」。回座位後，就繼續拜佛參究，參了一整天沒消息。晚上公案普說，雖然主三和尚老婆，撒土撒沙，破費不少，但是依然不懂。隔天又去找監香老師小參，希望能再獲得方向，但是弟子愚鈍，依舊無著，眞是愧對 佛、菩薩、導師、護三菩薩們。

第二次禪三又蒙 佛、菩薩與 導師慈悲，讓弟子再度錄取。第二天與 主三和尚小參，主三和尚慈悲指示，要弟子於○○中去找如來藏。並說如來藏是很忙的，如果找到了，就把祂承擔下來，去登記小參。

第三天早上經行時，主三和尚慈悲走近每位學員身邊，問說：「○○○是誰？」弟子答說「不是我」（意思是指○○○○○○）。由於中午洗碗後，已不敷時間休息，便去三樓大殿陽臺外泡杯咖啡提提神；正巧主三和尚在那裡，又因咖啡包撕不開，弟子便用牙齒咬開；主三和尚又問說：「○○○是誰？」弟子愚鈍又答說「不是我」。和尚眞是慈悲，無奈弟子愚鈍，又當面錯過。

下午，弟子便在拜佛中找到祂，覺得祂眞的很平實，平凡又實在，與妄心體性完全不同，又符合《維摩詰經》中所說「**不知是菩提，諸入不會故**」、「**知是菩提，了眾生心行故**」，而且不屬境界法。雖然如此，還是覺得祂太過平實，不敢馬上承擔，便把祂放一邊再找其他看看。找來找去，皆無所獲，只好再把祂好好觀察一番，發覺祂完全符合經中所說，看到其他人也有這個，自己全身也都有，便把祂承擔下來，去登記小參。

晚上公案普說時，還眞能懂得公案中的意涵，這哪裡是印順、昭慧法師他們所說的無頭公案！公案中所說的一切，再看看 主三和尚不時出現○○的行徑，已經直示眞心如來藏的所在，實在是老婆到不能再老婆了！雖然瞭解了，但是還不敢笑太大聲。

普說結束後，與監香余老師小參，監香老師要弟子自己證明，證明找到的確實是眞心如來藏，而不是妄心；並要弟子去證明，如果找到的是六識或七識，那會如何？但因時間不足，來不及將其餘題目作完，只好下次再來了！不過總算沒有辜負 佛、菩薩、導師及護三菩薩們的辛勞了！

第三次禪三又蒙 佛菩薩及 導師慈悲錄取。此次行前一個月，弟子便努力精進拜佛，時常觀行；也時常拜八十八佛懺悔業障，希望此次禪三不但能錄取，也希望可以順利過關；時常去禪三勞煩導師、護三菩薩們，也有點過意不去。第一天拜願時唱誦「南無本師釋迦牟尼佛」，就開始哭了！有悲傷、有感恩、有慚愧；每一拜、每一句都哭得唏哩嘩啦！讓護三菩薩忙於遞上面紙。照例，主三和尚再把諸位學員的我見給殺了，免得死不乾淨，春風吹又生！於是再次確認五陰十八界的虛妄性。

第二天與主三和尚小參。主三和尚問：「如來藏是什麼？」弟子答說：「〇〇〇嗎？」主三和尚說：「是啊！」然後弟子就〇〇〇〇〇〇〇樣子。主三和尚說：「那麼把祂說出來。」弟子就說：「如-來-藏。」主三和尚說：「那這兩個不是同一個意思嗎？」弟子說：「是啊！」主三和尚說：「要〇〇〇〇〇〇〇〇。」弟子答說：「五蘊〇〇〇〇〇。」主三和尚說：「不夠直接，要更直接的，要把我當成一般人。」弟子說：「我說不出來。」

主三和尚就說弟子眞妄不分，體驗太少，便要弟子在〇〇或〇〇中去打妄想，比如唱歌、想事情等等，然後再突然〇〇〇，到底〇〇〇〇？說弟子報名表上所寫都對，可以不用再找了！弟子聽完後雖覺得詫異，但沒有任何懷疑。一旁的監香游老師，還說：「不錯了啦！」弟子心裡想：都眞妄不分了，還不錯哩？！別挖苦弟子了！便失望地出了小參室。

回到座位後，便照主三和尚囑咐照作。只是這個時候要打妄想，還眞不容易；想唱歌，唱不了幾句；打妄想，也想不了多少；折騰了半天，眞是難啊！後來如實執行，終於把祂完全切割乾淨，不再有一丁點泥塵。善知識果眞是有善巧方便，法身慧命全操在他手上。晚上普說後便登記小參。

第三天早上沒多久便輪到小參，是監香游老師，游老師是弟子目前進階班一年前的親教師，素以不親切聞名；但是在小參室卻不然，眞是老婆極點。又給了弟子另一道題目：○○○○○○○？弟子想這比較簡單，想要當場回答，游老師說還是下去整理再來吧！弟子只好下去了！之後連續通過了監香老師的幾個問答，下午終於全考完了，只剩主三和尚那一關了！

晚上普說後，與主三和尚小參，又再重複考過，當主三和尚說：「別人吃麵他喊燙，別人工作他喊累。」弟子說：「是啊！」便開始笑了！眞是親切無比！主三和尚又出一道考題，證明阿賴耶識○○○○○，要弟子下去整理，並說要寫多一點，明天上午會通知收卷。

於是隔天弟子就寫了將近二十條，如：佛說阿羅漢入無餘涅槃位，仍有本際存在。因阿賴耶識○○○○○○○○，故縱使經千百劫，所作業不亡，因緣會遇時，果報還自受……等等。九點半左右通知要驗收，於是與其他四位學員一同入小參室報告。輪流報告完以後，主三和尚補充後又出一道考題：…………。這是因應二○○三年退轉那批人，提出阿賴耶識由眞如所生，故○○○○○之狀況而施設之考題。於是便回座位思惟整理。以前從沒注意過這個問題，想想還眞有趣，而且幾乎無法生活，更無法死亡，中陰也是問題一堆，要投胎就更麻煩了！幾乎無法投胎！眞是顚覆傳統，簡直是顚覆法界了！怎麼退轉那批人沒好好想過這種問題呢？

又通知要驗收了，在小參室中與 主三和尚討論的過程，眞是爆笑！沒想到○○○○○○○，會變得如此荒謬，甚至無法運作！也可悲那些二○○三年退轉的前輩們，所享有的一切都是 導師所給予的，自己什麼也無，居然還敢反過來推翻 導師，實在很可憐！然而 導師卻都是歡迎他們懺悔歸來，依舊復職。導師的心量何其寬廣啊！

導師說，出這兩個考題，都是要弟子們自己保證不會退轉，不要自己推翻自己，那眞的是很扯的事；更不要像二〇〇三年退轉的那一批人。這是自己辛辛苦苦耗費多年參出，豈有隨便否定之理？而且完全符合經教論典，要怎麼推翻啊？眞是頭殼壞去！導師一番勉勵後，終於爲弟子們蓋下金剛寶印，並要弟子們去向佛菩薩及祖師謝恩。此時心中除了感恩還是感恩！但也無暇太多想，因下午還得喝水體驗一番。

午齋過後，開始喝水體驗。主三和尚先用竹如意在弟子身上點了一些位置，便依照主三和尚要弟子體驗的三個問題：喝水時〇〇及〇〇分別如何運作？〇〇〇〇如何〇〇運作？於是便開始喝起水來。這可眞的是不簡單哪！平常這簡單的喝水，這時卻是滴水難進，因爲蘊含太多法了，眞是日用而不知啊！看那妄心雖是因緣所生法，但卻也是伶俐得很，絲毫不含糊。

喝水體驗後，主三和尚又爲弟子們驗收，同時也補充不足之處；此時只見弟子們驚訝連連，因爲眞的太深細了！深細到我們無法想像，連對解剖學瞭若指掌的外科醫師、教授都無法了知。除了敬佩之餘，還眞慶幸自己能追隨大善知識修學！

走路體驗前，導師出了一道題，要弟子們去體驗，從……。走路驗收完後，主三和尚說「不要長他人志氣，滅自己威風」，並說「雖然妄心是眞心所生，但是妄心非常伶俐，在見的當下就分別完成」；同時作了個實驗證明，果眞如此。而現代居然還有大師說「了了常知而不分別」，眞是矇人啊！根本是睜眼說瞎話！而且還以證悟者自居，已造下大妄語而不自知，眞是可憫！

《華嚴經》卷四十六云：【善知識者，出興世難，至其所難，得值遇難，得見知難，得親近難，得共住難，得其意難，得隨順難。】故須虔恭合掌一心求。《大乘本生心地觀經》卷三又云：【菩提妙果不難成，眞善知識實難遇。】在在說明善知識何其難遇；善知識若不出世，但憑弟子駑鈍，如何能參明本心？此恩如何能報？唯但盡形壽及未來際弘護正教，救護眾生，將藏密趕出佛教，以祈佛門清淨，正法永住。

南無 本師釋迦牟尼佛

南無 觀世音菩薩

弟子 李春毅 合十

2012.5.11

# 見道報告

—洪麗眞—

一心頂禮　本師釋迦牟尼佛
一心頂禮　大悲觀世音菩薩
一心頂禮　護法韋陀尊天菩薩摩訶薩
一心頂禮　祖師克勤菩薩摩訶薩
一心頂禮　導師平實菩薩摩訶薩
一心頂禮　親教師張正圜菩薩摩訶薩
一心頂禮　監香老師菩薩摩訶薩

## 學佛因緣

弟子生長於淡水大屯山下的農家，家裡是一般民間信仰。讀初中時，常思索人生問題：我這一生要作什麼？難道只是長大、求學、工作、結婚、持家，每個人過程或有不同，但最後總會老死，生命的意義到底是什麼？高中畢業考時，父親因病往生，更加深我對生命的存疑。

進入社會後，一天鄰居師姊邀室友去聽經，我好奇跟著去。我們一起到板橋聽法師開示，當聽到師父說：每人此生際遇不同是前世因、今世果，因果昭昭不爽；我當下覺得佛法內容很浩瀚，一定可以得到對生命存疑的答案，決定要深入佛法；也常參加法會，一直誦經拜懺，但沒有實際在修行。於是到各處尋找修行方法，曾看到清海法師的印心法門，聲稱可以即身成佛，直覺不可能而沒有接觸；後來聽慧律法師的錄音帶，對佛法稍有概念，但覺得無法深入。

爲求正法，幾乎跑遍了全省，年假時到花蓮慈濟作義工，暑假到鳳山佛教蓮社帶兒童作佛七；甚至辭掉工作到新竹獅頭山的萬佛庵，過出家人的生活，以爲在寺廟可以接觸到修行的方法，但聽到法師開示的又是世間法；渴望找一個直接修心的方法，只要能指導我修行，不管出家法師或在家居士都好。

有次隨師姊拜訪一位在家居士，他是景美女中的退休老師，聽他解答問題與其他師父不同，比如對治煩惱是用另一角度看事情，而不是用壓抑的，當時心喜找對老師了。師姊請求這位老師指導我們修行，因爲很多人學佛十幾年了還找不到法門，很辛苦、很可憐；老師在師姊懇求下開始傳法，時爲一九八九年。學了以後才知道是密宗紅教，老師是眼空上師，五峰山屈映光上師的弟子。

## 學密過程與過失

跟隨眼空上師學法十幾年，主要是修四加行：上師相應、金剛薩埵、大禮拜、供曼達；每次加行圓滿單位爲十萬遍，若中斷就重來，對上班族來講很難圓滿。前行法要修氣、脈、明點，最後要收攝入定，雖有一些定境的覺受，但不認同修氣才能有成就，因爲女生和年長者很難修成。

紅教法王或知名仁波切來臺傳法時，也會隨上師去接法：紅教最高的大圓滿、普巴法、綠度母、白度母等等，法本都是藏文音譯，不知其意，如鸚鵡般照著唸，根本無功德受用。

學法期間有人問到雙身法，上師回答：「修行有八萬四千法門，爲什麼要挑這麼困難又危險的方法來修？而且男生身上有女性賀爾蒙，女生身上也有男性賀爾蒙，所以我們不修雙身法門。」

早期來臺喇嘛較少，所以我們常去朝聖，當功德主，曾經身上的財物都拿出來供養還負債（向熟悉的喇嘛借，回臺再匯給他）。回來幾經深思後，不想只當功德主，要當修行人，而上師也發現喇嘛種種的不如法：

來臺舉辦各種消災祈福及灌頂法會，實爲吸金，且如投資般分等級。

有的以在印度、尼泊爾地區蓋廟爲由，要臺灣弟子出資護持。

轉世佛爺的坐床典禮也一定會來臺舉辦，接受大供養。

還有的在兩岸緊張時，聲稱在寺廟裡修法祈求臺海和平，收受信徒供養；若臺海緩和，則說要興建閉關中心。風調雨順，四季平安，就說修法有效；若仍有災難，就說福田植得還不夠，需再作大供養。

上師年紀大了，希望有人繼續傳法，要把共修中心傳給熟悉的仁波切。他問上師：「信徒中有沒有大老闆？」上師答：「沒有。都是上班族、老師、公務人員。」仁波切竟然回絕，不傳法。原來仁波切只爲了要收供養，根本不是利益眾生，更無佛法可言，上師失望之餘對我們說：「不要再學密了！」

## 如何進來正覺

八十幾歲的上師有先天性心臟病，把傳法中心結束；我和幾位師兄姊另租場地繼續共修，上師偶爾會來指導，也一直在幫我們找老師；有次在素食店看到《生命實相之辨正》，提到以定爲禪的現象；上師想瞭解修定的過失（因他一直在教我們修定），就到正覺來聽經，聽了半年才跟我們說：「**我每個禮拜都到承德路聽一位蕭老師講經，聽起來這位蕭老師是有開悟的。**」我想：開悟不都是古代才有，現在還有嗎？

期間陸續有師兄姊來上課（探路），但都沒有明講；後來決定把共修地方退租，整理東西時看到一本《無相念佛》，作者 蕭平實，應該是上師所講的蕭老師吧！很高興的把書帶回家，當時因爲工作忙，沒有馬上看；兩位已來上課的師姊見我沒動靜，才告訴我：「**《無相念佛》很棒，妳一定要看，週二可以來聽經。**」

當天回去馬上把書看完，內心激動不已：這不就是我要找的方法嗎？隔天是週二，放下工作來聽經。導師講的是《維摩詰經》，剛聽時名相都聽不懂；但 導師的譬喻很生動，愈聽愈高興，每每期待著週二的到來。聽幾次後障礙就來了，從來沒有過的重感冒，一直看醫生、吃藥，都無法改善，怕傳染給別人只好暫停聽經；一個多月後才繼續聽。沒多久，又在來講堂的途中腳扭到，雖腳踝腫了一個包，心想：到底是要去聽經，還是去看醫生？最後決定：聽經比色身重要。

**修學正法過程**

期待的新班於二〇〇五年四月開課，竟然和上師同班（他之前都旁聽，現在正式報名上課），在張正圜老師座下修學。看到上師放下四十年的修定功夫，把自己歸零，認眞的聽課，正法的威德眞不可思議。上了將近一年，有次看他供佛時差點起不來，下課後趨前關心，才知他最近心臟又不舒服了，他說：只要能走得出門，一定會來上課；難得遇到正法，無論色身如何都要把握，努力學習到生命最後一刻。之後幾次上課沒看到上師，得知病重住院，數月後往生。因在密宗多年的包袱，後事均由喇嘛處理；往生第二天喇嘛幫他淨身，其實是泡熱水讓筋骨柔軟扶成坐姿，再用白布圍裏定型；喇嘛說這樣才莊嚴，可以攝眾，其實是以假相欺騙大眾。

開始上課後，親教師教我們課後將學佛的功德迴向冤親債主，我的障礙就漸漸減少了。課程講到五陰及觀行時，我又生病了，因工作壓力造成甲狀腺亢進，指數高到破表；腸胃受影響無法進食，全身沒力急速消瘦。這樣下去哪堪！心想人生決不能白走這一遭，還沒明心下輩子再走錯路怎麼辦？在醫生還沒開藥前，勉強喝流質食物維持色身，還是來上課。坐計程車到講堂門口，門前兩個階梯對我來講像爬兩層樓般吃力；因對正法的信心讓我突破一切，兩年半來我沒缺課。禪淨班結業時，因全勤得到老師的墨寶—「青山白雲常自在　禪悅法喜悟無生」—我欣喜若狂，趕快裱好掛在牆上。

張老師如嚴父的教導，也如慈母般呵護著我們；禪淨班的課前拜佛，不停叮嚀：「憶佛的念還在嗎？」時時提念，言猶在耳；當妄想紛飛時，只要想到老師的叮嚀，雜念隨即消失。另一句：「一觸即止，煩惱不生。」更是對治煩惱的妙方，心更清淨了。課中老師常分享她的心得，如：寫講堂佛龕心經時，讓她體會到字是佛像「背景」，工整就好，不需寫得龍飛鳳舞；把老師的體會融入我的生活中，眞的很受用。老師甚至用道具(酸梅)來講解現量、比量、非量，幫助我們更瞭解法義，用心至極。七年的諄諄教誨，點滴在心頭，除了感恩還是感恩。

**求悟過程**

兩年半禪淨班結束，志願是要上禪三，第一次報名沒錄取，不免失望；但進階班繼續聽張老師的課也很好，可增加很多知見；也積極投入義工工作，累積福德資糧。因假日書市接觸很多自稱學佛的人，無論是初學或久學外道，自以爲悟的都非了義正法，再努力也徒勞無功，因此讓我生起積極求悟的心，希望能明心生起智慧，救護眾生趣入正法。

有次禪一，主一老師開示：應將身心布施與第一義諦相應的法，以往大家都將身心布施給五陰及六塵，現在與第一義諦行門無關的攀緣都放掉，攝心拜佛。主一老師開示讓我很受用，整天拜佛參究都能攝心，並思惟尋找如來藏，將五陰十八界○○○○，○○○○○○○時，發覺○○○○，而這些○○中○○○○○○○。週一上課時，本想找老師小參確定方向，剛好老師於課堂說：各位同修不管找到什麼，都要等上山再跟禪三老師報告。所以就擱著，不知方向對不對，也沒有再深入探究。

很快禪三又要到了，再次報名幸運被錄取，既興奮又緊張（甲亢還在服藥中）。禪三前一天，打包行李時，把注意事項再仔細看一遍，確定手機是禁止攜帶物品之一，因此與接我上山的師姊無法連絡，陰錯陽差的耽誤了近半小時還沒會合，心裡很緊張，所有負面想法都出來，平靜的心頓時變得焦躁不安；平常每遇到困難時都會念的〈總持咒〉，竟然都忘了，也不會求佛、菩薩及護法菩薩幫忙，心急如焚，不知所措；後來想回家拿手機，過馬路時才碰到師姊。雖然上了車，心情還是無法平息；又擔心時間遲了師姊會飆車，一直盯著碼表看；更擔心來不及報到，整個心被妄念包得緊緊的，都忘了作功夫。

第一天，拜願拜懺後，心情稍微平息下來；但晚上寮房內鼾聲四起，無法入睡。第二天與主三和尚小參時很緊張，師問：「有沒有找到？」答：「**我不會講，可以說找的過程嗎？**」師：「說說看。」隨即說出禪一找的情形，師：「**妳就是沒有整理才不會講，如來藏不像妳打版要思考。祂沒有見聞覺知，下去好好整理。**」

因為沒有帶錶，所以用齋後的時間無法掌握；不敢休息，身心都很緊張，思路都塞住了。只知妄心○○○○，一切○○○○○○○○○○○○，但無法更深細的分析整理；所以當監香陳老師問：「○○○○？」答：「如來藏。」師：「不能說妳對，也不能說妳錯。」師再換個方式問時，我答錯了，老師嚴厲的斥責：「不要馬上答，再下去仔細思惟。」愣愣的回座位，更緊張，不敢再小參了；第一次禪三就在極度緊張的心情中度過。

解三回家後，心情放鬆了，繼續參究整理；隔天早上起來清淨無雜念，笨笨的走到洗臉臺前，有一念：「站在這裡作什麼？」另一念：「要刷牙。」再一念：「如何刷？」……，也無五陰十八界，故一切法皆眞妄和合。上課時小參將此心得向親教師報告，老師微笑頻頻點頭，沒說什麼。收假上班工作很忙，又要加班，能騰出時間拜佛已很晚，常常一拜半個多小時，昏睡到腳麻才驚醒時，已凌晨兩點多了，很難有更深入的體驗整理。

第二次、第三次禪三都還是眞妄不分，主三和尚慈悲提示：「把○○拿掉，剩下的就是了。」因對○○不甚瞭解，所以無法分清楚眞妄，就一直卡在這裡。又再次遇到監香陳老師，心裡不由自主的緊張起來，所以都沒進步；解三前與陳老師小參，至誠向老師頂禮懺悔：過去造業才會看到老師就緊張，老師慈悲的說：「好，我接受，從現在起把這些都放掉，好好用功參究。」（在第一次要上增上班的課前，遇到陳老師，趨前問訊答謝老師嚴格把關，讓我有觸證如來藏的體驗，我決不會退轉。）

三次禪三未過，有點氣餒，就鬆懈下來，想順其自然，先作義工累積福德資糧，有確定再報名。在發結緣書前先看內容，記取重點以有效發放，看到〈現代人應有的宗教觀〉新版，提到要法義辨正須具備智慧；要摧邪顯正，更需要準備好隨時接受挑戰的能力。想到自己求悟的發願，要更加精進用功，祈求能早日明心，有智慧才能爲正法作更多事。

隔一年半又上第四次禪三，主三和尚說我落在文字裡，體驗不夠；因方向偏差（捨棄以前找的，重新往其他方向去找），加上用功還不夠，心虛的回答監香老師的問題，當然更離題了，所以不敢再登記小參，當然無法過關。

導師說過：護三者都是明心菩薩，每次上禪三都要花掉很多福德。有次睡時，夢到去「第一」銀行開戶，行員正禮貌的接待一位大金主，趨前一看，原來金主竟然是 導師；醒來自知福德不夠，那堪得大法。於是更積極的參與各項義工：發結緣書、開課文宣、打掃講堂、往生助念、參加彌陀法會、製作義工背心、發〈解密快報〉……。因瞭解密宗邪法，為免眾生誤蹈末學覆轍，落入密宗雙修邪法的陷阱中，積極的參與發放遠離喇嘛的文宣。並在佛前發願：誓將密宗趕出臺灣，趕出佛教界，還給佛子一個清淨的佛菩提道，今生作不完，來生再繼續。

有些能力無法完成的工作，依親教師的話：「不會作的要練習作。」也漸漸的在進步。上班、義工，幾乎沒時間拜佛，改成平日看書，拜佛安排在週六、日義工後，有時間再拜八十八佛消業障；利用走路時看話頭，等車、搭車、用餐時觀行，終於把用功方向轉回來。

常思惟我為什麼要得這個法？憑什麼能得這了義正法？想到初發心：在祖師堂安座典禮當義工時，第一次近距離看到 導師，瘦小的身子竟擔起這麼重的如來家業，當場感動眼淚直流，隨即發願要荷擔 如來家業，弘法利生，使命必達。

為正法、為眾生，鼓起勇氣又報名第五次禪三，承蒙 導師慈悲錄取。第二天與 主三和尚小參時，和尚說我這次進步很多，當反問時依然緊張，以為又錯了，也沒別的答案，所以閉口不敢再答（回家才想起導師曾說要有上沖、下洗、左搓、右揉的檢驗）；後來還求監香蔡老師：我若答錯，請不要罵我。師：「導師都不罵人，我怎麼會罵妳？而且導師對妳這麼好，讓妳來這麼多次。緊張害怕是妄心，碰到金剛心應消失無蹤。」回座位思惟：一切都是佛、菩薩的安排，我爲什麼緊張，是得失心嗎？得失心既是妄心就該捨，放掉後眞的不緊張了。

再次與蔡老師小參時，至誠答謝；老師看了我的紀錄說：「妳把如來藏講得坑坑洞洞的，就這樣讓妳過關，回去一定不會再深入體驗整理，智慧就停在這裡。這題我再幫妳補強，才不會退轉。」師問：「妄心○○○？」答：「○○○。」師問：「眞心○○○？」答：「○○○○○○（當時不知問的是心體）。」師：「沒有『體』那有『用』？要仔細體驗如來藏的金剛體性。」慚愧自己體驗很不足，請問師：「下山後該如何用功？」師：「先○○○○範圍。」謝師後退出小參室。

解三前在 佛前謝恩並發願：雖沒破參，仍不違誓言，願當破邪先鋒，護持了義正法，盡未來際隨 佛安排，荷擔如來家業，弘法利生。五次沒破參，決定暫停求悟，專心作義工。早上醒來閃過一念：○○○○會如何？一一觀行後：〇〇〇〇？原來〇〇〇〇〇。眞的是祂。以前不懂「生死無邊際，常住於實際，一念慧相應，生死無疲倦」，現在懂了，不再緊張，心情很平靜，誠心在 佛前發十無盡願，一切爲正法，一切爲眾生，繼續報名求悟。

帶著更簡單的行李上第六次禪三。此次雖信心滿滿，但不會整理，囉囉嗦嗦的講了一堆，就是無法〇〇〇〇，主三和尚慈悲提點才整理出來。經監香楊老師再三確認，又問：「如何〇〇〇〇〇〇〇〇〇〇〇〇？最少要四個答案。」稍加思索後答：「………………。」這樣才過第一題。老師接著問第二題：「〇〇〇〇〇如來藏〇〇〇〇？最少要十個答案。」答：「〇〇、〇〇、〇〇、〇〇、〇〇〇。」師說：「答案還不完整。」但因這次排小參時間很久，等到時已經是第三天傍晚了，老師再給下一題一併整理：「爲什麼說如來藏〇〇〇〇〇〇〇？」當天晚上一直思惟整理這兩題，整晚沒睡，很早就起床到禪堂禮佛發願：求佛菩薩慈悲加持，能讓更多人破參(以往同梯次都僅三~五位)；若我堪爲正法所用，祈求這次能順利過關。

第四天早上與監香陸老師小參，回答第二題：………………。認可後，主三和尚說：現在可以爲妳蓋金鋼印，歡迎來增上班上課。

接著喝水、走路，體驗〇〇、〇〇、〇〇〇〇的重要。我們依序先講自己的心得，主三和尚再深入分析解說，看似理所當然的〇〇〇〇，竟有如此深細的妙法；更驚歎 和尚的智慧如海，深不可測。

解三後遵 和尚囑咐到 佛前謝恩，先向 世尊頂禮稟報；再頂禮感恩 韋陀菩薩護持，讓禪三沒有遮障，祈求菩薩未來成佛時要拉我一把；再頂禮感恩 克勤祖師菩薩，並祈求祖師未來成佛時要記得度我。

能明心完全是 佛、菩薩加持，導師慈悲攝受，親教師的諄諄教導，自己的體驗及觀行都很粗淺，雖破參仍不敢稍怠，發願要更精勤修學，增長智慧以爲正法所用。

弟子 洪麗眞 頂禮敬呈

公元二〇一二年五月二十一日

# 明心見道報告

—雷京—

一心頂禮歸命　本師釋迦牟尼佛
一心頂禮歸命　極樂世界阿彌陀佛
一心頂禮歸命　大慈大悲觀世音菩薩
一心頂禮歸命　大勢至菩薩
一心頂禮歸命　護法韋陀尊天菩薩摩訶薩
一心頂禮歸命　克勤圓悟菩薩摩訶薩
一心頂禮歸命　平實菩薩摩訶薩
一心頂禮歸命　正覺親教師菩薩摩訶薩
一心頂禮歸命　正覺海會菩薩摩訶薩

**追求安居樂業的生活**

我出生於濁水溪畔窮鄉僻壤的雲林麥寮，父母皆目不識丁，務農維生，家境清寒。小時候赤腳上學，看到學校老師的孩子都有鞋子穿，所以立志當老師。在家人的期盼下，順利地考上嘉義女中、國立高雄師大國文系，也完成了國立臺灣師大國文研究所四十學分班的進修學程。

大學畢業以後，分發到臺中市崇倫國中當國文老師，教書、結婚、生女，過著忙碌而又自覺有意義的生活！回顧前塵，人生的大半輩子都馬不停蹄地在追求過安居樂業的生活！

**學佛的心路歷程**

大學時的室友陳麗雪（即後來嘉義香光寺的第三任住持明迦法師，目前是臺中葛印卡內觀中心的講師），在她熱心的引介下，加入了校內的佛學社團——大慧學社，開啓了我接觸佛法的因緣，曾參加了水里蓮因寺懺公師父辦的大專學生齋戒學會，並歸依。佛經看不懂，但對《寒山詩解》中自在解脫的寒山、拾得的心境十分的嚮往！

學佛眞正的第一個轉捩點是在碰到現代禪李元松老師以後，一九九二年現代禪臺中龍樹會館，在我家的斜對面成立，同時推出十個場次的演講——

《禪的公案解析》，衝著對禪的一絲浪漫的好感，折服於李老師身上散發出來獨特修行人的特質，於是我加入了現代禪。在李老師全面性人格的調教與生命意義的引導下，使我這一生能對三寶生起很深的信心，並奠定了後來進入正覺同修會修學第一義諦佛法的因緣與基礎。

現代禪後來歸入了慧淨法師的「本願念佛法門」，我擔任了教團的服務組組長、校對組長和購屋小組負責人。

二〇〇六年，有一天被通知開幹部會議，會議中慧淨師父宣布了一件令人震撼的消息，語意是：「領眾張志成師兄一家人背棄師門，不再念佛了，他們投入蕭平實老師的門下。而蕭老師，李老師並不認同。希望今後，不同法門不親不近！」從此很多師兄弟聽從慧淨師父的囑咐，對志成師兄一家人採取敬而遠之的態度。而我心想：這麼好的師兄弟，認識他們也不是一天、兩天的事，他們也都是純情的念佛人，對教團出錢出力，對師兄弟有情有義，作這樣抉擇的背後必有其充分的理由，會後就直接跑去他家問個清楚。

我問：「爲什麼以前批判蕭老師，現在卻投入蕭老師的門下？」領眾志成師兄答：「平實導師是一位地上菩薩，我以前看不懂！」我又問：「本願念佛法門的法義有問題嗎？」領眾師兄續答：「部分與經典不符！……」

在慧淨師父第二度召集的幹部會議上，我說：「師父！如果我們的法義無法接受教內的挑戰，又如何能避免外界的批判？又如何弘揚出去呢？……師父，您說去了極樂淨土不必修行直接就可成佛，還有學聖道門的人往生彌陀淨土以後都會被判入邊地，爲什麼？有經典的依據嗎？」慧淨師父說：「有，經證在《無量壽經》阿彌陀佛十一願、二十二願！善導大師說……。妳對本宗的法要還不是很瞭解，要多加研讀！」

剛轉入本願念佛法門時，對法義的態度是：慧淨師父說了算！反正重點是唸佛，更何況慧淨師父是李老師推薦的淨土宗善導流的專家；直到發現慧淨師父所講的淨土法義與志成師兄所講的法義有很大的差異，我才努力的把歧異處對照經典好好的比對了一番，又閱讀了正覺同修會孫正德老師所寫的《淨土聖道》，發現志成師兄說得沒錯！慧淨師父又那麼堅持，所以我辭去了淨土宗服務組長的工作，離開了本願念佛法門！

## 生命中最重大的轉折——值遇了 平實導師

二〇〇六年八月與現代禪的好友如錦、淨覺師，悄悄地來到領眾志成師兄所參學的正覺同修會參訪。記得那天 平實導師正在開演《勝鬘經》，經文的每一字雖都認得，可是卻一句也聽不懂；但直覺道場莊嚴，有修行的人很多（大家都很攝心，跟以前的道場不同），而且當時三個講堂每逢週二晚上一千多人的人潮，也確實令我歎爲觀止！而 平實導師**平凡、平實的行者風範**，**尤其是十方三世滂沱的菩薩悲心**更是深深的撼動著井底之蛙的我！

人生的際遇千千萬萬種，而我是個幸運的人，幸運在這個人生道業面臨抉擇的轉捩點，竟然得以走進了正覺講堂，幸運值遇了 **平實導師**，碰到這麼勝妙的如來藏妙法和這麼好的菩薩僧團！

## 正覺同修會參學的心得

我的禪淨班親教師陳老師是法官，望之則嚴，即之也溫。準備的教學資料內容相當豐富完整，而且字字句句的出處都很嚴謹，凡有所言，必引經據典。禪淨班兩年半的課程，老師認眞負責的爲我們一點一滴的建立佛法的正確知見，使我對佛法全貌的認知與修行的次第的理解，有跳躍式的成長，遠遠超越了過去四十年學佛的總和。

我依教奉行，如實踐履。每天一早起來，一定先佛前供水、供香（由大女兒上供）、供果（由二女兒上供），懺悔、並發大願（願在末法九千多年生生世世受生於娑婆世間，全力護持佛陀正法，並與導師發一樣的願：十無盡願。虛空有盡，我願無窮！）。

每天無相拜佛憶佛，想拜也拜，不想拜也拜，一定設法拜滿陳老師建議的早、晚各一個鐘頭。最後愛攀緣的末那終於被意識說服了，拜佛就不再那麼痛苦、掙扎了；漸漸拜佛如倒吃甘蔗一般變得很輕鬆很享受，不知不覺中功夫就上手了。發現伏除了不少粗重的煩惱，原本色身不是很好，只要一坐下去，就不想站起來。感謝佛菩薩的加被，沒想到拜佛一年，拜得業障消了，加之「鬆、緩、勻」三要訣且有瑜珈拉筋效果的無相拜佛方式……居然拜到把色身完全調好了，行動變得很自如。對 導師所說的「**百花叢中過，片葉不沾衣**」與「**騎聲蓋色**」的解脫功德受用略有一些體會。

兩年半禪淨班的課程在陳老師座下，在法喜中不知不覺飛快地過去。隨著老師的次第引導，修習、實踐菩薩六度：布施、持戒、忍辱、精進、禪定、般若（熏習般若中觀及觀行斷我見），再教導我們現觀能取、所取皆空而成就四加行（煖、頂、忍、世第一法）。

最期待的是每星期二晚上 導師以道種智的深妙智慧開演的《妙法蓮華經》。《妙法蓮華經》講的「此經」就是如來藏，即《金剛經》所說的金剛不壞之心，也是《心經》所說的不生不滅、不垢不淨的心。祂出污泥而不染，卻又勝妙無比能生萬法！導師說：這《妙法蓮華經》是大乘佛法圓教的經典，非常勝妙，是不可思議的諸佛的證境！也證實了佛教不是只有人間才有！

印象最深的是有一次 導師開演《妙法蓮華經》時，提到了百福的修行，闡述得非常的精彩，眞的是令人歎爲觀止！《妙法蓮華經》卷六〈法師功德品〉：「**十方無數佛，百福莊嚴相，爲衆生說法，悉聞能受持。**」記得 導師說：修百福與我們有切身利害的關係，百福修久了可以讓我們改頭換面、換骨易髓！一個人修百福久了、習慣後就再也不是暴戾之人，別人再也不會覺得他不好或不清淨，而會覺得他非常的安祥！

一個人努力修行百福兩年，這個人說話就不會酸溜溜的，也不會諂媚和嫉妒別人，甚至別人一提到他就會覺得他是位大菩薩！因此他的修行是沒有惡緣的，道業進展將會神速。當一個人百福修久了，性障的消除是非常快速的，這一生取證三果不為難事，將來要在 彌勒菩薩成佛時被授記入地也不難！秉承師教如實履踐後，就感受到不可思議的功德力，也因而接引了不少有緣眾生來正法道場參學！

有時會聽到 導師語帶慈悲的提醒：「你們不能只要法，而不要次法的修學……」、「明心見性最難的是福德的培植，而這一部分善知識是幫不上忙的……」（因為慧力、定力對在正覺同修會熏習的學人不是大問題！）每一次聽了 導師諸如此類的開示都倍覺親切，而且意樂隨順師教，努力作義工，救護眾生，護持 佛陀正法，同時歷緣對境修除性障，厚植見道福德！

四年的進階班修學，在何老師座下更進一步的熏習 無著菩薩的《攝大乘論》，從「所知依」談到「所知相」，何老師均能深入淺出的慢慢地帶著我們作現觀。我才瞭解，所有的佛經如《心經》、《金剛經》、《妙法蓮華經》……，與大菩薩所造的論，都是諸佛與菩薩們現觀的證境，一般人沒證量，或佛法名相不懂，就以為佛經和菩薩的論是佛教思想、理論（認為不是可以實證的），有的當成學術來研究，有的依文解義，也有人把《妙法蓮華經》

所說的內容當作是神話看待，還有些人隨自意詮釋佛法、自創佛法而不自知！

對五蘊色心二法的觀行與修除性障、調柔身心、攝眾方便上，何老師教誨甚多。讓我在每一次歷緣對境時均能受惠無窮，而易於跟有緣人廣結善緣。諸如：

●慈眼視眾生，調柔身心攝受國土。
●觀一切法的現起，不加批評，作意在如何利益眾生。
●菩薩要作眾生的不請之友，舒眉展顏，先意問訊！
●菩薩接到任務時一定感謝，而且全力以赴。
●遇到有上位菩薩、同修菩薩指正時，第一要現起的作意是感激。

剛開始修學的六個月，因教團規定還不能作義工，所以大部分的時間都在法上用功，拜佛、閱讀、思惟法義。後來聽說可以隨自意參加彌陀法會，高興極了，幾乎每一場次都參加，再遠的地方或颱風天都去。後來又加入了助念組，約參加了一百多場次。在助念與彌陀法會的福田中，有機會與同修道友的至親眷屬們廣結法緣；而一次次近距離的面對死亡無常中，讓自己能不斷地去作生命方向的總體省思，提醒自己無常迅速，修行應勤精進！

導師這一輩子有三大志業：把密宗導歸正法、編輯《正覺藏》、翻譯。為了能與 導師的心願接軌，所以開始學電腦與打字。後來有熱心的菩薩推薦我去參與教團的編譯組，一邊作義工一邊拜讀 導師及親教師們的著作。深化了佛法的正知見、學佛的正確心態，和消除了一些習氣性障……。

對一向喜與人廣結善緣的我，推廣組是我的最愛，剛好可以把上課或校對中所熏習到的法義，拿出去破邪顯正，救護眾生；若有困難處，再回來請問親教師或組長，感覺一次比一次有顯著的成長與進步，又可以攝受眾生，攝受國土！

在行政組中則參與週二課前五樓講堂的打掃、和班級輪流的講堂打掃和祖師堂打掃活動。後來又因推廣組的引薦，有幸也參與了行政組負責的幾個專案活動。打掃講堂時，一邊打掃一邊無相憶佛，淬練動中的定力，同時修除自己某一部分的高慢心態。

在財務組則是每月定期定額量力布施護持教團。感謝 導師的悲心，廣闢了各色各樣的福田，讓我們能依各自的因緣、性向、興趣、能力去參與，廣集福德，得以在利人中利己，快樂的邁向成佛之道。

**見道內容與過程：**

禪淨班即將結束時，老師開始教我們到外面走路看話頭。有一晚校對到導師即將出版的《勝鬘經講記》中的一句話，若有所悟。禪師說：「舉手投足，皆從道場來。」「夜夜抱佛眠，朝朝還共起。」似乎也知道他們說的是什麼。話頭再也看不下去了。有一念相應，卻沒有觸證的感覺，心想：會不會是解悟啊？週五晚上與陳老師小參，陳老師沒說什麼，只吩咐我多看 導師的書。

**一、第一次上山——落在解悟**

趕快把報名單很恭敬的供在佛前稟白 世尊，祈求佛力加持，讓我此次上山能順利破參，毫無遮障。禪三前，很努力的到圖書館把陳老師指定的書：《眞實如來藏》、《阿含正義》、《識蘊眞義》、《心經密意》、《禪－悟前與悟後》、《我的菩提路（一）》，從頭到尾看過幾次。

第一次入　主三和尚小參室。主三和尚問：「**如來藏是什麼？**」我信心滿滿的回答：「**如來藏即一切法，一切法即如來藏。**」主三和尚說：「**那都是我書上寫的！**」被　導師否定了，卻仍自以為　導師在測試自己對法的肯定性。（因為週二聽經的時候，曾聽老師說過，禪三時，如果你說對了，卻不是很肯定，我就說你錯！）直到回來進階班親教師的座下熏習，於五蘊七識一切虛妄法略有較深入的觀行，才知原來真的不懂，導師在禪三的否定是有道理的。

## 二、第二次報名禪三落取

一下子，感覺天好像黑了一半，心涼了半截，全身無力，心念如潮湧：傷心、失望、較勁、沒面子……整個心情跌落到谷底。親教師鼓勵我說：「**難過幾天就好，生命沒有多少時間經得起我們去浪費，繼續努力！不要洩氣！**」平靜下來後，痛定思痛，自我反省。

後來參加了幾次禪三，慢慢的體會到　導師已徹底轉依如來藏，不看事相，只看福德與因緣。錄不錄取或破不破參，都是　導師給的功課，得要勇於面對與檢討才會進步。

三、第二次上山——落入五蘊

導師公案的普說與機鋒示現，自覺略有一些貫通；入了小參室，向導師報告：「昨晚普說時，導師未說之前，已有好幾重公案的示現了；現我開門進來，頂禮、坐下，亦有好幾重公案了。」導師問：「如來藏在哪裡？」我指著身體說：「在這裡！」導師說：「這太籠統了！」導師接著說：「用○○○拿過來！」我依教○○○○○○○。導師問：「○是什麼？」我指著○○○。導師問：「○○是什麼？」我指著手中拿著○○○○○。導師問：「○○是什麼？」我答：「把○○○○○○○○○○。」導師說：「妳會死在○○與○○中。上次不是告訴妳要去觀察七轉識的虛妄嗎？不是什麼……三位一體……現在出去○○，○○○○○○○○○○。」心想可能是我表達的措辭用語不是很精準，所以又開始在文字的斟酌上用心。

四、第三次上山——落入卑慢。

自卑心作祟，急躁不安。上山前，覺得自己渾身是缺點，一無可取。上山後，導師好像全然了知弟子的心情與病灶，開門見山的開示，讓我稍爲化解了一些自卑的心結！

導師問：「如來藏〇〇〇？用〇〇〇〇〇〇」我想了一會兒，指著身體說：「這個身體！」因心中有所住，所以入了小參室，竟然忘了跟老師頂禮！出來以後才發覺到，很懊惱，也很自責！卑慢障道，再次使我鎩羽而歸，一點也不意外！

解三時　導師說：「你們不管有悟沒悟，都算是我度化的弟子，我需要你們為正法作事……。」我當下熱淚盈眶，心中很高興成為　導師度化的弟子！心想，今後只要正法需要，任憑　恩師差遣，弟子絕不二話，願為正法所利用，不計個人的利益得失！

## 五、第四次上山——落在思惟所得

導師又問：「如來藏是什麼？〇〇〇〇〇〇。」我想了好一會兒說：「這個在運轉中的心體！」導師說：「這是思惟所得，一定通不過公案的考驗！般若慧也發不出來，一定會退轉！妳出去〇〇〇〇〇〇〇：〇〇〇〇〇〇〇〇〇〇？各用一句話講出來。」

監香楊老師提示：「妳要能○○○○○○○？○○○○○？剩下就是如來藏！」我說：「○○○，○○○○○○○○○○○○○。」想了老半天，還是沒辦法○○○○把○○說出來。

## 六、第五次上山——觸證（一念相應）

導師看了我的報名檔案直搖頭：「眞是傷腦筋！妳到底要來幾次？」雖然看到 導師搖頭，但我對 導師有信心，以 導師的道種智，我知道 導師一定有辦法對治我的疑難雜症！

導師說：「**妳出去整理一下，○○是什麼？○○是什麼？○○是什麼？○○○○○○○。**」監香楊老師明白告訴我：「有一位來了七次才破參的**菩薩，第一次來就知道答案了**。但是一定得要他體驗親證，才有可能被印證。」我終於才知道自己的問題出在哪裡了：**自認爲知道，才是我在禪三最大的障礙**。因爲一直著眼在語言文字上推敲！而無法捨棄所知的答案，隨順善知識的引導，老老實實地去參究體驗，把好幾次禪三可以用功的時間，都虛耗在語言文字如何表述的葛藤中；可是當時的我，對此竟一無所知，這背後也是慢心在作祟啊！

終於捨棄所知的答案，回到座位蒲團上靜下心來，老老實實的拜佛參究，大約拜了二十分鐘，突然一念相應：咦！這不就是祂嗎？馬上登記小參，向蔡老師報告說：「如來藏就是這個○○○○○，不斷在運轉的心體！」蔡老師說：「奇怪！妳怎麼從○○去瞭解如來藏？那在○○○，如來藏在哪裡？本來我也可以放妳過的，但般若智慧發不起來，那麼急著破參幹什麼？」

## 七、報名禪三第二次落取

放榜幾天前的晚上，導師來到夢中告訴我：「這次不可能！因爲有病！」果真沒錄取，而我也從那次四月的禪三真的一直病了整整一年，到今年四月，可能業障消了，病也好了，才破參！眞是不可思議的夢境！

## 八、第六次上山——導師的指導與加持下，通過一關又一關的勘驗

入了主三小參室，導師說：「妳需要有些體驗，妳現在○○○○○不要停。」接著與我對話：「妳很皮喔！因爲妳是菩薩，所以我會幫妳！妳看妳

○○○○○○○○○，可是○○○○○○○○○○○○！現在妳說說看，○○是什麼？○○是什麼？○○是什麼？○○○○○講出來！」我回答：「○○是手，○○是從這裡○○○○○，如來藏是這個目前正剎那不斷在運轉變化的心體。」導師說：「妳到外面去整理，把行蘊說具體一點，否則水在流動也是從這裡移動到那裡……」

回到蒲團上整理了一天，第三天下午小參，向監香余老師報告整理後的答案，可是仍然沒什麼突破性的進展，要我回座再整理！出來以後，趕快再到 世尊前懇切至誠的發大願，並祈求 世尊加持，同時向冤親債主懺悔，且發願將來把明心的功德迴向給他們！

不久，導師找我去作了一些指導，頓時如醍醐灌頂，一下子令我全部豁然明白！導師說：「六祖也是五祖明說而悟入的，自古禪宗祖師碰到：這個人我要用他，就現大人相（導師表情同步現出大人相）。否則就（導師表情又不一樣了）……」

在 佛菩薩與 導師菩薩的加持與指導後，再登記與監香余老師小參：第一題和第二題很順利就過關！余老師又給了第三題：「○○○如來藏○○○

○？」兩小時以後登記小參向余老師報告整理後的答案：「………。」余老師又問：第四題是：「○○○，○○○？」我說：「………。」余老師又問：「眼浮塵根觸外色塵，○○○○○○○的勝義根？總不會是用飛過去的吧？」沒想到平時準備得很充分的考題，卻於此障住了，任怎麼想也想不起來！請求老師是否可以作點提示？老師說：「已提示過了！」

可能是業障吧？（導師曾開示：如果在外面很清楚，進了小參室反而答不出來，就是業障。）所以出去趕快到 世尊、克勤祖師、韋陀菩薩面前至誠向冤親債主懺悔以前對他們所犯的錯，願把明心的功德迴向給他們，助他們也能早證菩提！奇妙的是懺悔完畢，答案馬上就浮現在腦際了。可惜仍要依規定等兩小時後才能登記小參。

接下來是第五題是：「如何證明○○○○○○○○？」第六題是：「如何證明○○○○○○○○？」也都一一順利通過！最後一次是被安排到與監香孫老師小參。孫老師又重複問：「○○○如來藏○○○○？○○○如來藏○○○○？」

後來快解三了，時間的因緣不具足，所以孫老師給了我一道題，吩咐我下山以後好好的去讀誦、受持：「如來藏〇〇〇〇，〇〇〇〇〇〇〇〇〇是什麼？」或許是佛菩薩的旨意，讓我下次有機緣再度與　導師善知識去精進禪三共住四天三夜！

## 九、第七次上山——明心破參

這一次上禪三的心情是比較輕鬆、愉快的，好像要去度假！因為知道距離過關不遠！也比較有閒情優遊於禪三的整個過程中。第一天完成報到手續後，緊接著是灑淨法會，然後是拜願與拜懺法會，佛殿大磬一響，迴盪在整個大殿中，莊嚴肅穆的氣氛，令人感動，不知不覺淚如雨下！就好像來自於無始劫以來親人的呼喚，糾察老師們貼心的遞上一張又一張的衛生紙。下午的蒙山施食儀式，場景也是無限感人，導師要我們先有一個作意：願把這一次禪三法會的一切功德都迴向給冤親債主！想到與我有緣卻還在六道輪迴受苦的眾生，不禁令我泫然淚下！

此前是請師代表迎請　主三和尚主持起三大法會，法會後，主三和尚開始殺我見，已聽過六次，但每一次都有全新的領會。最後　主三和尚帶領大眾宣誓：發誓守護如來密意，永不稗販如來，否則就是虧損如來……。晚上的普說更是精彩萬分。和尚要我們把照子放亮一點，要我們用眼睛聽，不要用耳朵聽。

主三和尚一上座，一下子拿桌上的毛巾擦汗，一下喝水，一下拿講義……卻是遲遲不開講！可能看到第一次新來的學員很多，陳老師特煞慈悲，指著那個牆壁上白色的字幕說：「法不在那裡！」主三和尚卻指著白色的字幕說：「法在這裡！」

主三和尚接著問大家：「陳老師說『法不在那裡！』我卻依舊指著字幕說『法在這裡！』你們說，我是不是跟陳老師唱反調？我跟陳老師說的一樣？還是不一樣？」學員中有人答說：「一樣！不是唱反調！」主三和尚：「為什麼不是唱反調！為什麼是一樣！要有個道理啊！若有人寫下來，三十年後，也是一則公案。他日若有明眼的阿師，會說我眉毛拖地！想想有些山頭大師說：『禪宗禪是無頭公案！』眞是這樣嗎？又有大師說：『講禪，不用準備，隨便亂說就是禪！』還有大師說：『講反話就是禪……。』眞的是這樣嗎？」

普說前　導師先開示類似　克勤圓悟菩薩的「禪門庭訓」：「若非紹隆佛

祖……始可印證、堪為種草……勿作容易放行也。」導師說：「祖師堂就是為紀念克勤圓悟菩薩蓋的，所以主三和尚的小參室牆壁上就掛了這幅字，明日你們進入了小參室，要先問問自己：是不是種草？……。」

過堂的時候，看到明心證悟的護三菩薩在一樓齋堂前列隊等候我們，心中湧上的是無限的感恩與深深的慚愧，想想何德何能堪受此恩！發願若破參了也一定上山護三，以回報菩薩們的如此隆恩盛情！

監香老師提醒我們：「注意腳下！」悟前悟後眞的大不同，此次眞的是很親切的體驗到：眞的是步步蓮花啊！

禪三的三餐料理，都是由護三菩薩們精心烹調得色香味俱全！學員們心事重重的一面用餐，一面攝心參究。用餐後，和尚總是會很慈愛的起身巡視關心，叫大家吃水果，而且一一詢問：是什麼？有人說：是西瓜（罰棒三十）；有人也是說：是西瓜（卻放賞棒）。為什麼？這個東山禪的水果眞是不好吃！

和尚有時叫大家吃饅頭，而且親自一個一個捏了一小口放在同修的手中說：「你有饅頭，我給你饅頭。」走到另一位同修的身旁則說：「你沒有饅頭，我搶了你的饅頭。」是這樣賣力的演出，是這樣的眉毛拖地！是這樣的入泥入水！為的是能為學人指示一個入處！

過堂後，和尚就指導學員輪流到廚房去洗碗！處處生緣，和尚的方便施設為的是什麼？心中不禁感念這浩蕩的師恩！

早齋後，開始經行，陳老師手拿香板引領大眾或慢步走或快步走，或跑或停，並提醒看取腳下……並提示：經行的主要目的是參禪，不在運動……。老婆心切至極……為的是什麼？眞的是內行看門道，外行看熱鬧！

第二天小參我坐在女眾的第一個位子，又抽到女眾優先小參，所以很幸運的第一個與主三和尚小參，主三和尚問：「熟了沒？」我答以：「熟了！」和尚問：「現在妳說說看，〇〇〇〇〇？〇〇〇〇〇？〇〇〇〇〇？〇〇〇〇〇講出來！」我回答：「〇〇〇〇，〇〇〇〇〇，如來藏是〇〇〇〇。」

和尚問：「為什麼知道祂就是如來藏？」我答：「依聖教量：〇〇〇是〇〇〇。色身常在，妄心剎那生滅，知有如來藏〇〇。如來藏，具有〇〇〇〇〇，才能生萬法。七識〇〇〇〇，無法〇〇，只有如來藏〇〇〇！」和尚問：「還有呢？」一緊張，頓時腦筋就僵住了，和尚緊接著幫忙補充說：「昨天我不是說過嗎，依十八界………，這後面兩個則可作為反面的證據。」

和尚又說：「妳到外面整理：一、○○○○○，如來藏○○○○○？二、禪師說○○○○，和我說的○○○○，一樣不一樣？然後登記小參！」頂禮了和尚，回到佛堂，趕緊去禮佛求佛，祈求韋陀護法菩薩、克勤圓悟大師加被，讓我能順利通過監香老師的勘驗！

第三天與監香陳老師小參，陳老師劈頭就問：「妳怎麼搞這麼久？」我可以感覺到，陳老師這六年半來，一直在默默的關心我！我很慚愧的回答：「老師！我可能福德不足！」陳老師很慈悲的安慰說：「將來必有大用！」這兩道題目都很順利的過關。

接著陳老師要我說說：「如來藏○○○○，○○○○○○○是什麼？」因已有備而來，所以也很順利的通過勘驗。陳老師就簽了紅單說：「不過，還要通過主三和尚那一關。」

不久，糾察老師就引我去見主三和尚，主三和尚重新複習考問監香老師考過的問題，又補充了很多。和尚說：「○○○○，如來藏○○○○○○○○，還○○○○○○○○○○○○，也幫我們○○○○○○○○○○，所以人一定要睡覺，阿羅漢也要睡覺，佛陀出生在人間也要睡覺……。」我問和尚：「那白天睡覺呢？」和尚說：「也一樣啊！」

和尚問我：「如果有人○○○○，○○○○○？」我回答說：「會！」和尚說：「因爲○○○○○○○○○○○○，所以○○○，○○○○○○○○○，○○如來藏；而且因……，就不會○○○……醫生只知其然，卻不知其所以然……。」和尚所展現出的深妙智慧，一再的讓我瞠目稱奇，卻無法形容一二！

接著主三和尚給了第一道筆試題目是：「如何證明○○○○○○○○○○？」並給我一些提示與方向，要我盡量去發揮，目的是：「爲自己寫下另一張不退轉的保證書。」和尚說，臺南那次法難的時候，臺南有一批出家人退轉，爲救護他們，不只寫了〈八、九識並存的過失〉、《眞假開悟》……等，其後又出了《燈影》一書，才眞正救護了一些還在觀望的學人。我深深感覺到，若非地上菩薩發願再來，則人天長夜，宇宙黯淡，誰濟以光明？感恩大慈大悲大雄大力的 平實導師！

經過二、三小時的整理，就自己所能想到的角度和內容大概寫了十六條。不久進了小參室向 主三和尚報告自己見地。主三和尚再給我一個假設性的問題：「……………？」和尚說：「……………！」並說：「這是妳爲自己寫下第二張不退轉的保證書。」因爲時間還很多，和尚叫我慢慢整理，如果實在想不出來了，可以去看風景，或到禪堂外的走廊走一走。不要太早喝水，否則會喝得腰痠背痛，而且要常常跑廁所，那是很痛苦的。

第四天早上，主三和尚讓我們三位先破參的學員從不同的角度輪流報告周遍思惟過的情況。結果發現退轉者這樣的命題根本上就是矛盾百出的戲論，事實上不可能會有這樣的情況的……主三和尚又考了一個腦筋急轉彎的問題，然後說：「現在就爲你們蓋金剛印了。」和尚要我們先去稟報本師 世尊，感恩 世尊傳下來的法，再頂禮感恩 韋陀菩薩在禪三的護持，但要再加上一句：請菩薩成佛的時候也能拉拔我！（和尚說：韋陀菩薩是賢劫千佛的最後一尊佛！）以及頂禮 克勤圓悟菩薩，感恩他老人家調教出來的弟子幫我們開悟了！同時也要加上一句：請菩薩成佛的時候也能拉拔我！

接下來還有觀行體驗的題目，和尚開始指導我們喝無生水。主三和尚指示我們○○○○○○○○……。當我們正在體驗喝水時，和尚並用竹如意點出每個關鍵處；由於 和尚的加持，感覺讓自己觀行細膩度更爲深細了。沒想到集合大家驗收成果時，聽了　和尚更深細的說明與指導，對　和尚無量無邊的智慧，眞是歎爲觀止，相形之下自己的觀行是何其的粗糙猶如小兒！

最後是走路的體驗，在一群護三菩薩的護持下，讓破參的我們，先……………。然後回小參室分別向　和尚報告走路體驗的心得，和尚再作更深細的分析與指導。和尚說：沒有眼識，人的平衡效果其實是很差的……如來藏與意根之間有受與不受之處，例如……深細勝妙的智慧，源源不絕如縷……都是聞所未聞法！高山仰止，景行行止，弟子雖不能至，然心嚮往之！也很高興的期待將來在增上班悟後起修的課程一定有更多更精彩的微妙甚深法可以參學！最後　導師小心翼翼的……………。讓我們親自體驗到：見的當下，尚未生起語言文字之運作時，已經分別完成了——彼是十元的錢幣，彼是黑色的長尾夾。然後語言文字才是隨後生起！

**自我檢討：**

禪三報名九次，錄取七次，心中充滿了感恩與慚愧，感恩　導師給弟子這麼多次上山的機會，很慚愧的是耗損了 導師、監香老師、義工菩薩們的無數的心力，才把弟子的法身慧命給生出來！

這一路走來的修行過程，曾有過很多不如理作意的心態，以致才會讓 導師調教得這麼辛苦！自己也耽誤了很多時間！檢討如下：

一、發願動機不純正。（爲破參明心而發大願，而非爲護持佛陀正法而發大願，因地不眞，果遭迂曲。）

二、攀緣心具足，很多時候沒有在禪法上用心。

三、世俗的身分、地位、知識、能力、經驗，不知不覺中累積了個人的慢心。導師說：「**有慢心，不能錄取禪三；就是錄取，也不會破參。**」是的，如果讓像我這樣不夠調柔的人開悟，會讓 佛陀失望，也會讓眾生對佛法沒信心！也不是正法所要用的人！所以千錘百鍊，只因不夠調柔！

四、自以爲義工作得很多而起了慢心、與別人較勁。漏失很多福德而不自知。其實很多破邪顯正、護持正法的工作，教團有無數的菩薩們一直澎湃洶湧而低調的在進行著……。上了幾次禪三，經 導師的教誨才知修行時劫，各有因緣不同。有人過去好幾劫就學佛了，也累積了很多護持正法的福德。

有人這一世才開始，不能只看表相……

五、高慢心、卑慢心都很障道，而不幸的是弟子兩者具足！

六、自以爲知道，是最大的問題，自以爲是的心態（其實是慢心障道），讓自己不能隨順善知識的引導老老實實地去參究體驗，白白浪費將近四次半禪三的寶貴時光，僵在那種狀態而不能有所進展！（破參後，才知道其實那是意識思惟所得或觀察所得而非體驗親證所得；佛法是要親證的，否則般若慧是發不起來的！還有可能會退轉，也不會有功德受用。）反而是看到一些沒讀多少書的老菩薩，因自認無知，身段調柔，所以能乖乖的聽進　主三和尚的指導，反而很容易破參明心。

七、以前在國中當國文老師的時候，因無知，錯說佛法，曾跟學生說：「所謂禪，就是說了我聽不懂，你聽不懂，他人也聽不懂的，就叫作禪！」我想這可能也是今生遮障我破參的重要原因之一吧！今在　佛前至誠向曾被我誤導的昔日學生們懺悔！《大寶積經》云：「假使經百劫，所作業不亡；因緣會遇時，果報還自受。」因緣果報確實是不可思議啊！

## 破參後的心情

感恩**法身慧命出生的父母 平實導師！**

**向上一路，千聖不傳**。如果沒有 導師悲心滂沱的破邪顯正救護，悉心調教，加上智慧善巧方便的種種引導施設！初學如我，想要值遇正法已是不可能的事，更別想在短短的六年半的參學就能悟入佛法的第一義諦，而爲佛法作見證了！

想想臺灣佛教界檯面上的人物，少小出家，學佛三十、四十、五十年抱憾而終者，比比皆是，而自己卻是何其的三生有幸，今生就能證悟！

導師說：只要能遇上「法性大海」，不論什麼時候遇上都不嫌遲；就怕沒辦法遇見，更可怕的是失之交臂！

感謝領眾張志成師兄的帶頭向 導師懺悔求法，讓我們一家五人有踏入正法道場參學的因緣！

感恩禪淨班陳正源老師、進階班何承化老師無私無我努力的灌溉耕耘正知見，而且能善覆密意，讓我在禪三時，有體驗觸證如來藏過程的機會！

要感謝的還有很多位默默在一旁協助關懷的助教老師們、義工菩薩們和一起參學的同修們。看到大家低調的護持正法，默默地作事，我都會進步！六年半來一直承受得很多！慚愧的是付出得很少！此時此刻的心情是滿懷感恩與慚愧！

**願將深心奉塵刹，是則名為報佛恩**、**師恩**、**衆生恩**！

在此弟子願將破參明心的殊勝功德迴向平實導師及師母、親教師 正源菩薩、親教師 承化菩薩、正覺海會菩薩眾、李元松老師、明迦法師及與我有緣的歷代父母師長及冤親債主；並迴向正法久住，一切眾生都能福慧增上，早成佛道！

菩薩種姓弟子 雷京 頂禮敬呈

二〇一三年五月十四日

# 見性報告

劉惠莉 老師

導師尊鑑：

回想當年(約十年前)，那時候每天很認眞作無相念佛功夫、看話頭，只要講堂有作義工機會，我都去作，也不挑選什麼工作。那時候麗娟很照顧我，她經常會找我去作義工，所以到現在我都很感激她。

我每天除了到學校教書以外，也沒什麼朋友，所以沒有所謂的交際應酬，我的生活完全是投入佛法中；兩個小孩也很聽話、很獨立，他們知道母親一心向佛，所以也不會來吵我，我只要幫他們準備三餐吃的食物即可，但也多是外面買回來吃，所以我就有時間可以作無相拜佛、作義工。印象中那時候經常要幫忙麗娟寄書去大陸，另外還有一項工作就是整理錄音帶，有一次麗娟問我：「要不要幫忙整理錄音帶？不勉強。」我說：「好啊！」我就接下了這份工作。

印象中接下這份工作的幾天後，大概兩三天之後的週二晚上要去講堂聽導師講經；那時候我都很早去，因爲我想坐在九樓直接面對 導師聽經聞法，所以我學校四點下課後，先回家把東西放下就直接去講堂，因爲晚去了就沒九樓的位子。而且我想坐前面一點，可以近距離直接承受 導師的攝受力。這麼早去坐下來，我就坐在位子上練定力，我把話頭就放在前面佛龕的佛面上，就這樣看著話頭。

我有這個習慣會把話頭放在一個地方直直看著，但不能一直固定看著一個地方，有時候要換個地方看，以免偏於定境、或眼睛不舒服。我平常走到哪裡都帶著話頭，因爲我去到哪裡都是獨行俠，平常在學校也是獨來獨往，只有話頭相伴，只要一有空就看話頭；有時候把話頭放在小朋友身上，有時候就放在樹葉上。因爲我的教室都在三樓，我經常沒事就站在走廊，帶著話頭往樓下看小朋友在操場上打球嬉戲，就把話頭定在那裡。有時候就把話頭放在樹葉上，有時候改完作業累了，我就坐在位子上往窗外看，就把話頭放在樹葉上，風吹來一大片樹葉晃呀晃。

我家樓下也有很大的廣場，我住的社區有很大的公共庭院，有許多花草樹木，也有一個人工水池，所以我也經常在那裡走走練功夫，然後把話頭放在晃動的葉子上；有時候走到池水邊把話頭放在晃動的湖面上，旁邊的路燈投射到湖面上，微風吹來，湖水燈光晃呀晃，就把話頭定在那上面。有的時候，那人工水池會有噴泉，會用噴的，我也把話頭放在噴泉上。那段時間我很認眞練定力，每天也都會作無相拜佛，每天至少拜一小時。而且我也練靜態定力，就是帶著憶佛念靜坐大約半小時，也就是說，我同時練動態以及靜態的定力，也同時讓自己的話頭活潑，以免偏於定境。

話說回頭，當我接下錄音帶工作沒幾天後的某個週二晚上，因爲我很早就去九樓，當我一走進禪堂就聞到整間禪堂充滿了檀香，可以說整個空氣都瀰漫著檀香。我找到位子坐下來，還聞到檀香，心中就想：「今天講堂的供香換品牌了，這麼香。」我就問旁邊的師姊說：「妳有沒有聞到檀香？很香。」她說：「沒有啊！」我心想奇怪了，明明這麼香，她怎麼沒聞到；然後我就去上洗手間，回來還是聞到檀香。我又問另一個師姊：「有沒有聞到檀香？」她也說沒有。我就納悶了，怎麼只有我聞到？

這不問還好，東問西問，檀香香味也就沒了。但我心中也就很清楚了，是佛菩薩加持我，要我好好作錄音帶工作。所以，之後我每天很認眞在整理錄音帶，心想無論如何都要讓 導師所說的正法落實於文字，可以永遠流布於人間。

那時候整理 導師的錄音帶，不是光碟，而是錄音帶，所以我先用錄音機播放，一面聽一面用原子筆寫下來；一個字一個字寫好之後，再用電腦打字一個字一個字打（可以說是土法煉鋼）。所以有時候寫到手握筆的地方，也就是手指會痛到不能握筆，我就用醫療用膠帶包住手指，情況就好一點，但還是會痛痛的感覺。後來我就改用別的品牌原子筆，也就是手握的地方它是有改良的，用這種原子筆寫，手就不痛了。

整理錄音帶，最難的地方是標點符號，因爲斷句不對，意思就不一樣了，因此斷句時頭腦要清醒，所以我就清晨起來工作。那時候大地沉靜，自己的頭腦也清醒，所以從那時候起，我就養成了清晨起來工作的習慣；冬天寒流來時很冷，我也一大早約三、四點就起來，就用大圍巾整個頭都包起來工作，心裡只想趕快把工作做好，不能延誤出書時間。就這樣，一大早起來工作，時間到了，大約七點就直接去學校上課。

吃，對我來說不重要，我對吃也沒什麼興趣，所以我很少花時間在吃上面，可以說是不花時間在廚房。家人也很配合，在這方面他們不會給我負擔，他們很清楚母親一心在佛道。因爲我每天幾乎都是一個人關在房間裡，不是練功夫，就是看 導師的書，或在整理錄音帶，或者去講堂作義工。所以我每天的活動範圍就只有三個地方，就是家裡、學校以及講堂，就這三個地方。雖然我住在臺北市大安區，但是足不出戶，可以說是隱居在大都會裡，但我怡然自得，因爲每天有正覺的正法陪伴我。

雖然有正法陪伴法樂無窮，可我心中還是有個罣礙，有件事未了，就是還未眼見佛性；禪門中說「明心見性」，要明心也要見性；現在心是明了，但未見性，好像事情作一半，大事未了，怎麼辦？所以我那時候會去龍山寺拜 觀世音菩薩，每次去就是祈求 觀世音菩薩：「**加持弟子能夠眼見佛性，弟子願意生生世世、乃至盡未來際，一直都要護持世尊正法，喪身捨命都在所不惜。**」然後去那裡，我也會隨喜添油香。這也是我的習慣，我會隨喜添油香。

那段時間，我滿腦子就是要眼見佛性，去到哪裡就是在看話頭。有時候也會參話頭：「佛性是什麼？」很微細的作意要去找「佛性是什麼」。好幾次想放棄了，覺得好難：無形無相怎麼看？有時候看到眼睛都糊了。可禪門裡頭明明說「明心、見性」有兩關啊！事情總不能作一半，若不見性，總覺得腳跟還未站穩，還不行，還要繼續努力。所以有時候晚上要睡覺躺在床上，會帶著作意「佛性是什麼」；那個作意是很微細的，雖然沒有語言文字，但知道自己有那個作意在，因爲那時候滿腦子就是要看見佛性、要知道佛性是什麼。

結果有一天晚上作個夢，那夢境很清晰，到現在都還記憶猶新；那河水相當清澈，可以清楚看見河裡的魚兒游呀游，河底的石頭也清楚可見，那時候我的心很清明、很沉靜的就看著；那個境界相很清晰，頓時一念相應，喔！原來佛性就是□□，那麼清淨。

醒來後，我再回憶那夢中的境界相，啊！原來佛性就是□□，那麼清淨，那眞的要很大的福德與定力，心要很清明很沉靜才能看見。心想，爲什麼之前我在清醒位中沒看見？被外境牽動了，心不夠清明沉靜，所以只見外相（外物）而不見清淨佛性本然就在，其實眼睛看出去祂就在。

隔沒幾天，我又作了個夢，那個夢境是一棵樹，樹上有許多粉紅色花，那個境界相也是非常清晰；再看一次，佛性就是□□啊，那麼清晰。

我想這是夢裡所見，所以之後那幾天，我就到我家樓下廣場去、去看看，帶著話頭去看；那湖面水波以及燈光晃呀晃，清淨佛性本然就在，但不是眼識等的見聞覺知。

這樣看了幾天，覺得有把握了，很高興就想把這心得跟 導師報告；也希望 導師指正，若不是的話我就要丟掉，不能在那兒自得其樂。很高興趕快就寫下，呈給 導師。結果沒下文，心想大概不對吧，導師大概也不好意思給我當面戳破。就這樣不了了之，我想大概是不對了，但是除了這個，我再也找不到了。所以，那時候開始我就不再管見性這件事了，心想除了這個，我再也找不到了；所以就想往般若智慧方面努力，從實相般若下功夫好了。

印象中，好像事隔幾年吧，有一天收到 導師的電子郵件；不過那封郵件，似乎是 導師寄給我很久了，因爲當時我很少開信箱，不曉得 導師寄郵件給我，好像是後來 導師打電話給我（因爲事隔多年了），問有沒有收到郵件。我就去開電子信箱，果眞 導師寄信給我，信中大意是要我練功夫、練看話頭等等。但其實那時候我已經完全放棄見性，因爲如果夢中所見不是，我再也找不到了，所以我就回 導師信說：「**弟子不行了，功夫都散了。**」

直到大約前二年吧，我去禪三實習監香，我一進禪堂就先禮佛三拜，之後再禮拜 克勤大師，回到禪堂後面。導師一看見我，就叫我去禮拜 克勤大師，我說拜過了，導師就指著百葉窗問我說：「**要在這上面也能看到佛性才算數。**」（原來導師還記掛著，但其實我早已經放棄見性了。）因爲當時旁邊有其他人在，一方面自己也沒把握、不敢隨便回答，所以我笑一笑沒講話。

之後，在 導師的小參室裡，導師要我把夢裡所見忘了，從頭開始，我隨即回答 導師說：「**忘不了！**」我還問 導師說：「**老師！如果沒有見性，能夠參牢關嗎？**」導師說：「**可以。**」我就覺得心安了，沒見性還是可以參牢關，這樣道業就不會停滯不前了。當我要離開小參室時，我轉頭跟 導師說：「**老師！您來世要度我見性喔！**」導師馬上回我說：「**好！**」

就這樣子，有時候還是會想到見性的事，有時候還會看看佛性；尤其是退休後，我每天清晨都會下去廣場走走，可在沒被認可之前，也不曉得是或不是？尤其最近常聽 導師說這一世要度一〇八人明心又見性，我應該把握住這個機會。可是除了這個，我再也找不到了，去禪三也是白去，怎麼辦？還是留到下一世再說吧，可是到下一世萬一又出現夢境怎麼辦？又是故事重演！

前幾天親教師會議中，導師又說到：「**這一世要度一〇八人見性，我要把這無形的一〇八顆串珠掛在身上，死後去見世尊。**」唉呀！怎麼辦？又不敢問 導師，之前我那封信所寫的內容到底對或不對？左思右想，我還是要去面對，敬請 導師慈悲教誨，我該怎麼去補救？所以就下定決心，寫電子郵件給 導師，先回答之前在祖師堂時，導師問我的問題。

在百葉窗上可以看到自己的佛性，其實佛性不在百葉窗上而是在自己身上，只是祂隨著眼睛看出去，就好像我們睡覺掛蚊帳，從蚊帳裡看出去，都是透著蚊帳在看外面的東西一樣。清淨佛性是和眼識混在一起，故所見都是佛性，就好像從蚊帳裡看蚊帳外面的景色一樣，所見物品上就都有自己的佛性，但佛性其實還是在自己身上。就像經上說的，清淨佛性不離見聞覺知，但不是見聞覺知。

同時也跟 導師報告說，要我把這些丟掉很困難，請 導師慈悲教誨，弟子這些是不是錯誤的？還是落入解悟了？該怎麼去補救，才能從新再來參？導師很慈悲，馬上回我的信，要我重新再寫一遍報告細說，但也慈悲叮嚀我：「在重寫之前，有些是您必須自己再作確認的，以免大妄語業：在別人身上可以看見自己的佛性，也可以看見對方的佛性；在無情上面只能看見自己的佛性，看不見別人或任何有情的佛性。必須是如此，才不會是誤會。」

「在別人身上可以看見自己的佛性，也可以看見對方的佛性」：就跟前面看百葉窗的道理一樣的，佛性還是在自己身上，就在□□□□，但眼識的見聞覺知必須要有佛性的配合才能運作，所以是混在一起。當眼睛看出去，就像我們睡覺時從蚊帳看出去的情況一樣，在別人身上可以看到自己佛性(這裡用蚊帳譬喻是有點物化，只是爲了方便說明，其實清淨佛性，不是物質色法。也不能掉到見聞覺知上，但一般人往往落在見聞覺知上而誤以爲那是佛性，所以這兩者要分清楚，不能落在見聞覺知上，所以就必須要有大福德，也要有定力，在佛力加持下才有辦法見到)，對方有情也有佛性，所以你可以在別人身上看見自己的佛性，也可以看見對方佛性，但其實各人佛性都還是在各人身上。

「在無情上面只能看見自己的佛性，看不見別人或任何有情的佛性」：無情沒有第八識如來藏當然沒有佛性，所以在無情上面，就只能看到我自己的佛性，但也看不到別人(任何有情)的佛性，因為別人的佛性也是在別人他自己的身上。

導師尊鑑：以上是弟子的一個簡單的心得報告，請 導師慈悲教誨，弟子定當依教奉行，其實昨天 導師回我電子郵件，弟子心就足已。弟子也不想虛頂個見性的頭銜，結果大妄語下墮三惡道，甚至或者連累 導師。謹此

敬祝

導師 地地增上，早成佛道！

弟子 惠莉 頂禮敬叩

# 佛菩提二主要道次第概要表——二道並修，以外無別佛法

## 佛菩提道——大菩提道

十信位修集信心——一劫乃至一萬劫

### 遠波羅蜜多

#### 資糧位

初住位修集布施功德（以財施為主）。

二住位修集持戒功德。

三住位修集忍辱功德。

四住位修集精進功德。

五住位修集禪定功德。

六住位修集般若功德（熏習般若中觀及斷我見，加行位也）。

外門廣修六度萬行

#### 見道位

七住位明心般若正觀現前，親證本來自性清淨涅槃。

八住位起於一切法現觀般若中道。漸除性障。

十住位眼見佛性，世界如幻觀成就。

一至十行位，於廣行六度萬行中，依般若中道慧，現觀陰處界猶如陽焰，至第十行滿心位，陽焰觀成就。

一至十迴向位熏習一切種智；修除性障，唯留最後一分思惑不斷。第十迴向滿心位成就菩薩道如夢觀。

內門廣修六度萬行

初地：第十迴向位滿心時，成就道種智一分（八識心王一一親證後，領受五法、三自性、七種第一義、七種性自性、二種無我法）復由勇發十無盡願，成通達位菩薩。復又永伏性障而不具斷，能證慧解脫而不取證，由大願故留惑潤生。此地主修法施波羅蜜多及百法明門。證「猶如鏡像」現觀，故滿初地心。

二地：初地功德滿足以後，再成就道種智一分而入二地；主修戒波羅蜜多及一切種智。滿心位成就「猶如光影」現觀，戒行自然清淨。

## 解脫道：二乘菩提

斷三縛結，成初果解脫

薄貪瞋癡，成二果解脫

斷五下分結，成三果解脫

入地前的四加行令煩惱障現行悉斷，成四果解脫，留惑潤生。分段生死已斷，煩惱障習氣種子開始斷除，兼斷無始無明上煩惱。

近波羅蜜多 —— 大波羅蜜多 —— 圓滿波羅蜜多

修道位 —— 究竟位

心、五神通。能成就俱解脫果而不取證，留惑潤生。滿心位成就「猶如谷響」現觀及無漏妙定意生身。

四地：由三地再證道種智一分故入四地。主修精進波羅蜜多，於此土及他方世界廣度有緣，無有疲倦。進修一切種智，滿心位成就「如水中月」現觀。

五地：由四地再證道種智一分故入五地。主修禪定波羅蜜多及一切種智，斷除下乘涅槃貪。滿心位成就「變化所成」現觀。

六地：由五地再證道種智一分故入六地。此地主修般若波羅蜜多——依道種智現觀十二因緣一一有支及意生身化身，皆自心眞如變化所現，「非有似有」，成就細相觀，不由加行而自然證得滅盡定，成俱解脫大乘無學。

七地：由六地「非有似有」現觀，再證道種智一分故入七地。此地主修一切種智及方便波羅蜜多，由重觀十二有支一一支中之流轉門及還滅門一切細相，成就方便善巧，念念隨入滅盡定。滿心位證得「如犍闥婆城」現觀。

八地：由七地極細相觀成就故再證道種智一分而入八地。此地主修一切種智及願波羅蜜多。至滿心位純無相觀任運恆起，故於相土自在，滿心位復證「如實覺知諸法相意生身」故。

九地：由八地再證道種智一分故入九地。主修力波羅蜜多及一切種智，成就四無礙，滿心位證得「種類俱生無行作意生身」。

十地：由九地再證道種智一分故入此地。此地主修一切種智——智波羅蜜多。滿心位起大法智雲，及現起大法智雲所含藏種種功德，成受職菩薩。

等覺：由十地道種智成就故入此地。此地應修一切種智，圓滿等覺地無生法忍；於百劫中修集極廣大福德，以之圓滿三十二大人相及無量隨形好。

妙覺：示現受生人間已斷盡煩惱障一切習氣種子，並斷盡所知障一切隨眠，永斷變易生死無明，成就大般涅槃，四智圓明。人間捨壽後，報身常住色究竟天利樂十方地上菩薩；以諸化身利樂有情，永無盡期，成就究竟佛道。

七地滿心斷除故意保留之最後一分思惑時，煩惱障所攝色、受、想三陰有漏習氣種子全部斷盡。 →

煩惱障所攝行、識二陰無漏習氣種子任運漸斷，所知障所攝上煩惱任運漸斷。 →

斷盡變易生死成就大般涅槃

# 圓滿成就究竟佛果

佛子蕭平實 謹製
（二〇〇九、〇二 修訂）
（二〇一二、〇二 增補）

# 佛教正覺同修會〈修學佛道次第表〉

## 第一階段

* 以憶佛及拜佛方式修習動中定力。
* 學第一義佛法及禪法知見。
* 無相拜佛功夫成就。
* 具備一念相續功夫—動靜中皆能看話頭。
* 努力培植福德資糧，勤修三福淨業。

## 第二階段

* 參話頭，參公案。
* 開悟明心，一片悟境。
* 鍛鍊功夫求見佛性。
* 眼見佛性〈餘五根亦如是〉親見世界如幻，成就如幻觀。
* 學習禪門差別智。
* 深入第一義經典。
* 修除性障及隨分修學禪定。
* 修證十行位陽焰觀。

## 第三階段

* 學一切種智真實正理—楞伽經、解深密經、成唯識論…。
* 參究末後句。
* 解悟末後句。
* 透牢關—親自體驗所悟末後句境界，親見實相，無得無失。
* 救護一切眾生迴向正道。護持了義正法，修證十迴向位如夢觀。
* 發十無盡願，修習百法明門，親證猶如鏡像現觀。
* 修除五蓋，發起禪定。持一切善法戒。親證猶如光影現觀。
* 進修四禪八定、四無量心、五神通。進修大乘種智，求證猶如谷響現觀。

## 佛教正覺同修會 共修現況 及 招生公告 2020/05/03

### 一、共修現況：（請在共修時間來電，以免無人接聽。）

**台北正覺講堂** 103 台北市承德路三段 277 號九樓 捷運淡水線圓山站旁 Tel..總機 02-25957295（晚上）（**分機：九樓**辦公室 10、11；知客櫃檯 12、13。 **十樓**知客櫃檯 15、16；書局櫃檯 14。 **五樓**辦公室 18；知客櫃檯 19。**二樓**辦公室 20；知客櫃檯 21。）Fax..25954493

**第一講堂** 台北市承德路三段 277 號九樓

**禪淨班：**週一晚班、週三晚班、週四晚班、週五晚班、週六下午班、週六上午班（共修期間二年半，全程免費。皆須報名建立學籍後始可參加共修，欲報名者詳見本公告末頁。）

**增上班：瑜伽師地論詳解：**單週六晚班。雙週六晚班（重播班）。17.50～20.50。平實導師講解，2003 年 2 月開講至今，僅限已明心之會員參加。

**禪門差別智：**每月第一週日全天 平實導師主講（事冗暫停）。

**不退轉法輪經**詳解 本經所說妙法極爲甚深難解，時至末法，已然無有知者；而其甚深絕妙之法，流傳至今依舊多人可證，顯示佛法眞是義學而非玄談，其中甚深極妙令人拍案稱絕之第一義諦妙義。已於 2019 年元月底開講，由平實導師詳解。每逢週二晚上開講，第一至第六講堂都可同時聽聞，歡迎菩薩種性學人，攜眷共同參與此殊勝法會現場聞法，不限制聽講資格。本會學員憑上課證進入第一至第四講堂聽講，會外學人請以身分證件換證進入聽講（此爲大樓管理處安全管理規定之要求，敬請諒解）；第五及第六講堂（B1、B2）對外開放，不需出示任何證件，請由大樓側門直接進入。

**第二講堂** 台北市承德路三段 267 號十樓。

**禪淨班：**週一晚班。

**進階班：**週三晚班、週四晚班、週五晚班、週六早班、週六下午班。禪淨班結業後轉入共修。

**不退轉法輪經**詳解：平實導師講解。每週二 18.50~20.50 影像音聲即時傳輸

**第三講堂** 台北市承德路三段 277 號五樓。

**禪淨班：**週六下午班。

**進階班：**週一晚班、週三晚班、週四晚班、週五晚班。

**不退轉法輪經**詳解：平實導師講解。每週二 18.50~20.50 影像音聲即時傳輸

**第四講堂** 台北市承德路三段 267 號二樓。

**進階班：**週一晚班、週三晚班、週四晚班（禪淨班結業後轉入共修）。

**不退轉法輪經**詳解：平實導師講解。每週二 18.50~20.50 影像音聲即時傳輸

**第五、第六講堂**

**念佛班** 每週日晚上，第六講堂共修（B2），一切求生極樂世界的三寶

弟子皆可參加，不限制共修資格。

**進階班：**週一晚班、週三晚班、週四晚班。

**不退轉法輪經**詳解：平實導師講解。每週二 18.50~20.50 影像音聲即時傳輸。第五、第六講堂為**開放式講堂**，不需以身分證件換證即可進入聽講，台北市承德路三段 267 號地下一樓、地下二樓。每逢週二晚上講經時段開放給會外人士自由聽經，請由大樓側面梯階逕行進入聽講。**聽講者請尊重講者的著作權及肖像權，請勿錄音錄影，以免違法；若有錄音錄影被查獲者，將依法處理。**

**正覺祖師堂**　大溪區美華里信義路 650 巷坑底 5 之 6 號（台 3 號省道 34 公里處　妙法寺對面斜坡道進入）電話 03-3886110　傳真 03-3881692 本堂供奉 克勤圓悟大師，專供會員每年四月、十月各三次精進禪三共修，兼作本會出家菩薩掛單常住之用。開放參訪日期請參見本會公告。教內共修團體或道場，得另申請其餘時間作團體參訪，務請事先與常住確定日期，以便安排常住菩薩接引導覽，亦免妨礙常住菩薩之日常作息及修行。

**桃園正覺講堂（第一、第二講堂）：**桃園市介壽路 286、288 號 10 樓（陽明運動公園對面）電話：03-3749363（請於共修時聯繫，或與台北聯繫）

**禪淨班：**週一晚班（1）、週一晚班（2）、週三晚班、週四晚班、週五晚班。

**進階班：**週四晚班、週五晚班、週六上午班。

**增上班：**雙週六晚班（增上重播班）。

**不退轉法輪經**詳解：平實導師講解。每週二晚上，以台北正覺講堂所錄 DVD 放映；歡迎會外學人共同聽講，不需出示身分證件。

**新竹正覺講堂**　新竹市東光路 55 號二樓之一　電話 03-5724297（晚上）

**第一講堂：**

**禪淨班：**週五晚班。

**進階班：**週三晚班、週四晚班、週六上午班（由禪淨班結業後轉入共修）。

**增上班：**單週六晚班。雙週六晚班（重播班）。

**不退轉法輪經**詳解：平實導師講解。每週二晚上，以台北正覺講堂所錄 DVD 放映。歡迎會外學人共同聽講，不需出示身分證件。

**第二講堂：**

**禪淨班：**週一晚班、週三晚班、週四晚班、週六上午班。

**不退轉法輪經**詳解：每週二晚上與第一講堂同步播放講經 DVD。

**第三、第四講堂：**裝修完畢，即將開放。

**台中正覺講堂**　04-23816090（晚上）

**第一講堂**　台中市南屯區五權西路二段 666 號 13 樓之四（國泰世華銀行樓上。鄰近縣市經第一高速公路前來者，由五權西路交流道可以快速到達，大樓旁有停車場，對面有素食館）。

**禪淨班：**週四晚班、週五晚班。

**進階班**：週一晚班、週三晚班、週六上午班（由禪淨班結業後轉入共修）。

**增上班**：單週六晚班。雙週六晚班（重播班）。

**不退轉法輪經**詳解：平實導師講解。每週二晚上，以台北正覺講堂所錄 DVD 放映。歡迎會外學人共同聽講，不需出示身分證件。

**第二講堂**　台中市南屯區五權西路二段 666 號 4 樓

**禪淨班**：週一晚班、週三晚班。

**第三講堂**台中市南屯區五權西路二段 666 號 4 樓

**禪淨班**：週一晚班。

**第四講堂**台中市南屯區五權西路二段 666 號 4 樓。

**進階班**：週一晚班、週四晚班、週六上午班（由禪淨班結業後轉入共修）。

**不退轉法輪經**詳解：每週二晚上與第一講堂同步播放講經 DVD。

**嘉義正覺講堂**　嘉義市友愛路 288 號八樓之一　電話：05-2318228

**第一講堂**：

**禪淨班**：週四晚班、週五晚班、週六上午班。

**進階班**：週一晚班、週三晚班（由禪淨班結業後轉入共修）。

**增上班**：單週六晚班。雙週六晚班（重播班）。

**不退轉法輪經**詳解：平實導師講解。每週二晚上，以台北正覺講堂所錄 DVD 放映。歡迎會外學人共同聽講，不需出示身分證件。

**第二講堂**　嘉義市友愛路 288 號八樓之二。

**第三講堂**　嘉義市友愛路 288 號四樓之七。

**禪淨班**：週一晚班、週三晚班。

**台南正覺講堂**

**第一講堂**　台南市西門路四段 15 號 4 樓。06-2820541（晚上）

**禪淨班**：週一晚班、週三晚班、週四晚班、週五晚班、週六下午班。

**增上班**：單週六晚班。雙週六晚班（重播班）。

**第二講堂**　台南市西門路四段 15 號 3 樓。

**不退轉法輪經**詳解：每週二晚上與第三講堂同步播放講經 DVD。

**第三講堂**　台南市西門路四段 15 號 3 樓。

**進階班**：週一晚班、週三晚班、週四晚班、週五晚班（由禪淨班結業後轉入共修）。

**不退轉法輪經**詳解：平實導師講解。每週二晚上，以台北正覺講堂所錄 DVD 放映。歡迎會外學人共同聽講，不需出示身分證件。。

**高雄正覺講堂**　高雄市新興區中正三路 45 號五樓 07-2234248（晚上）

**第一講堂**（五樓）：

**禪淨班**：週一晚班、週三晚班、週四晚班、週五晚班、週六上午班。

**增上班**：單週六晚班。雙週六晚班（重播班）。

**不退轉法輪經**詳解：平實導師講解。每週二晚上，以台北正覺講堂所錄 DVD 放映。歡迎會外學人共同聽講，不需出示身分證件。

**第二講堂**（四樓）：

**進階班**：週三晚班、週四晚班、週六上午班（由禪淨班結業後轉入共修）。

**不退轉法輪經**詳解：每週二晚上與第一講堂同步播放講經 DVD。

**第三講堂**（三樓）：

**進階班**：週四晚班（由禪淨班結業後轉入共修）。

## 香港正覺講堂

九龍觀塘，成業街 10 號，電訊一代廣場 27 樓 E 室。

（觀塘地鐵站 B1 出口，步行約 4 分鐘）。電話：(852) 23262231

英文地址：Unit E，27th Floor, TG Place, 10 Shing Yip Street, Kwun Tong, Kowloon

**禪淨班**：雙週六下午班、雙週日下午班、單週六下午班、單週日下午班

**進階班**：雙週五晚上班、雙週日早上班（由禪淨班結業後轉入共修）。

**增上班**：每月第一週週日，以台北增上班課程錄成 DVD 放映之。

**增上重播班**：每月第一週週六，以台北增上班課程錄成 DVD 放映之。

**大法鼓經**詳解：平實導師講解。每週六、日 19:00～21:00，以台北正覺講堂所錄 DVD 放映；歡迎會外學人共同聽講，不需出示身分證件。

## 美國洛杉磯正覺講堂　☆已遷移新址☆

825 S. Lemon Ave Diamond Bar, CA 91789 U.S.A.

Tel. (909) 595-5222（請於週六 9:00~18:00 之間聯繫）

Cell. (626) 454-0607

**禪淨班**：每逢週末 16：00~18：00 上課。

**進階班**：每逢週末上午 10：00~12：00 上課。

**不退轉法輪經**詳解：平實導師講解。每週六下午 13：30~15：30 以台北所錄 DVD 放映。歡迎各界人士共享第一義諦無上法益，不需報名。

**二、招生公告**　**本會台北講堂及全省各講堂、香港講堂，每逢四月、十月下旬開新班，每週共修一次**（每次二小時。開課日起三個月內仍可插班）；**但美國洛杉磯共修處之禪淨班得隨時插班共修。各班共修期間皆爲二年半，全程免費，欲參加者請向本會函索報名表**（各共修處皆於共修時間方有人執事，非共修時間請勿電詢或前來洽詢、請書），**或直接從本會官方網站**(http://www.enlighten.org.tw/newsflash/class)**或成**

佛之道網站下載報名表。共修期滿時，若經報名禪三審核通過者，可參加四天三夜之禪三精進共修，有機會明心、取證如來藏，發起般若實相智慧，成爲實義菩薩，脫離凡夫菩薩位。

**三、新春禮佛祈福** 農曆年假期間停止共修：自農曆新年前七天起停止共修與弘法，正月 8 日起回復共修、弘法事務。新春期間正月初一～初七 9.00～17.00 開放台北講堂、正月初一~初三開放新竹、台中、嘉義、台南、高雄講堂，以及大溪禪三道場（正覺祖師堂），方便會員供佛、祈福及會外人士請書。美國洛杉磯共修處之休假時間，請逕詢該共修處。

密宗四大派修雙身法，是外道性力派的邪法；又以生滅的識陰作為常住法，是常見外道，是假的藏傳佛教。

西藏覺囊巴以他空見弘揚第八識如來藏勝法，才是真藏傳佛教

# 佛教正覺同修會　弘法行事表

2019/02/18

1、**禪淨班**　以無相念佛及拜佛方式修習動中定力，實證一心不亂功夫。傳授解脫道正理及第一義諦佛法，以及參禪知見。共修期間：二年六個月。每逢四月、十月開新班，詳見招生公告表。

2、**進階班**　禪淨班畢業後得轉入此班，進修更深入的佛法，期能證悟明心。各地講堂各有多班，繼續深入佛法、增長定力，悟後得轉入增上班修學道種智，期能證得無生法忍。

3、**增上班 瑜伽師地論**詳解　詳解論中所言凡夫地至佛地等 17 師之修證境界與理論，從凡夫地、聲聞地……宣演到諸地所證無生法忍、一切種智之眞實正理。由平實導師開講，每逢一、三、五週之週末晚上開示，僅限已明心之會員參加。2003 年二月開講至今，預定 2019 年講畢。

4、**不退轉法輪經**詳解　本經所說妙法極為甚深難解，時至末法，已然無有知者；而其甚深絕妙之法，流傳至今依舊多人可證，顯示佛法眞是義學而非玄談，其中甚深極妙令人拍案稱絕之第一義諦妙義。已於 2019 年元月底開講，由平實導師詳解。不限制聽講資格。

5、**精進禪三**　主三和尚：平實導師。於四天三夜中，以克勤圓悟大師及大慧宗杲之禪風，施設機鋒與小參、公案密意之開示，幫助會員剋期取證，親證不生不滅之眞實心——人人本有之如來藏。每年四月、十月各舉辦三個梯次；平實導師主持。僅限本會會員參加禪淨班共修期滿，報名審核通過者，方可參加。並選擇會中定力、慧力、福德三條件皆已具足之已明心會員，給以指引，令得眼見自己無形無相之佛性遍佈山河大地，眞實而無障礙，得以肉眼現觀世界身心悉皆如幻，具足成就如幻觀，圓滿十住菩薩之證境。

6、**阿含經**詳解　選擇重要之阿含部經典，依無餘涅槃之實際而加以詳解，令大眾得以現觀諸法緣起性空，亦復不墮斷滅見中，顯示經中所隱說之涅槃實際—如來藏—確實已於四阿含中隱說；令大眾得以聞後觀行，確實斷除我見乃至我執，證得**見到**眞現觀，乃至**身證**……等眞現觀；已得大乘或二乘見道者，亦可由此聞熏及聞後之觀行，除斷我所之貪著，成就慧解脫果。由平實導師詳解。不限制聽講資格。

7、**解深密經**詳解　重講本經之目的，在於令諸已悟之人明解大乘法道之成佛次第，以及悟後進修一切種智之內涵，確實證知三種自性性，並得據此證解七眞如、十眞如等正理。每逢週二 18.50~20.50 開示，由平實導師詳解。將於《**不退轉法輪經**》講畢後開講。不限制聽講資格。

8、**成唯識論**詳解　詳解一切種智眞實正理，詳細剖析一切種智之微細深妙廣大正理；並加以舉例說明，使已悟之會員深入體驗所證如來藏之微密行相；及證驗見分相分與所生一切法，皆由如來藏—阿賴耶識—直接或展轉而生，因此證知一切法無我，證知無餘涅槃之本際。將於增上班《瑜伽師地論》講畢後，由平實導師重講。僅限已明心之會員參加。

9、**精選如來藏系經典**詳解　精選如來藏系經典一部，詳細解說，以此完全印證會員所悟如來藏之眞實，得入不退轉住。另行擇期詳細解說之，由平實導師講解。僅限已明心之會員參加。

10、**禪門差別智**　藉禪宗公案之微細淆訛難知難解之處，加以宣說及剖析，以增進明心、見性之功德，啓發差別智，建立擇法眼。每月第一週日全天，由平實導師開示，僅限破參明心後，復又眼見佛性者參加（事冗暫停）。

11、**枯木禪**　先講智者大師的《小止觀》，後說《釋禪波羅蜜》，詳解四禪八定之修證理論與實修方法，細述一般學人修定之邪見與岔路，及對禪定證境之誤會，消除枉用功夫、浪費生命之現象。已悟般若者，可以藉此而實修初禪，進入大乘通教及聲聞教的三果心解脫境界，配合應有的大福德及後得無分別智、十無盡願，即可進入初地心中。親教師：平實導師。未來緣熟時將於正覺寺開講。不限制聽講資格。

**註：**本會例行年假，自 2004 年起，改爲每年農曆新年前七天開始停息弘法事務及共修課程，農曆正月 8 日回復所有共修及弘法事務。新春期間（每日 9.00~17.00）開放台北講堂，方便會員禮佛祈福及會外人士請書。大溪區的正覺祖師堂，開放參訪時間，詳見〈正覺電子報〉或成佛之道網站。本表得因時節因緣需要而隨時修改之，不另作通知。

## 佛教正覺同修會　贈閱書籍 目錄　　2018/10/20

1.**無相念佛**　平實導師著　回郵 36 元
2.**念佛三昧修學次第**　平實導師述著　回郵 52 元
3.**正法眼藏—護法集**　平實導師述著　回郵 76 元
4.**真假開悟簡易辨正法**&**佛子之省思**　平實導師著　回郵 26 元
5.**生命實相之辨正**　平實導師著　回郵 31 元
6.**如何契入念佛法門**（附：印順法師否定極樂世界）平實導師著　回郵 26 元
7.**平實書箋**—答元覽居士書　平實導師著　回郵 52 元
8.**三乘唯識**—如來藏系經律彙編　平實導師編　回郵 80 元
（精裝本　長 27 cm　寬 21 cm　高 7.5 cm　重 2.8 公斤）
9.**三時繫念全集**—修正本　回郵掛號 52 元（長 26.5 cm×寬 19 cm）
10.**明心與初地**　平實導師述　回郵 31 元
11.**邪見與佛法**　平實導師述著　回郵 36 元
12.**甘露法雨**　平實導師述　回郵 36 元
13.**我與無我**　平實導師述　回郵 36 元
14.**學佛之心態**—修正錯誤之學佛心態始能與正法相應 孫正德老師著 回郵52元
附錄：平實導師著**《略說八、九識並存…等之過失》**
15.**大乘無我觀**—《悟前與悟後》別說　平實導師述著　回郵 36 元
16.**佛教之危機**—中國台灣地區現代佛教之真相（附錄：公案拈提六則）
平實導師著　回郵 52 元
17.**燈　影**—燈下黑（覆「求教後學」來函等）　平實導師著　回郵 76 元
18.**護法與毀法**—覆上平居士與徐恒志居士網站毀法二文
張正圜老師著　回郵 76 元
19.**淨土聖道**—兼評選擇本願念佛　正德老師著　**由正覺同修會購贈** 回郵52元
20.**辨唯識性相**—對「紫蓮心海《辯唯識性相》書中否定阿賴耶識」之回應
正覺同修會 台南共修處法義組 著　回郵52元
21.**假如來藏**—對法蓮法師《如來藏與阿賴耶識》書中否定阿賴耶識之回應
正覺同修會 台南共修處法義組 著　回郵 76 元
22.**入不二門**—公案拈提集錦 第一輯（於平實導師公案拈提諸書中選錄約二十則，
合輯爲一冊流通之）平實導師著　回郵 52 元
23.**真假邪說**—西藏密宗索達吉喇嘛《破除邪說論》真是邪說
釋正安法師著　上、下冊回郵各 52 元
24.**真假開悟**—真如、如來藏、阿賴耶識間之關係　平實導師述著　回郵 76 元
25.**真假禪和**—辨正釋傳聖之謗法謬說　孫正德老師著　回郵 76 元
26.**眼見佛性**—駁慧廣法師眼見佛性的含義文中謬說

游正光老師著　回郵 52 元

27.**普門自在**—公案拈提集錦 第二輯（於平實導師公案拈提諸書中選錄約二十則，合輯爲一冊流通之）平實導師著　回郵 52 元

28.**印順法師的悲哀**—以現代禪的質疑為線索　恒毓博士著　回郵 52 元

29.**識蘊真義**—現觀識蘊內涵、取證初果、親斷三縛結之具體行門。—依《成唯識論》及《惟識述記》正義，略顯安慧《大乘廣五蘊論》之邪謬　平實導師著　回郵 76 元

30.**正覺電子報** 各期紙版本　免附回郵　每次最多函索三期或三本。（已無存書之較早各期，不另增印贈閱）

31.**現代人應有的宗教觀**　蔡正禮老師 著　回郵31 元

32.**遠惑趣道**—正覺電子報般若信箱問答錄　第一輯　回郵52 元

33.**遠惑趣道**—正覺電子報般若信箱問答錄　第二輯　回郵52 元

34.**確保您的權益**—器官捐贈應注意自我保護　游正光老師 著　回郵31 元

35.**正覺教團電視弘法三乘菩提 DVD 光碟**（一）

由正覺教團多位親教師共同講述錄製 DVD 8 片，MP3 一片，共 9 片。有二大講題：一爲「三乘菩提之意涵」，二爲「學佛的正知見」。內容精闢，深入淺出，精彩絕倫，幫助大眾快速建立三乘法道的正知見，免被外道邪見所誤導。有志修學三乘佛法之學人不可不看。（製作工本費 100 元，回郵 52 元）

36.**正覺教團電視弘法 DVD 專輯**（二）

總有二大講題：一爲「三乘菩提之念佛法門」，一爲「學佛正知見（第二篇）」，由正覺教團多位親教師輪番講述，內容詳細闡述如何修學念佛法門、實證念佛三昧，以及學佛應具有的正確知見，可以幫助發願往生西方極樂淨土之學人，得以把握往生，更可令學人快速建立三乘法道的正知見，免於被外道邪見所誤導。有志修學三乘佛法之學人不可不看。（一套 17 片，工本費 160 元。回郵 76 元）

37.**喇嘛性世界**—揭開假藏傳佛教譚崔瑜伽的面紗　張善思 等人合著　由正覺同修會購贈　回郵 52 元

38.**假藏傳佛教的神話**—性、謊言、喇嘛教　張正玄教授編著　由正覺同修會購贈　回郵 52 元

39.**隨　緣**—理隨緣與事隨緣　平實導師述　回郵 52 元。

40.**學佛的覺醒**　正枝居士 著　回郵 52 元

41.**導師之真實義**　蔡正禮老師 著　回郵 31 元

42.**淺談達賴喇嘛之雙身法**—兼論解讀「密續」之達文西密碼　吳明芷居士 著　回郵 31 元

43.**魔界轉世**　張正玄居士 著　回郵 31 元

44.**一貫道與開悟**　蔡正禮老師 著　回郵 31 元

45.**博愛**—愛盡天下女人　正覺教育基金會 編印　回郵 36 元

46.**意識虛妄經教彙編**—實證解脫道的關鍵經文　正覺同修會編印　回郵36 元

47.**邪箭囈語**—破斥藏密外道多識仁波切《破魔金剛箭雨論》之邪說
陸正元老師著　上、下冊回郵各 52 元

48.**真假沙門**—依 佛聖教闡釋佛教僧寶之定義
蔡正禮老師著　俟正覺電子報連載後結集出版

49.**真假禪宗**—藉評論釋性廣《印順導師對變質禪法之批判及對禪宗之肯定》以顯示真假禪宗
附論一：凡夫知見 無助於佛法之信解行證
附論二：世間與出世間一切法皆從如來藏實際而生而顯
余正偉老師著　俟正覺電子報連載後結集出版　回郵未定

★ 上列贈書之郵資，係台灣本島地區郵資，大陸、港、澳地區及外國地區，請另計酌增（大陸、港、澳、國外地區之郵票不許通用）。尚未出版之書，請勿先寄來郵資，以免增加作業煩擾。

★ 本目錄若有變動，唯於後印之書籍及「成佛之道」網站上修正公佈之，不另行個別通知。

**函索書籍**請寄：佛教正覺同修會　103 台北市承德路 3 段 277 號 9 樓
台灣地區函索書籍者請附寄郵票，無時間購買郵票者可以等值現金抵用，但不接受郵政劃撥、支票、匯票。大陸地區得以人民幣計算，國外地區請以美元計算（請勿寄來當地郵票，在台灣地區不能使用）。欲以掛號寄遞者，請另附掛號郵資。

**親自索閱**：正覺同修會各共修處。　★請於共修時間前往取書，餘時無人在道場，請勿前往索取；共修時間與地點，詳見書末正覺同修會共修現況表（以近期之共修現況表爲準）。

**註**：正智出版社發售之局版書，請向各大書局購閱。若書局之書架上已經售出而無陳列者，請向書局櫃台指定洽購；若書局不便代購者，請於正覺同修會共修時間前往各共修處請購，正智出版社已派人於共修時間送書前往各共修處流通。 郵政劃撥購書及 大陸地區 購書，請詳別頁正智出版社發售書籍目錄最後頁之說明。

**成佛之道 網站**：http://www.a202.idv.tw　正覺同修會已出版之結緣書籍，多已登載於 成佛之道 網站，若住外國、或住處遙遠，不便取得正覺同修會贈閱書籍者，可以從本網站閱讀及下載。　書局版之《宗通與說通》亦已上網，台灣讀者可向書局洽購，售價 300 元。《狂密與眞密》第一輯~第四輯，亦於 2003.5.1.全部於本網站登載完畢；台灣地區讀者請向書局洽購，每輯約 400 頁，售價 300 元（網站下載紙張費用較貴，容易散失，難以保存，亦較不精美）。

**＊＊假藏傳佛教修雙身法，非佛教＊＊**

## **正智出版社** 籌募弘法基金發售書籍目錄 2020/07/13

1.**宗門正眼**—公案拈提 第一輯 重拈 平實導師著 500 元
因重寫內容大幅度增加故，字體必須改小，並增爲 576 頁 主文 546 頁。比初版更精彩、更有內容。初版《禪門摩尼寶聚》之讀者，可寄回本公司免費調換新版書。免附回郵，亦無截止期限。（2007 年起，每冊附贈本公司精製公案拈提〈超意境〉CD 一片。市售價格 280 元，多購多贈。）
2.**禪淨圓融** 平實導師著 200 元（第一版舊書可換新版書。）
3.**真實如來藏** 平實導師著 400 元
4.**禪—悟前與悟後** 平實導師著 上、下冊，每冊 250 元
5.**宗門法眼**—公案拈提 第二輯 平實導師著 500 元
（2007 年起，每冊附贈本公司精製公案拈提〈超意境〉CD 一片）
6.**楞伽經詳解** 平實導師著 全套共 10 輯 每輯 250 元
7.**宗門道眼**—公案拈提 第三輯 平實導師著 500 元
（2007 年起，每冊附贈本公司精製公案拈提〈超意境〉CD 一片）
8.**宗門血脈**—公案拈提 第四輯 平實導師著 500 元
（2007 年起，每冊附贈本公司精製公案拈提〈超意境〉CD 一片）
9.**宗通與說通**—成佛之道 平實導師著 主文 381 頁 全書 400 頁售價 300 元
10.**宗門正道**—公案拈提 第五輯 平實導師著 500 元
（2007 年起，每冊附贈本公司精製公案拈提〈超意境〉CD 一片）
11.**狂密與真密 一～四輯** 平實導師著 西藏密宗是人間最邪淫的宗教，本質不是佛教，只是披著佛教外衣的印度教性力派流毒的喇嘛教。此書中將西藏密宗密傳之男女雙身合修樂空雙運所有祕密與修法，毫無保留完全公開，並將全部喇嘛們所不知道的部分也一併公開。內容比大辣出版社喧騰一時的《西藏慾經》更詳細。並且函蓋藏密的所有祕密及其錯誤的中觀見、如來藏見……等，藏密的所有法義都在書中詳述、分析、辨正。每輯主文三百餘頁 每輯全書約 400 頁 售價每輯 300 元
12.**宗門正義**—公案拈提 第六輯 平實導師著 500 元
（2007 年起，每冊附贈本公司精製公案拈提〈超意境〉CD 一片）
13.**心經密意**—心經與解脫道、佛菩提道、祖師公案之關係與密意 平實導師述 300 元
14.**宗門密意**—公案拈提 第七輯 平實導師著 500 元
（2007 年起，每冊附贈本公司精製公案拈提〈超意境〉CD 一片）
15.**淨土聖道**—兼評「選擇本願念佛」 正德老師著 200 元
16.**起信論講記** 平實導師述著 共六輯 每輯三百餘頁 售價各 250 元
17.**優婆塞戒經講記** 平實導師述著 共八輯 每輯三百餘頁 售價各 250 元
18.**真假活佛**—略論附佛外道盧勝彥之邪說（對前岳靈犀網站主張「盧勝彥是證悟者」之修正） 正犀居士（岳靈犀）著 流通價 140 元
19.**阿含正義**—唯識學探源 平實導師著 共七輯 每輯 300 元

20.**超意境** CD 以平實導師公案拈提書中超越意境之頌詞，加上曲風優美的旋律，錄成令人嚮往的超意境歌曲，其中包括正覺發願文及平實導師親自譜成的黃梅調歌曲一首。詞曲雋永，殊堪翫味，可供學禪者吟詠，有助於見道。內附設計精美的彩色小冊，解說每一首詞的背景本事。每片 280 元。【每購買公案拈提書籍一冊，即贈送一片。】

21.**菩薩底憂鬱** CD 將菩薩情懷及禪宗公案寫成新詞，並製作成超越意境的優美歌曲。 1.主題曲〈菩薩底憂鬱〉，描述地後菩薩能離三界生死而迴向繼續生在人間，但因尚未斷盡習氣種子而有極深沈之憂鬱，非三賢位菩薩及二乘聖者所知，此憂鬱在七地滿心位方才斷盡；本曲之詞中所說義理極深，昔來所未曾見；此曲係以優美的情歌風格寫詞及作曲，聞者得以激發嚮往諸地菩薩境界之大心，詞、曲都非常優美，難得一見；其中勝妙義理之解說，已印在附贈之彩色小冊中。 2.以各輯公案拈提中直示禪門入處之頌文，作成各種不同曲風之超意境歌曲，值得玩味、參究；聆聽公案拈提之優美歌曲時，請同時閱讀內附之印刷精美說明小冊，可以領會超越三界的證悟境界；未悟者可以因此引發求悟之意向及疑情，眞發菩提心而邁向求悟之途，乃至因此眞實悟入般若，成眞菩薩。 3.正覺總持咒新曲，總持佛法大意；總持咒之義理，已加以解說並印在隨附之小冊中。本 CD 共有十首歌曲，長達 63 分鐘。每盒各附贈二張購書優惠券。每片 280 元。

22.**禪意無限** CD 平實導師以公案拈提書中偈頌寫成不同風格曲子，與他人所寫不同風格曲子共同錄製出版，幫助參禪人進入禪門超越意識之境界。盒中附贈彩色印製的精美解說小冊，以供聆聽時閱讀，令參禪人得以發起參禪之疑情，即有機會證悟本來面目而發起實相智慧，實證大乘菩提般若，能如實證知般若經中的眞實意。本 CD 共有十首歌曲，長達 69 分鐘，每盒各附贈二張購書優惠券。每片 280 元。

23.**我的菩提路**第一輯　釋悟圓、釋善藏等人合著　售價 300 元

24.**我的菩提路**第二輯　郭正益等人合著　售價 300 元（停售，俟改版後另行發售）

25.**我的菩提路**第三輯　王美伶等人合著　售價 300 元

26.**我的菩提路**第四輯　陳晏平等人合著　售價 300 元

27.**我的菩提路**第五輯　林慈慧等人合著　售價 300 元

28.**我的菩提路**第六輯　劉惠莉等人合著　售價 300 元

29.**鈍鳥與靈龜**—考證後代凡夫對大慧宗杲禪師的無根誹謗。

平實導師著 共 458 頁 售價 350 元

30.**維摩詰經講記** 平實導師述 共六輯 每輯三百餘頁 售價各 250 元

31.**真假外道**—破劉東亮、杜大威、釋證嚴常見外道見 正光老師著 200 元

32.**勝鬘經講記**—兼論印順《勝鬘經講記》對於《勝鬘經》之誤解。

平實導師述　共六輯　每輯三百餘頁　售價250 元

33.**楞嚴經講記** 平實導師述 共**15**輯，每輯三百餘頁 售價300元
34.**明心與眼見佛性**—駁慧廣〈蕭氏「眼見佛性」與「明心」之非〉文中謬說
正光老師著 共448頁 售價300元
35.**見性與看話頭** 黃正倖老師 著，本書是禪宗參禪的方法論。
內文375頁，全書416頁，售價300元。
36.**達賴真面目**—玩盡天下女人 白正偉老師 等著 中英對照彩色精裝大本 800元
37.**喇嘛性世界**—揭開假藏傳佛教譚崔瑜伽的面紗 張善思 等人著 200元
38.**假藏傳佛教的神話**—性、謊言、喇嘛教 正玄教授編著 200元
39.**金剛經宗通** 平實導師述 共九輯 每輯售價250元。
40.**空行母**—性別、身分定位，以及藏傳佛教。
珍妮·坎貝爾著 呂艾倫 中譯 售價250元
41.**末代達賴**—性交教主的悲歌 張善思、呂艾倫、辛燕編著 售價250元
42.**霧峰無霧**—給哥哥的信 辨正釋印順對佛法的無量誤解
游宗明 老師著 售價250元
43.**霧峰無霧**—第二輯—救護佛子向正道 細說釋印順對佛法的各類誤解
游宗明 老師著 售價250元
44.**第七意識與第八意識？**—穿越時空「超意識」
平實導師述 每冊300元
45.**黯淡的達賴**—失去光彩的諾貝爾和平獎
正覺教育基金會編著 每冊250元
46.**童女迦葉考**—論呂凱文〈佛教輪迴思想的論述分析〉之謬。
平實導師 著 定價180元
47.**人間佛教**—實證者必定不悖三乘菩提
平實導師 述，定價400元
48.**實相經宗通** 平實導師述 共八輯 每輯250元
49.**真心告訴您(一)**—達賴喇嘛在幹什麼？
正覺教育基金會編著 售價250元
50.**中觀金鑑**—詳述應成派中觀的起源與其破法本質
孫正德老師著 分為上、中、下三冊，每冊250元
51.**藏傳佛教要義**—《狂密與真密》之簡體字版 平實導師 著 上、下冊
僅在大陸流通 每冊300元
52.**法華經講義** 平實導師述 共二十五輯 每輯300元
已於2015/05/31起開始出版，每二個月出版一輯
53.**西藏「活佛轉世」制度**—附佛、造神、世俗法
許正豐、張正玄老師合著 定價150元
54.**廣論三部曲** 郭正益老師著 定價150元
55.**真心告訴您(二)**—達賴喇嘛是佛教僧侶嗎？
—補祝達賴喇嘛八十大壽
正覺教育基金會編著 售價300元

56.**次法**—實證佛法前應有的條件
張善思居士著　分爲上、下二冊，每冊 250 元
57.**涅槃**—解說四種涅槃之實證及內涵　平實導師著 上、下冊 各 350 元
58.**山法**—西藏關於他空與佛藏之根本論
篤補巴·喜饒堅贊著　　傑弗里·霍普金斯英譯
張火慶教授、張志成、呂艾倫等中譯　精裝大本 1200 元
59.**假鋒虛焰金剛乘**—揭示顯密正理，兼破索達吉師徒《般若鋒兮金剛焰》
釋正安法師著 簡體字版 即將出版 售價未定
60.**廣論之平議**—宗喀巴《菩提道次第廣論》之平議　正雄居士著
約二或三輯　俟正覺電子報連載後結集出版　書價未定
61.**菩薩學處**—菩薩四攝六度之要義　陸正元老師著　出版日期未定。
62.**八識規矩頌**詳解　○○居士 註解　出版日期另訂　書價未定。
63.**印度佛教史**—法義與考證。依法義史實評論印順《印度佛教思想史、佛教史地考論》之謬說　正偉老師著　出版日期未定　書價未定
64.**中國佛教史**—依中國佛教正法史實而論。○○老師 著　書價未定。
65.**中論正義**—釋龍樹菩薩《中論》頌正理。
孫正德老師著　出版日期未定　書價未定
66.**中觀正義**—註解平實導師《中論正義頌》。
○○法師（居士）著　出版日期未定　書價未定
67.**佛藏經講記**　平實導師述　已於 2019 年 7 月 31 日出版　共 21 輯，每二個月出版一輯，每輯 300 元。
68.**阿含經講記**—將選錄四阿含中數部重要經典全經講解之，講後整理出版。
平實導師述　約二輯　每輯 300 元　出版日期未定
69.**寶積經講記**　平實導師述　每輯三百餘頁 優惠價 300 元 出版日期未定
70.**解深密經講記**　平實導師述 約四輯　將於重講後整理出版
71.**成唯識論略解**　平實導師著　五～六輯　每輯 300 元　出版日期未定
72.**修習止觀坐禪法要講記**　平實導師述　每輯三百餘頁
將於正覺寺建成後重講、以講記逐輯出版　出版日期未定
73.**無門關**—《無門關》公案拈提　平實導師著　出版日期未定
74.**中觀再論**—兼述印順《中觀今論》謬誤之平議。正光老師著 出版日期未定
75.**輪迴與超度**—佛教超度法會之真義。
○○法師（居士）著　出版日期未定　書價未定
76.**《釋摩訶衍論》平議**—對偽稱龍樹所造《釋摩訶衍論》之平議
○○法師（居士）著　出版日期未定　書價未定
77.**正覺發願文**註解—以真實大願為因 得證菩提
正德老師著　出版日期未定　書價未定
78.**正覺總持咒**—佛法之總持　正圜老師著　出版日期未定　書價未定
79.**三自性**—依四食、五蘊、十二因緣、十八界法，說三性三無性。
作者未定　出版日期未定

80.**道品**—從三自性說大小乘三十七道品　作者未定　出版日期未定
81.**大乘緣起觀**—依四聖諦七真如現觀十二緣起 作者未定　出版日期未定
82.**三德**—論解脫德、法身德、般若德。　作者未定　出版日期未定
83.**真假如來藏**—對印順《如來藏之研究》謬說之平議　作者未定 出版日期未定
84.**大乘道次第**　作者未定　出版日期未定　書價未定
85.**四緣**—依如來藏故有四緣。　作者未定　出版日期未定
86.**空之探究**—印順《空之探究》謬誤之平議　作者未定 出版日期未定
87.**十法義**—論阿含經中十法之正義　作者未定　出版日期未定
88.**外道見**—論述外道六十二見　作者未定　出版日期未定

# 正智出版社有限公司書籍介紹

**禪淨圓融**：言淨土諸祖所未曾言，示諸宗祖師所未曾示；禪淨圓融，另闢成佛捷徑，兼顧自力他力，闡釋淨土門之速行易行道，亦同時揭櫫聖教門之速行易行道；令廣大淨土行者得免緩行難證之苦，亦令聖道門行者得以藉著淨土速行道而加快成佛之時劫。乃前無古人之超勝見地，非一般弘揚禪淨法門典籍也，先讀爲快。平實導師著 200元。

**宗門正眼——公案拈提**第一輯：繼承克勤圜悟大師碧巖錄宗旨之禪門鉅作。先則舉示當代大法師之邪說，消弭當代禪門大師鄉愿之心態，摧破當今禪門「世俗禪」之妄談；次則旁通教法，表顯宗門正理；繼以道之次第，消弭古今狂禪；後藉言語及文字機鋒，直示宗門入處。悲智雙運，禪味十足，數百年來難得一睹之禪門鉅著也。平實導師著 500元（原初版書《禪門摩尼寶聚》，改版後補充爲五百餘頁新書，總計多達二十四萬字，內容更精彩，並改名爲《宗門正眼》，讀者原購初版《禪門摩尼寶聚》皆可寄回本公司免費換新，免附回郵，亦無截止期限）（2007年起，凡購買公案拈提第一輯至第七輯，每購一輯皆贈送本公司精製公案拈提〈超意境〉CD一片，市售價格280元，多購多贈）。

**禪—悟前與悟後**：本書能建立學人悟道之信心與正確知見，圓滿具足而有次第地詳述禪悟之功夫與禪悟之內容，指陳參禪中細微淆訛之處，能使學人明自眞心、見自本性。若未能悟入，亦能以正確知見辨別古今中外一切大師究係眞悟？或屬錯悟？便有能力揀擇，捨名師而選明師，後時必有悟道之緣。一旦悟道，遲者七次人天往返，便出三界，速者一生取辦。學人欲求開悟者，不可不讀。　平實導師著。上、下冊共500元，單冊250元。

**眞實如來藏**：如來藏眞實存在，乃宇宙萬有之本體，並非印順法師、達賴喇嘛等人所說之「唯有名相、無此心體」。如來藏是涅槃之本際，是一切有智之人竭盡心智、不斷探索而不能得之生命實相；是古今中外許多大師自以爲悟而當面錯過之生命實相。如來藏即是阿賴耶識，乃是一切有情本自具足、不生不滅之眞實心。當代中外大師於此書出版之前所未能言者，作者於本書中盡情流露、詳細闡釋。眞悟者讀之，必能增益悟境、智慧增上；錯悟者讀之，必能檢討自己之錯誤，免犯大妄語業；未悟者讀之，能知參禪之理路，亦能以之檢查一切名師是否眞悟。此書是一切哲學家、宗教家、學佛者及欲昇華心智之人必讀之鉅著。　平實導師著　售價400元。

**宗門法眼**——**公案拈提**第二輯：列舉實例，闡釋土城廣欽老和尚之悟處；並直示這位不識字的老和尚妙智橫生之根由，繼而剖析禪宗歷代大德之開悟公案，解析當代密宗高僧卡盧仁波切之錯悟證據，並例舉當代顯宗高僧、大居士之錯悟證據（凡健在者，爲免影響其名聞利養，皆隱其名）。藉辨正當代名師之邪見，向廣大佛子指陳禪悟之正道，彰顯宗門法眼。悲勇兼出，強捋虎鬚；慈智雙運，巧探驪龍；摩尼寶珠在手，直示宗門入處，禪味十足；若非大悟徹底，不能爲之。禪門精奇人物，允宜人手一冊，供作參究及悟後印證之圭臬。本書於2008年4月改版，增寫為大約500頁篇幅，以利學人研讀參究時更易悟入宗門正法，以前所購初版首刷及初版二刷舊書，皆可免費換取新書。平實導師著 500元（2007年起，凡購買公案拈提第一輯至第七輯，每購一輯皆贈送本公司精製公案拈提〈超意境〉CD一片，市售價格280元，多購多贈）。

**宗門道眼**——**公案拈提**第三輯：繼宗門法眼之後，再以金剛之作略、慈悲之胸懷、犀利之筆觸，舉示寒山、拾得、布袋三大士之悟處，消弭當代錯悟者對於寒山大士……等之誤會及誹謗。亦舉出民初以來與虛雲和尚齊名之蜀郡鹽亭袁煥仙夫子——南懷瑾老師之師，其「悟處」何在？並蒐羅許多眞悟祖師之證悟公案，顯示禪宗歷代祖師之睿智，指陳部分祖師、奧修及當代顯密大師之謬悟，作爲殷鑑，幫助禪子建立及修正參禪之方向及知見。假使讀者閱此書已，一時尚未能悟，亦可一面加功用行，一面以此宗門道眼辨別眞假善知識，避開錯誤之印證及歧路，可免大妄語業之長劫慘痛果報。欲修禪宗之禪者，務請細讀。平實導師著 售價500元（2007年起，凡購買公案拈提第一輯至第七輯，每購一輯皆贈送本公司精製公案拈提〈超意境〉CD一片，市售價格280元，多購多贈）。

**楞伽經詳解**：本經是禪宗見道者印證所悟眞僞之根本經典，亦是禪宗見道者悟後起修之依據經典；故達摩祖師於印證二祖慧可大師之後，將此經典連同佛鉢祖衣一併交付二祖，令其依此經典佛示金言、進入修道位，修學一切種智。由此可知此經對於眞悟之人修學佛道，是非常重要之一部經典。此經能破外道邪說，亦破佛門中錯悟名師之謬說，亦破禪宗部分祖師之狂禪：不讀經典、一向主張「一悟即成究竟佛」之謬執。並開示愚夫所行禪、觀察義禪、攀緣如禪、如來禪等差別，令行者對於三乘禪法差異有所分辨；亦糾正禪宗祖師古來對於如來禪之誤解，嗣後可免以訛傳訛之弊。此經亦是法相唯識宗之根本經典，禪者悟後欲修一切種智而入初地者，必須詳讀。 平實導師著，全套共十輯，已全部出版完畢，每輯主文約320頁，每冊約352頁，定價250元。

**宗門血脈**—**公案拈提**第**四**輯：末法怪象—許多修行人自以爲悟，每將無念靈知認作眞實；崇尙二乘法諸師及其徒眾，則將**外於如來藏之緣起性空**—無因論之無常空、斷滅空、一切法空—錯認爲 佛所說之般若空性。這兩種現象已於當今海峽兩岸及美加地區顯密大師之中普遍存在；人人自以爲悟，心高氣壯，便敢寫書解釋祖師證悟之公案，大多出於意識思惟所得，言不及義，錯誤百出，因此誤導廣大佛子同陷大妄語之地獄業中而不能自知。彼等書中所說之悟處，其實處處違背第一義經典之聖言量。彼等諸人不論是否身披袈裟，都非佛法宗門血脈，或雖有禪宗法脈之傳承，亦只徒具形式；猶如螟蛉，非眞血脈，未悟得根本眞實故。禪子欲知佛、祖之眞血脈者，請讀此書，便知分曉。平實導師著，主文452頁，全書464頁，定價500元（2007年起，凡購買公案拈提第一輯至第七輯，每購一輯皆贈送本公司精製公案拈提〈超意境〉CD一片，市售價格280元，多購多贈）。

**宗通與說通**：古今中外，錯誤之人如麻似粟，每以常見外道所說之靈知心，認作眞心；或妄想虛空之勝性能量爲眞如，或錯認物質四大元素藉冥性（靈知心本體）能成就吾人色身及知覺，或認初禪至四禪中之了知心爲不生不滅之涅槃心。此等皆非通宗者之見地。復有錯悟之人一向主張「宗門與教門不相干」，此即尚未通達宗門之人也。其實宗門與教門互通不二，宗門所證者乃是眞如與佛性，教門所說者乃說宗門證悟之眞如佛性，故教門與宗門不二。本書作者以宗教二門互通之見地，細說「宗通與說通」，從初見道至悟後起修之道、細說分明；並將諸宗諸派在整體佛教中之地位與次第，加以明確之教判，學人讀之即可了知佛法之梗概也。欲擇明師學法之前，允宜先讀。平實導師著，主文共381頁，全書392頁，只售成本價300元。

**宗門正道**—**公案拈提**第五輯：修學大乘佛法有二果須證解脫果及大菩提果。二乘人不證大菩提果，唯證解脫果；此果之智慧，名爲聲聞菩提、緣覺菩提。大乘佛子所證二果之菩提果爲佛菩提，故名大菩提果，其慧名爲一切種智函蓋二乘解脫果。然此大乘二果修證，須經由禪宗之宗門證悟方能相應。而宗門證悟極難，自古已然；其所以難者，咎在古今佛教界普遍存在三種邪見：1.以修定認作佛法，2.以無因論之緣起性空—否定涅槃本際如來藏以後之一切法空作爲佛法，3.以常見外道邪見（離語言妄念之靈知性）作爲佛法。如是邪見，或因自身正見未立所致，或因邪師之邪教導所致，或因無始劫來虛妄熏習所致。若不破除此三種邪見，永劫不悟宗門眞義、不入大乘正道，唯能外門廣修菩薩行。平實導師於此書中，有極爲詳細之說明，有志佛子欲摧邪見、入於內門修菩薩行者，當閱此書。主文共496頁，全書512頁。售價500元（2007年起，凡購買公案拈提第一輯至第七輯，每購一輯皆贈送本公司精製公案拈提〈超意境〉CD一片，市售價格280元，多購多贈）。

**狂密與眞密**：密教之修學，皆由有相之觀行法門而入，其最終目標仍不離顯教經典所說第一義諦之修證；若離顯教第一義經典、或違背顯教第一義經典，即非佛教。西藏密教之觀行法，如灌頂、觀想、遷識法、寶瓶氣、大聖歡喜雙身修法、喜金剛、無上瑜伽、大樂光明、樂空雙運等，皆是印度教**兩性生生不息思想**之轉化，**自始至終**皆以**如何能運用交合淫樂之法達到全身受樂**爲其中心思想，純屬欲界五欲的貪愛，不能令人超出欲界輪迴，更不能令人斷除我見；何況大乘之明心與見性，更無論矣！故密宗之法絕非佛法也。而其明光大手印、大圓滿法教，又皆同以常見外道所說**離語言妄念之無念靈知心**錯認爲佛地之眞如，不能直指不生不滅之眞如。西藏密宗所有法王與徒眾，都尚未開頂門眼，不能辨別眞僞，以**依人不依法、依密續不依經典**故，不肯將其上師喇嘛所說對照第一義經典，純依密續之藏密祖師所說爲準，因此而誇大其證德與證量，動輒謂彼祖師上師爲究竟佛、爲地上菩薩；如今台海兩岸亦有自謂其師證量高於 釋迦文佛者，然觀其師所述，猶未見道，仍在觀行即佛階段，尚未到禪宗相似即佛、分證即佛階位，竟敢標榜爲究竟佛及地上法王，誑惑初機學人。凡此怪象皆是狂密，不同於眞密之修行者。近年狂密盛行，密宗行者被誤導者極眾，動輒自謂已證佛地眞如，自視爲究竟佛，陷於大妄語業中而不知自省，反謗顯宗眞修實證者之證量粗淺；或如義雲高與釋性圓…等人，於報紙上公然誹謗眞實證道者爲「騙子、無道人、人妖、癩蛤蟆…」等，造下誹謗大乘勝義僧之大惡業；或以外道法中有爲有作之甘露、魔術……等法，誑騙初機學人，狂言彼外道法爲眞佛法。如是怪象，在西藏密宗及附藏密之外道中，不一而足，舉之不盡，學人宜應愼思明辨，以免上當後又犯毀破菩薩戒之重罪。密宗學人若欲遠離邪知邪見者，請閱此書，即能了知密宗之邪謬，從此遠離邪見與邪修，轉入眞正之佛道。

平實導師著 共四輯 每輯約400頁（主文約340頁）每輯售價300元。

**宗門正義**—公案拈提第六輯：佛教有六大危機，乃是藏密化、世俗化、膚淺化、學術化、宗門密意失傳、悟後進修諸地之次第混淆；其中尤以宗門密意之失傳，爲當代佛教最大之危機。由宗門密意失傳故，易令 世尊本懷普被錯解，易令 世尊正法被轉易爲外道法，以及加以淺化、世俗化，是故宗門密意之廣泛弘傳與具緣佛弟子，極爲重要。然而欲令宗門密意之廣泛弘傳予具緣之佛弟子者，必須同時配合錯誤知見之解析、普令佛弟子知之，然後輔以公案解析之直示入處，方能令具緣之佛弟子悟入。而此二者，皆須以公案拈提之方式爲之，方易成其功、竟其業，是故平實導師續作宗門正義一書，以利學人。全書500餘頁，售價500元（2007年起，凡購買公案拈提第一輯至第七輯，每購一輯皆贈送本公司精製公案拈提〈超意境〉CD一片，市售價格280元，多購多贈）。

**心經密意**—心經與解脫道、佛菩提道、祖師公案之關係與密意。二乘菩提所證之解脫道，實依第八識心之斷除煩惱障現行而立解脫之名；大乘菩提所證之佛菩提道，實依親證第八識如來藏之涅槃性、清淨自性、及其中道性而立般若之名；禪宗祖師公案所證之眞心，即是此第八識如來藏；是故三乘佛法所修所證之三乘菩提，皆依此如來藏心而立名也。此第八識心，即是《心經》所說之心也。證得此如來藏已，即能漸入大乘佛菩提道，亦可因證知此心而了知二乘無學所不能知之無餘涅槃本際，是故《心經》之密意，與三乘佛菩提之關係極爲密切、不可分割，三乘佛法皆依此心而立名故。今者平實導師以其所證解脫道之無生智及佛菩提之般若種智，將《心經》與解脫道、佛菩提道、祖師公案之關係與密意，以演講之方式，用淺顯之語句和盤托出，發前人所未言，呈三乘菩提之眞義，令人藉此《心經密意》一舉而窺三乘菩提之堂奧，迥異諸方言不及義之說；欲求眞實佛智者、不可不讀！主文317頁，連同跋文及序文…等共384頁，售價300元。

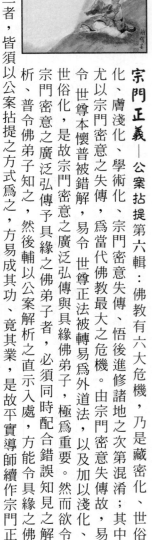

**宗門密意**—公案拈提第七輯：佛教之世俗化，將導致學人以信仰作爲學佛，則將以感應及世間法之庇祐，作爲學佛之主要目標，不能了知學佛之主要目標爲親證三乘菩提。大乘菩提則以般若實相智慧爲主要修習目標，以二乘菩提解脫道爲附帶修習之標的；是故學習大乘法者，應以禪宗之證悟爲要務，能親入大乘菩提之實相般若智慧中故，般若實相智慧非二乘聖人所能知故。此書則以台灣世俗化佛教之三大法師，說法似是而非之實例，配合眞悟祖師之公案解析，提示證悟般若之關節，令學人易得悟入。平實導師著，全書五百餘頁，售價500元（2007年起，凡購買公案拈提第一輯至第七輯，每購一輯皆贈送本公司精製公案拈提〈超意境〉CD一片，市售價格280元，多購多贈）。

**淨土聖道**—兼評日本本願念佛：佛法甚深極廣，般若玄微，非諸二乘聖僧所能知之，一切凡夫更無論矣！所謂一切證量皆歸淨土是也！是故大乘法中「聖道之淨土、淨土之聖道」，其義甚深，難可了知；乃至眞悟之人，初心亦難知也。今有正德老師眞實證悟後，復能深探淨土與聖道之緊密關係，憐憫眾生之誤會淨土實義，亦欲利益廣大淨土行人同入聖道，同獲淨土中之聖道門要義，乃振奮心神、書以成文，今得刊行天下。主文279頁，連同序文等共301頁，總有十一萬六千餘字，正德老師著，成本價200元。

**起信論講記**：詳解大乘起信論**心生滅門**與**心眞如門**之眞實意旨，消除以往大師與學人對起信論所說**心生滅門**之誤解，由是而得了知眞心如來藏之非常非斷中道正理；亦因此一講解，令此論以往隱晦而被誤解之眞實義，得以如實顯示，令大乘佛菩提道之正理得以顯揚光大；初機學者亦可藉此正論所顯示之法義，對大乘法理生起正信，從此得以眞發菩提心，眞入大乘法中修學，世世常修菩薩正行。平實導師演述，共六輯，都已出版，每輯三百餘頁，售價250元。

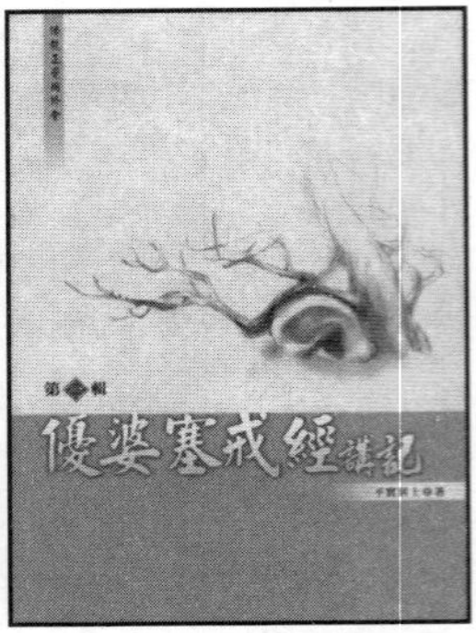


**優婆塞戒經講記**：本經詳述在家菩薩修學大乘佛法，應如何受持菩薩戒？對人間善行應如何看待？對三寶應如何護持？應如何正確地修集此世後世證法之福德？應如何修集後世「行菩薩道之資糧」？並詳述第一義諦之正義：五蘊非我非異我、自作自受、異作異受、不作不受……等深妙法義，乃是修學大乘佛法、行菩薩行之在家菩薩所應當了知者。出家菩薩今世或未來世登地已，捨報之後多數將如華嚴經中諸大菩薩，以在家菩薩身而修行菩薩行，故亦應以此經所述正理而修之，配合《楞伽經、解深密經、楞嚴經、華嚴經》等道次第正理，方得漸次成就佛道；故此經是一切大乘行者皆應證知之正法。平實導師講述，每輯三百餘頁，售價各250元；共八輯，已全部出版。

**真假活佛**—略論附佛外道盧勝彥之邪說：人人身中都有眞活佛，永生不滅而有大神用，但眾生都不了知，所以常被身外的西藏密宗假活佛籠罩欺瞞。本來就眞實存在的眞活佛，才是眞正的密宗無上密！諾那活佛因此而說禪宗是大密宗，但藏密的所有活佛都不知道、也不曾實證自身中的眞活佛。本書詳實宣示眞活佛的道理，舉證盧勝彥的「佛法」不是眞佛法，也顯示盧勝彥是假活佛，直接的闡釋第一義佛法見道的眞實正理。眞佛宗的所有上師與學人們，都應該詳細閱讀，包括盧勝彥個人在內。正犀居士著，優惠價140元。

**阿含正義**—唯識學探源：廣說四大部《阿含經》諸經中隱說之眞正義理，一一舉示佛陀本懷，令阿含時期初轉法輪根本經典之眞義，如實顯現於佛子眼前。並提示末法大師對於阿含眞義誤解之實例，一一比對之，證實唯識增上慧學確於原始佛法之阿含諸經中已隱覆密意而略說之，證實 世尊確於原始佛法中已曾密意而說第八識如來藏之總相；亦證實 世尊在四阿含中已說此藏識是名色十八界之因、之本—證明如來藏是能生萬法之根本心。佛子可據此修正以往受諸大師（譬如西藏密宗應成派中觀師：印順、昭慧、性廣、大願、達賴、宗喀巴、寂天、月稱、……等人）誤導之邪見，建立正見，轉入正道乃至親證初果而無困難；書中並詳說三果所證的**心解脫**，以及四果**慧解脫**的親證，都是如實可行的具體知見與行門。全書共七輯，已出版完畢。平實導師著，每輯三百餘頁，售價300元。

**超意境CD**：以平實導師公案拈提書中超越意境之頌詞，加上曲風優美的旋律，錄成令人嚮往的超意境歌曲，其中包括正覺發願文及平實導師親自譜成的黃梅調歌曲一首。詞曲雋永，殊堪翫味，可供學禪者吟詠，有助於見道。內附設計精美的彩色小冊，解說每一首詞的背景本事。每片280元。【每購買公案拈提書籍一冊，即贈送一片。】

**鈍鳥與靈龜**：鈍鳥及靈龜二物，被宗門證悟者說爲二種人：前者是精修禪定而無智慧者，也是以定爲禪的愚癡禪人；後者是或有禪定、或無禪定的宗門證悟者，凡已證悟者皆是靈龜。但後者被人虛造事實，用以嘲笑大慧宗杲禪師，說他雖是靈龜，卻不免被天童禪師預記「患背」痛苦而亡：「**鈍鳥離巢易，靈龜脫殼難**。」藉以貶低大慧宗杲的證量。同時將天童禪師實證如來藏的證量，曲解爲意識境界的離念靈知。自從大慧禪師入滅以後，錯悟凡夫對他的不實毀謗就一直存在著，不曾止息，並且捏造的假事實也隨著年月的增加而越來越多，終至編成「鈍鳥與靈龜」的假公案、假故事。本書是考證大慧與天童之間的不朽情誼，顯現這件假公案的虛妄不實；更見大慧宗杲面對惡勢力時的正直不阿，亦顯示大慧對天童禪師的至情深義，將使後人對大慧宗杲的誣謗至此而止，不再有人誤犯毀謗賢聖的惡業。書中亦舉證宗門的所悟確以第八識如來藏爲標的，詳讀之後必可改正以前被錯悟大師誤導的參禪知見，日後必定有助於實證禪宗的開悟境界，得階大乘眞見道位中，即是實證般若之賢聖。全書459頁，售價350元。

**我的菩提路**第一輯：凡夫及二乘聖人不能實證的佛菩提證悟，末法時代的今天仍然有人能得實證，由正覺同修會釋悟圓、釋善藏法師等二十餘位實證如來藏者所寫的見道報告，已爲當代學人見證宗門正法之絲縷不絕，證明大乘義學的法脈仍然存在，爲末法時代求悟般若之學人照耀出光明的坦途。由二十餘位大乘見道者所繕，敘述各種不同的學法、見道因緣與過程，參禪求悟者必讀。全書三百餘頁，售價300元。

**我的菩提路**第二輯：由郭正益老師等人合著，書中詳述彼等諸人歷經各處道場學法，一一修學而加以檢擇之不同過程以後，因閱讀正覺同修會、正智出版社書籍而發起抉擇分，轉入正覺同修會中修學；乃至學法及見道之過程，都一一詳述之。（本書暫停發售，俟改版重新發售流通。）

**我的菩提路**第三輯：由王美伶老師等人合著。自從正覺同修會成立以來，每年夏初、冬初都舉辦精進禪三共修，藉以助益會中同修們得以證悟明心發起般若實相智慧；凡已實證而被平實導師印證者，皆書具見道報告用以證明佛法之眞實可證而非玄學，證明佛法並非純屬思想、理論而無實質，是故每年都能有人證明正覺同修會的「實證佛教」主張並非虛語。特別是眼見佛性一法，自古以來中國禪宗祖師實證者極寡，較之明心開悟的證境更難令人信受；至2017年初，正覺同修會中的證悟明心者已近五百人，然而其中眼見佛性者至今唯十餘人爾，可謂難能可貴，是故明心後欲冀眼見佛性者實屬不易。黃正倖老師是懸絕七年無人見性後的第一人，她於2009年的見性報告刊於本書的第二輯中，爲大眾證明佛性確實可以眼見；其後七年之中求見性者都屬解悟佛性而無人眼見，幸而又經七年後的2016冬初，以及2017夏初的禪三，復有三人眼見佛性，希冀鼓舞四眾佛子求見佛性之大心，今則具載一則於書末，顯示求見佛性之事實經歷，供養現代佛教界欲得見性之四眾弟子。全書四百頁，售價300元，已於2017年6月30日發行。

**我的菩提路**第四輯：由陳晏平等人著。中國禪宗祖師往往有所謂「見性」之言，所言多屬看見如來藏具有能令人發起成佛之自性，並非《大般涅槃經》中如來所說之眼見佛性。眼見佛性者，於親見佛性之時，即能於山河大地眼見自己佛性，亦能於他人身上眼見自己佛性及對方之佛性，如是境界無法爲尚未實證者解釋；勉強說之，縱使眞實明心證悟之人聞之，亦只能以自身明心之境界想像之，但不論如何想像多屬非量，能有正確之比量者亦是稀有，故說眼見佛性極爲困難。眼見佛性之人若所見極分明時，在所見佛性之境界下所眼見之山河大地、自己五蘊身心皆是虛幻，自有異於明心者之解脫功德受用，此後永不思證二乘涅槃，必定邁向成佛之道而進入第十住位中，已超第一阿僧祇劫三分有一，可謂之爲超劫精進也。今又有明心之後眼見佛性之人出於人間，將其明心及後來見性之報告，連同其餘證悟明心者之精彩報告一同收錄於此書中，供養眞求佛法實證之四眾佛子。全書380頁，售價300元，已於2018年6月30日發行。

**我的菩提路**第五輯：林慈慧老師等人著，本輯中所舉學人從相似正法中來到正覺同修會的過程，各人都有不同，發生的因緣亦是各有差別，然而都會指向同一個目標——證實生命實相的源底，確證自己生從何來、死往何去的事實，所以最後都證明佛法眞實而可親證，絕非玄學；本書將彼等諸人的始修及末後證悟之實例，羅列出來以供學人參考。本期亦有一位會裡的老師，是從1995年即開始追隨平實導師修學，1997年明心後持續進修不斷，直到2017年眼見佛性之實例，足可證明《大般涅槃經》中世尊開示眼見佛性之法正眞無訛，第十住位的實證在末法時代的今天仍有可能，如今一併具載於書中以供學人參考，並供養現代佛教界欲得見性之四眾弟子。全書四百頁，售價300元，已於2019年12月31日發行。

**我的菩提路**第六輯：劉正莉老師等人著。書中詳敘學佛路程之辛苦萬端，直至得遇正法之後如何修行終能實證，現觀眞如而入勝義菩薩僧數。本輯亦錄入一位1990年明心後追隨平實導師學法弘法的老師，不數年後又再眼見佛性的實證者，文中詳述見性之過程，欲令學人深信眼見佛性其實不難，冀得奮力向前而得實證。然古來能得明心又得見性之祖師極寡，禪師們所謂見性者往往屬於明心時親見第八識如來藏具備能使人成佛之自性，即名見性，例如六祖等人，是明心時看見了如來藏具有能使人成佛的自性，當作見性，其實只是明心而階眞見道位，尚非眼見佛性。但非《大般涅槃經》中所說之「眼見佛性」之實證。今本書提供十幾篇明心見道報告及眼見佛性者的見性報告一篇，以饗讀者，已於2020年6月30日出版。全書384頁，300元。

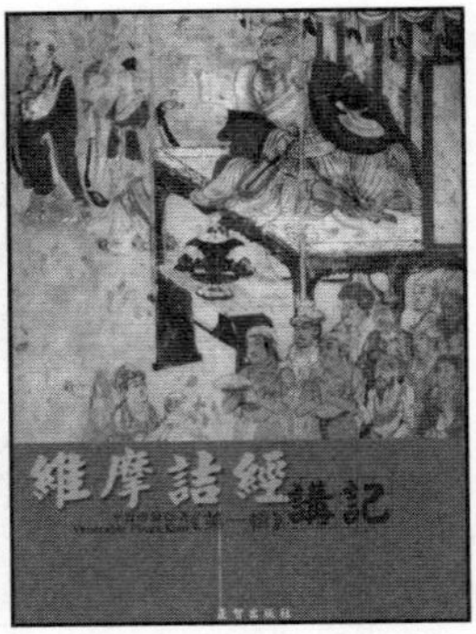

**維摩詰經講記**：本經係 世尊在世時，由等覺菩薩維摩詰居士藉疾病而演說之大乘菩提無上妙義，所說函蓋甚廣，然極簡略，是故今時諸方大師與學人讀之悉皆錯解，何況能知其中隱含之深妙正義，是故普遍無法爲人解說；若強爲人說，則成依文解義而有諸多過失。今由平實導師公開宣講之後，詳實解釋其中密意，令維摩詰菩薩所說大乘不可思議解脫之深妙正法得以正確宣流於人間，利益當代學人及與諸方大師。書中詳實演述大乘佛法深妙不共二乘之智慧境界，顯示諸法之中絕待之實相境界，建立大乘菩薩妙道於永遠不敗不壞之地，以此成就護法偉功，欲冀永利娑婆人天。已經宣講圓滿整理成書流通，以利諸方大師及諸學人。全書共六輯，每輯三百餘頁，售價各250元。

**真假外道**：本書具體舉證佛門中的常見外道知見實例，並加以教證及理證上的辨正，幫助讀者輕鬆而快速的了知常見外道的錯誤知見，進而遠離佛門內外的常見外道知見，因此即能改正修學方向而快速實證佛法。游正光老師著 。成本價200元。

**勝鬘經講記**：如來藏爲三乘菩提之所依，若離如來藏心體及其含藏之一切種子，即無三界有情及一切世間法，亦無二乘菩提緣起性空之出世間法；本經詳說無始無明、一念無明皆依如來藏而有之正理，藉著詳解煩惱障與所知障間之關係，令學人深入了知二乘菩提與佛菩提相異之妙理；聞後即可了知佛菩提之特勝處及三乘修道之方向與原理，邁向攝受正法而速成佛道的境界中。平實導師講述，共六輯，每輯三百餘頁，售價各250元。

**楞嚴經講記**：楞嚴經係密教部之重要經典，亦是顯教中普受重視之經典；經中宣說明心與見性之內涵極爲詳細，將一切法都會歸如來藏及佛性—妙眞如性；亦闡釋佛菩提道修學過程中之種種魔境，以及外道誤會涅槃之狀況，旁及三界世間之起源。然因言句深澀難解，法義亦復深妙寬廣，學人讀之普難通達，是故讀者大多誤會，不能如實理解佛所說之明心與見性內涵，亦因是故多有悟錯之人引爲開悟之證言，成就大妄語罪。今由平實導師詳細講解之後，整理成文，以易讀易懂之語體文刊行天下，以利學人。全書十五輯，全部出版完畢。每輯三百餘頁，售價每輯300元。

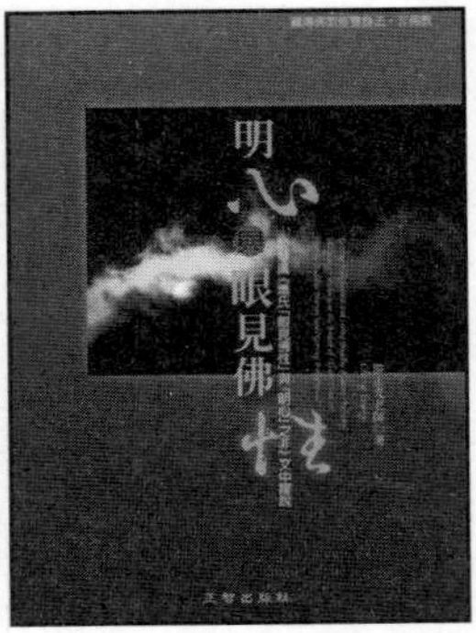


**明心與眼見佛性**：本書細述明心與眼見佛性之異同，同時顯示了中國禪宗破初參明心與重關眼見佛性二關之間的關聯；書中又藉法義辨正而旁述其他許多勝妙法義，讀後必能遠離佛門長久以來積非成是的錯誤知見，令讀者在佛法的實證上有極大助益。也藉慧廣法師的謬論來教導佛門學人回歸正知正見，遠離古今禪門錯悟者所墮的意識境界，非唯有助於斷我見，也對未來的開悟明心實證第八識如來藏有所助益，是故學禪者都應細讀之。游正光老師著　共448頁　售價300元。

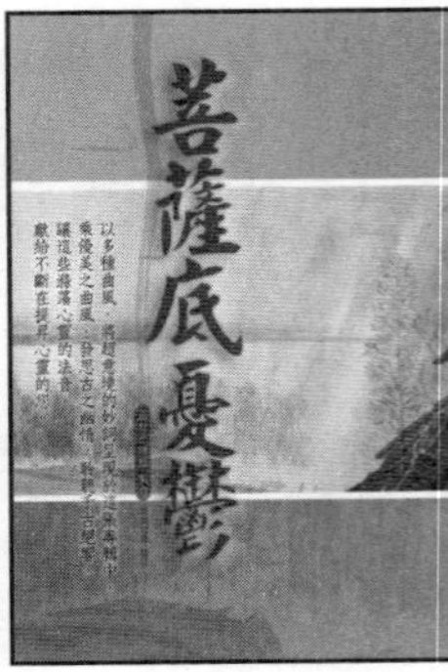


**菩薩底憂鬱CD**將菩薩情懷及禪宗公案寫成新詞，並製作成超越意境的優美歌曲。1.主題曲〈菩薩底憂鬱〉，描述地後菩薩能離三界生死而迴向繼續生在人間，但因尚未斷盡習氣種子而有極深沈之憂鬱，非三賢位菩薩及二乘聖者所知，此憂鬱在七地滿心位方才斷盡；本曲之詞中所說義理極深，昔來所未曾見；此曲係以優美的情歌風格寫詞及作曲，聞者得以激發嚮往諸地菩薩境界之大心，詞、曲都非常優美，難得一見；其中勝妙義理之解說，已印在附贈之彩色小冊中。2.以各輯公案拈提中直示禪門入處之頌文，作成各種不同曲風之超意境歌曲，值得玩味、參究；聆聽公案拈提之優美歌曲時，請同時閱讀內附之印刷精美說明小冊，可以領會超越三界的證悟境界；未悟者可以因此引發求悟之意向及疑情，眞發菩提心而邁向求悟之途，乃至因此眞實悟入般若，成眞菩薩。3.正覺總持咒新曲，總持佛法大意；總持咒之義理，已加以解說並印在隨附之小冊中。本CD共有十首歌曲，長達63分鐘，附贈二張購書優惠券。每片280元。

**禪意無限**CD平實導師以公案拈提書中偈頌寫成不同風格曲子，與他人所寫不同風格曲子共同錄製出版，幫助參禪人進入禪門超越意識之境界。盒中附贈彩色印製的精美解說小冊，以供聆聽時閱讀，令參禪人得以發起參禪之疑情，即有機會證悟本來面目，實證大乘菩提般若。本CD共有十首歌曲，長達69分鐘，每盒各附贈二張購書優惠券。每片280元。

**金剛經宗通**：三界唯心，萬法唯識，是成佛之修證內容，是諸地菩薩之所修；般若則是成佛之道（實證三界唯心、萬法唯識）的入門，若未證悟實相般若，即無成佛之可能，必將永在外門廣行菩薩六度，永在凡夫位中。然而實相般若的發起，全賴實證萬法的實相；若欲證知萬法的眞相，則必須探究萬法之所從來，則須實證自心如來—金剛心如來藏，然後現觀這個金剛心的金剛性、眞實性、如如性、清淨性、涅槃性、能生萬法的自性性、本住性，名爲證眞如；進而現觀三界六道唯是此金剛心所成，人間萬法須藉八識心王和合運作方能現起。如是實證《華嚴經》的「三界唯心、萬法唯識」以後，由此等現觀而發起實相般若智慧，繼續進修第十住位的如幻觀、第十行位的陽焰觀、第十迴向位的如夢觀，再生起增上意樂而勇發十無盡願，方能滿足三賢位的實證，轉入初地；自知成佛之道而無偏倚，從此按部就班、次第進修乃至成佛。第八識自心如來是般若智慧之所依，般若智慧的修證則要從實證金剛心自心如來開始；《金剛經》則是解說自心如來之經典，是一切三賢位菩薩所應進修之實相般若經典。這一套書，是將平實導師宣講的《金剛經宗通》內容，整理成文字而流通之；書中所說義理，迥異古今諸家依文解義之說，指出大乘見道方向與理路，有益於禪宗學人求開悟見道，及轉入內門廣修六度萬行，已於2013年9月出版完畢，總共9輯，每輯約三百餘頁，售價各250元。

**空行母—性別、身分定位，以及藏傳佛教**：本書作者為蘇格蘭哲學家，因為嚮往佛教深妙的哲學內涵，於是進入當年盛行於歐美的假藏傳佛教密宗，擔任卡盧仁波切的翻譯工作多年以後，被邀請成為卡盧的空行母（又名佛母、明妃），開始了她在密宗裡的實修過程；後來發覺在密宗雙身法中的修行，其實無法使自己成佛，也發覺密宗對女性岐視而處處貶抑，並剝奪女性在雙身法中擔任一半角色時應有的身分定位。當她發覺自己只是雙身法中被喇嘛利用的工具，沒有獲得絲毫應有的尊重與基本定位時，發現了密宗的父權社會控制女性的本質；於是作者傷心地離開了卡盧仁波切與密宗，但是卻被恐嚇不許講出她在密宗裡的經歷，也不許她說出自己對密宗的教義與教制下對女性剝削的本質，否則將被咒殺死亡。後來她去加拿大定居，十餘年後方才擺脫這個恐嚇陰影，下定決心將親身經歷的實情及觀察到的事實寫下來並且出版，公諸於世。出版之後，她被流亡的達賴集團人士大力攻訐，誣指她為精神狀態失常、說謊……等。但有智之士並未被達賴集團的政治操作及各國政府政治運作吹捧達賴的表相所欺，使她的書銷售無阻而又再版。正智出版社鑑於作者此書是親身經歷的事實，所說具有針對「藏傳佛教」而作學術研究的價值，也有使人認清假藏傳佛教剝削佛母、明妃的男性本位實質，因此洽請作者同意中譯而出版於華人地區。珍妮·坎貝爾女士著，呂艾倫 中譯，每冊250元。

**霧峰無霧—給哥哥的信**：本書作者藉兄弟之間信件往來論義，略述佛法大義；並以多篇短文辨義，舉出釋印順對佛法的無量誤解證據，並一一給予簡單而清晰的辨正，令人一讀即知。久讀、多讀之後即能認清楚釋印順的六識論見解，與真實佛法之牴觸是多麼嚴重；於是在久讀、多讀之後，於不知不覺之間提升了對佛法的極深入理解，正知正見就在不知不覺間建立起來了。當三乘佛法的正知見建立起來之後，對於三乘菩提的見道條件便將隨之具足，於是聲聞解脫道的見道也就水到渠成；接著大乘見道的因緣也將次第成熟，未來自然也會有親見大乘菩提之道的因緣，悟入大乘實相般若也將自然成功，自能通達般若系列諸經而成實義菩薩。作者居住於南投縣霧峰鄉，自喻見道之後不復再見霧峰之霧，故鄉原野美景一一明見，於是立此書名為《霧峰無霧》；讀者若欲撥霧見月，可以此書為緣。游宗明 老師著 已於2015年出版 售價250元。

**霧峰無霧**—第二輯—**救護佛子向正道**：本書作者藉釋印順著作中之各種錯謬法義提出辨正，以詳實的文義一一提出理論上及實證上之解析，列舉釋印順對佛法的無量誤解證據，藉此教導佛門大師與學人釐清佛法義理，遠離岐途轉入正道，然後知所進修，久之便能見道明心而入大乘勝義僧數。被釋印順誤導的大師與學人極多，很難救轉，是故作者大發悲心深入解說其錯謬之所在，佐以各種義理辨正而令讀者在不知不覺之間轉歸正道。如是久讀之後欲得斷身見、證初果，即不爲難事；乃至久之亦得大乘見道而得證眞如，脫離空有二邊而住中道，實相般若智慧生起，於佛法不再茫然，漸漸亦知悟後進修之道。屆此之時，對於大乘般若等深妙法之迷雲暗霧亦將一掃而空，生命及宇宙萬物之故鄉原野美景一一明見，是故本書仍名《霧峰無霧》，爲第二輯；讀者若欲撥雲見日、離霧見月，可以此書爲緣。游宗明　老師著　已於2019年出版　售價250元。

**假藏傳佛教的神話**—**性**、**謊言**、**喇嘛教**：本書編著者是由一首名爲「阿姊鼓」的歌曲爲緣起，展開了序幕，揭開假藏傳佛教—喇嘛教—的神祕面紗。其重點是蒐集、摘錄網路上質疑「喇嘛教」的帖子，以揭穿「假藏傳佛教的神話」爲主題，串聯成書，並附加彩色插圖以及說明，讓讀者們瞭解西藏密宗及相關人事如何被操作爲「神話」的過程，以及神話背後的眞相。作者：張正玄教授。售價200元。

**達賴真面目——玩盡天下女人**：假使您不想戴綠帽子，請記得詳細閱讀此書；假使您不想讓好朋友戴綠帽子，請您將此書介紹給您的好朋友。假使您想保護家中的女性，也想要保護好朋友的女眷，請記得將此書送給家中的女性和好友的女眷都來閱讀。本書爲印刷精美的大本彩色中英對照精裝本，爲您揭開達賴喇嘛的眞面目，內容精彩不容錯過，爲利益社會大眾，特別以優惠價格嘉惠所有讀者。編著者：白志偉等。大開版雪銅紙彩色精裝本。售價800元。

**喇嘛性世界——揭開假藏傳佛教譚崔瑜伽的面紗**：這個世界中的喇嘛，號稱來自世外桃源的香格里拉，穿著或紅或黃的喇嘛長袍，散布於我們的身邊傳教灌頂，吸引了無數的人嚮往學習；這些喇嘛虔誠地爲大眾祈福，手中拿著寶杵（金剛）與寶鈴（蓮花），口中唸著咒語：「唵．嘛呢．叭咪．吽……」，咒語的意思是說：「我至誠歸命金剛杵上的寶珠伸向蓮花寶穴之中」！「喇嘛性世界」是什麼樣的「世界」呢？本書將爲您呈現喇嘛世界的面貌。當您發現眞相以後，您將會唸：「噢！喇嘛．性．世界，譚崔性交嘛！」作者：張善思、呂艾倫。售價200元。

**末代達賴——性交教主的悲歌**：簡介從藏傳僞佛教（喇嘛教）的修行核心——性力派男女雙修，探討達賴喇嘛及藏傳僞佛教的修行內涵。書中引用外國知名學者著作、世界各地新聞報導，包含：歷代達賴喇嘛的祕史、達賴六世修雙身法的事蹟，以及《時輪續》中的性交灌頂儀式……等；達賴喇嘛書中開示的雙修法、達賴喇嘛的黑暗政治手段；達賴喇嘛所領導的寺院爆發喇嘛性侵兒童；新聞報導《西藏生死書》作者索甲仁波切性侵女信徒、澳洲喇嘛秋達公開道歉、美國最大假藏傳佛教組織領導人邱陽創巴仁波切的性氾濫；等等事件背後眞相的揭露。作者：張善思、呂艾倫、辛燕。售價250元。

**第七意識與第八意識？——穿越時空「超意識」**：「三界唯心，萬法唯識」是佛教中應該實證的聖教，也是《華嚴經》中明載而可以實證的法界實相。唯心者，三界一切境界、一切諸法唯是一心所成就，即是每一個有情的第八識如來藏，不是意識心。唯識者，即是人類各各都具足的八識心王——眼識、耳鼻舌身意識、意根、阿賴耶識，第八阿賴耶識又名如來藏，人類五陰相應的萬法，莫不由八識心王共同運作而成就，故說萬法唯識。依聖教量及現量、比量，都可以證明意識是二法因緣生，是由第八識藉意根與法塵二法爲因緣而出生，又是夜夜斷滅不存之生滅心，即無可能反過來出生第七識意根、第八識如來藏，當知不可能從生滅性的意識心中，細分出恆審思量的第七識意根，更無可能細分出恆而不審的第八識如來藏。本書是將演講內容整理成文字，細說如是內容，並已在〈正覺電子報〉連載完畢，今彙集成書以廣流通，欲幫助佛門有緣人斷除意識我見，跳脫於識陰之外而取證聲聞初果；嗣後修學禪宗時即得不墮外道神我之中，得以求證第八識金剛心而發起般若實智。平實導師 述，每冊300元。

**黯淡的達賴—失去光彩的諾貝爾和平獎**：本書舉出很多證據與論述，詳述達賴喇嘛不為世人所知的一面，顯示達賴喇嘛並不是眞正的和平使者，而是假借諾貝爾和平獎的光環來欺騙世人；透過本書的說明與舉證，讀者可以更清楚的瞭解，達賴喇嘛是結合暴力、黑暗、淫欲於喇嘛教裡的集團首領，其政治行為與宗教主張，早已讓諾貝爾和平獎的光環染污了。　本書由財團法人正覺教育基金會寫作、編輯，由正覺出版社印行，每冊250元。

**童女迦葉考—論呂凱文〈佛教輪迴思想的論述分析〉之謬**：童女迦葉是佛世率領五百大比丘遊行於人間的歷史事實，是以童貞行而依止菩薩戒弘化於人間的大菩薩，不依別解脫戒（聲聞戒）來弘化於人間。這是大乘佛教與聲聞佛教同時存在於佛世的歷史明證，證明大乘佛教不是從聲聞法中分裂出來的部派佛教的產物，卻是聲聞佛教分裂出來的部派佛教聲聞凡夫僧所不樂見的史實；於是古今聲聞法中的凡夫都欲加以扭曲而作詭說，更是末法時代高聲大呼「大乘非佛說」的六識論聲聞凡夫極力想要扭曲的佛教史實之一，於是想方設法扭曲迦葉菩薩為聲聞僧，以及扭曲迦葉童女為比丘僧等荒謬不實之論著便陸續出現，古時聲聞僧寫作的《分別功德論》是最具體之事例，現代之代表作則是呂凱文先生的〈佛教輪迴思想的論述分析〉論文。鑑於如是假藉學術考證以籠罩大眾之不實謬論，未來仍將繼續造作及流竄於佛教界，繼續扼殺大乘佛教學人法身慧命，必須舉證辨正之，遂成此書。平實導師 著，每冊180元。

**人間佛教—實證者必定不悖三乘菩提：**「大乘非佛說」的講法似乎流傳已久，卻只是日本人企圖擺脫中國正統佛教的影響，而在明治維新時期才開始提出來的說法；台灣佛教、大陸佛教的淺學無智之人，由於未曾實證佛法而迷信日本人錯誤的學術考證，錯認爲這些別有用心的日本佛學考證的講法爲天竺佛教的眞實歷史；甚至還有更激進的反對佛教者提出「釋迦牟尼佛並非眞實存在，只是後人捏造的假歷史人物」，竟然也有少數人願意跟著「學術」的假光環而信受不疑，於是開始有一些佛教界人士造作了反對中國佛教而推崇南洋小乘佛教的行爲，使佛教的信仰者難以檢擇，導致一般大陸人士開始轉入基督教的盲目迷信中。在這些佛教及外教人士之中，也就有一分人根據此邪說而大聲主張「大乘非佛說」的謬論，這些人以「人間佛教」的名義來抵制中國正統佛教，公然宣稱中國的大乘佛教是由聲聞部派佛教的凡夫僧所創造出來的。這樣的說法流傳於台灣及大陸佛教界凡夫僧之中已久，卻非眞正的佛教歷史中曾經發生過的事，只是繼承六識論的聲聞法中凡夫僧依自己的意識境界立場，純憑臆想而編造出來的妄想說法，卻已經影響許多無智之凡夫僧俗信受不移。本書則是從佛教的經藏法義實質及實證的現量內涵本質立論，證明大乘佛法本是佛說，是從《阿含正義》尚未說過的不同面向來討論「人間佛教」的議題，證明「大乘眞佛說」。閱讀本書可以斷除六識論邪見，迴入三乘菩提正道發起實證的因緣；也能斷除禪宗學人學禪時普遍存在之錯誤知見，對於建立參禪時的正知見有很深的著墨。平實導師 述，內文488頁，全書528頁，定價400元。

**見性與看話頭：**黃正倖老師的《見性與看話頭》於《正覺電子報》連載完畢，今集結出版。書中詳說禪宗看話頭的詳細方法，並細說看話頭與眼見佛性的關係，以及眼見佛性者求見佛性前必須具備的條件。本書是禪宗實修者追求明心開悟時參禪的方法書，也是求見佛性者作功夫時必讀的方法書，內容兼顧眼見佛性的理論與實修之方法，是依實修之體驗配合理論而詳述，條理分明而且極爲詳實、周全、深入。本書內文375頁，全書416頁，售價300元。

**中觀金鑑——詳述應成派中觀的起源與其破法本質：**學佛人往往迷於中觀學派之不同學說，被應成派與自續派所迷惑；修學般若中觀二十年後自以爲實證般若中觀了，卻仍不曾入門，甫聞實證般若中觀者之所說，則茫無所知，迷惑不解；隨後信心盡失，不知如何實證佛法；凡此，皆因惑於這二派中觀學說所致。自續派中觀所說同於常見，以意識境界立爲第八識如來藏之境界，應成派所說則同於斷見，但又同立意識爲常住法，故亦具足斷常二見。今者孫正德老師有鑑於此，乃將起源於密宗的應成派中觀學說，追本溯源，詳考其來源之外，亦一一舉證其立論內容，詳加辨正，令密宗雙身法祖師以識陰境界而造之應成派中觀學說本質，詳細呈現於學人眼前，令其維護雙身法之目的無所遁形。若欲遠離密宗此二大派中觀謬說，欲於三乘菩提有所進道者，允宜具足閱讀並細加思惟，反覆讀之以後將可捨棄邪道返歸正道，則於般若之實證即有可能，證後自能現觀如來藏之中道境界而成就中觀。本書分上、中、下三冊，每冊250元，已全部出版完畢。

**真心告訴您(一)——達賴喇嘛在幹什麼？**這是一本報導篇章的選集，更是「破邪顯正」的暮鼓晨鐘。「破邪」是戳破假象，說明達賴喇嘛及其所率領的密宗四大派法王、喇嘛們，弘傳的佛法是仿冒的佛法；他們是假藏傳佛教，是坦特羅(譚崔性交)外道法和藏地崇奉鬼神的苯教混合成的「喇嘛教」，推廣的是以所謂「無上瑜伽」的男女雙身法冒充佛法的假佛教，詐財騙色誤導眾生，常常造成信徒家庭破碎、家中兒少失怙的嚴重後果。「顯正」是揭櫫眞相，指出眞正的藏傳佛教只有一個，就是覺囊巴，傳的是 釋迦牟尼佛演繹的第八識如來藏妙法，稱爲他空見大中觀。正覺教育基金會即以此古今輝映的如來藏正法正知見，在眞心新聞網中逐次報導出來，將箇中原委「眞心告訴您」，如今結集成書，與想要知道密宗眞相的您分享。售價250元。

**實相經宗通**：學佛之目的在於實證一切法界背後之實相，禪宗稱之爲本來面目或本地風光，佛菩提道中稱之爲實相法界；此實相法界即是金剛藏，又名佛法之祕密藏，即是能生有情五陰、十八界及宇宙萬有（山河大地、諸天、三惡道世間）的第八識如來藏，又名阿賴耶識心，即是禪宗祖師所說的眞如心，此心即是三界萬有背後的實相。證得此第八識心時，自能瞭解般若諸經中隱說的種種密意，即得發起實相般若——實相智慧。每見學佛人修學佛法二十年後仍對實相般若茫然無知，亦不知如何入門，茫無所趣；更因不知三乘菩提的互異互同，是故越是久學者對佛法越覺茫然，都肇因於尚未瞭解佛法的全貌，亦未瞭解佛法的修證內容即是第八識心所致。本書對於修學佛法者所應實證的實相境界提出明確解析，並提示趣入佛菩提道的入手處，有心親證實相般若的佛法實修者，宜詳讀之，於佛菩提道之實證即有下手處。平實導師述著，共八輯，已於2016年出版完畢，每輯成本價250元。

**法華經講義**：此書爲平實導師始從2009/7/21演述至2014/1/14之講經錄音整理所成。世尊一代時教，總分五時三教，即是華嚴時、聲聞緣覺教、般若教、種智唯識教、法華時；依此五時三教區分爲藏、通、別、圓四教。本經是最後一時的圓教經典，圓滿收攝一切法教於本經中，是故最後的圓教聖訓中，特地指出無有三乘菩提，其實唯有一佛乘；皆因眾生愚迷故，方便區分爲三乘菩提以助眾生證道。世尊於此經中特地說明如來示現於人間的唯一大事因緣，便是爲有緣眾生「開、示、悟、入」諸佛的所知所見——第八識如來藏妙眞如心，並於諸品中隱說「妙法蓮花」如來藏心的密意。然因此經所說甚深難解，眞義隱晦，古來難得有人能窺堂奧；平實導師以知如是密意故，特爲末法佛門四眾演述《妙法蓮華經》中各品蘊含之密意，使古來未曾被古德註解出來的「此經」密意，如實顯示於當代學人眼前。乃至〈藥王菩薩本事品〉、〈妙音菩薩品〉、〈觀世音菩薩普門品〉、〈普賢菩薩勸發品〉中的微細密意，亦皆一併詳述之，開前人所未曾言之密意，示前人所未見之妙法。最後乃至以〈法華大義〉而總其成，全經妙旨貫通始終，而依佛旨圓攝於一心如來藏妙心，厥爲曠古未有之大說也。平實導師述，共有25輯，已於2019/05/31出版完畢。每輯300元。

**西藏「活佛轉世」制度—附佛、造神、世俗法：**歷來關於喇嘛教活佛轉世的研究，多針對歷史及文化兩部分，於其所以成立的理論基礎，較少系統化的探討。尤其是此制度是否依據「佛法」而施設？是否合乎佛法眞實義？現有的文獻大多含糊其詞，或人云亦云，不曾有明確的闡釋與如實的見解。因此本文先從活佛轉世的由來，探索此制度的起源、背景與功能，並進而從活佛的尋訪與認證之過程，發掘活佛轉世的特徵，以確認「活佛轉世」在佛法中應具足何種果德。定價150元。

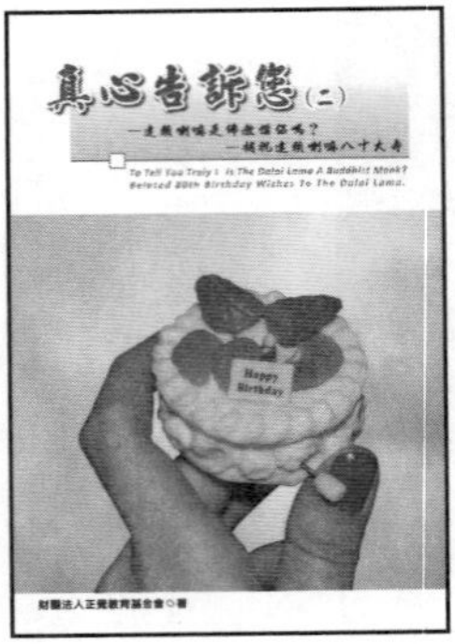


**真心告訴您(二)—達賴喇嘛是佛教僧侶嗎？補祝達賴喇嘛八十大壽：**這是一本針對當今達賴喇嘛所領導的喇嘛教，冒用佛教名相、於師徒間或師兄姊間，實修男女邪淫，而從佛法三乘菩提的現量與聖教量，揭發其謊言與邪術，證明達賴及其喇嘛教是仿冒佛教的外道，是「假藏傳佛教」。藏密四大派教義雖有「八識論」與「六識論」的表面差異，然其實修之內容，皆共許「無上瑜伽」四部灌頂爲究竟「成佛」之法門，也就是共以男女雙修之邪淫法爲「即身成佛」之密要，雖美其名曰「欲貪爲道」之「金剛乘」，並誇稱其成就超越於（應身佛）釋迦牟尼佛所傳之顯教般若乘之上；然詳考其理論，則或以意識離念時之粗細心爲第八識如來藏，或以中脈裡的明點爲第八識如來藏，或如宗喀巴與達賴堅決主張第六意識爲常恆不變之眞心者，分別墮於外道之常見與斷見中；全然違背　佛說能生五蘊之如來藏的實質。售價300元。

**涅槃——解說四種涅槃之實證及內涵：**眞正學佛之人，首要即是見道，由見道故方有涅槃之實證，證涅槃者方能出生死，但涅槃有四種：二乘聖者的有餘涅槃、無餘涅槃，以及大乘聖者的本來自性清淨涅槃、佛地的無住處涅槃。大乘聖者實證本來自性清淨涅槃，入地前再取證二乘涅槃，然後起惑潤生捨離二乘涅槃，繼續進修而在七地心前斷盡三界愛之習氣種子，依七地無生法忍之具足而證得念念入滅盡定；八地後進斷異熟生死，直至妙覺地下生人間成佛，具足四種涅槃，方是眞正成佛。此理古來少人言，以致誤會涅槃正理者比比皆是，今於此書中廣說四種涅槃、如何實證之理、實證前應有之條件，實屬本世紀佛教界極重要之著作，令人對涅槃有正確無訛之認識，然後可以依之實行而得實證。本書共有上下二冊，每冊各四百餘頁，對涅槃詳加解說，每冊各350元。

**佛藏經講義：**本經說明爲何佛菩提難以實證之原因，都因往昔無數阿僧祇劫前的邪見，引生此世求證時之業障而難以實證。即以諸法實相詳細解說，繼之以念佛品、念法品、念僧品，說明諸佛與法之實質；然後以淨戒品之說明，期待佛弟子四眾堅持清淨戒而轉化心性，並以往古品的實例說明，教導四眾務必滅除邪見轉入正見中，然後以了戒品的說明和囑累品的付囑，期望末法時代的佛門四眾弟子皆能清淨知見而得以實證。平實導師於此經中有極深入的解說，總共21輯，每輯300元，於2019/07/31開始發行。

**解深密經講記**：本經係 世尊晚年第三轉法輪，宣說地上菩薩所應熏修之唯識正義經典，經中所說義理乃是大乘一切種智增上慧學，以阿陀那識—如來藏—阿賴耶識爲主體。禪宗之證悟者，若欲修證初地無生法忍乃至八地無生法忍者，必須修學《楞伽經、解深密經》所說之八識心王一切種智；此二經所說正法，方是眞正成佛之道；印順法師否定如來藏之後所說萬法緣起性空之法，是以誤會後之二乘解脫道取代大乘眞正成佛之道，亦已墮於斷滅見中，不可謂爲成佛之道也。平實導師曾於本會郭故理事長往生時，於喪宅中從初七至第十七，宣講圓滿，作爲郭老之往生佛事功德，迴向郭老早證八地、速返娑婆住持正法；茲爲今時後世學人故，將擇期重講《解深密經》，以淺顯之語句講畢後將會整理成文，用供證悟者進道；亦令諸方未悟者，據此經中佛語正義，修正邪見，依之速能入道。平實導師述著，全書輯數未定，每輯三百餘頁，將於未來重講完畢後逐輯出版。

**修習止觀坐禪法要講記**：修學四禪八定之人，往往錯會禪定之修學知見，欲以無止盡之坐禪而證禪定境界，卻不知修除性障之行門才是修證四禪八定不可或缺之要素，故智者大師云「性障初禪」；性障不除，初禪永不現前，云何修證二禪等？又：行者學定，若唯知數息，而不解六妙門之方便善巧者，欲求一心入定，未到地定極難可得，智者大師名之爲「事障未來」：障礙未到地定之修證。又禪定之修證，不可違背二乘菩提及第一義法，否則縱使具足四禪八定，亦不能實證涅槃而出三界。此諸知見，智者大師於《修習止觀坐禪法要》中皆有闡釋。作者平實導師以其第一義之見地及禪定之實證證量，曾加以詳細解析。將俟正覺寺竣工啓用後重講，不限制聽講者資格；講後將以語體文整理出版。欲修習世間定及增上定之學者，宜細讀之。平實導師述著。

**阿含經講記—小乘解脫道之修證**：數百年來，南傳佛法所說證果之不實，所說解脫道之虛妄，所弘解脫道法義之世俗化，皆已少人知之；從南洋傳入台灣與大陸之後，所說法義虛謬之事，亦復少人知之；今時台灣全島印順系統之法師居士，多不知南傳佛法數百年來所說解脫道之義理已然偏斜、已然世俗化、已非眞正之二乘解脫正道，猶極力推崇與弘揚。彼等南傳佛法近代所謂之證果者皆非眞實證果者，譬如阿迦曼、葛印卡、帕奧禪師、一行禪師……等人，悉皆未斷我見故。近年更有台灣南部大願法師，高抬南傳佛法之二乘修證行門爲「捷徑究竟解脫之道」者，然而南傳佛法縱使眞修實證，得成阿羅漢，至高唯是二乘菩提解脫之道，絕非究竟解脫，無餘涅槃中之實際尚未得證故，法界之實相尚未了知故，習氣種子待除故，一切種智未實證故，焉得謂爲「究竟解脫」？即使南傳佛法近代眞有實證之阿羅漢，尚且不及三賢位中之七住明心菩薩本來自性清淨涅槃智慧境界，則不能知此賢位菩薩所證之無餘涅槃實際，仍非大乘佛法中之見道者，何況普未實證聲聞果乃至未斷我見之人？謬充證果已屬逾越，更何況是誤會二乘菩提之後，以未斷我見之凡夫知見所說之二乘菩提解脫偏斜法道，焉可高抬爲「究竟解脫」？而且自稱「捷徑之道」？又妄言解脫之道即是成佛之道，完全否定般若實智、否定三乘菩提所依之如來藏心體，此理大大不通也！平實導師爲令修學二乘菩提欲證解脫果者，普得迴入二乘菩提正見、正道中，是故選錄四阿含諸經中，對於二乘解脫道法義有具足圓滿說明之經典，預定未來十年內將會加以詳細講解，令學佛人得以了知二乘解脫道之修證理路與行門，庶免被人誤導之後，未證言證，梵行未立，干犯道禁自稱阿羅漢或成佛，成大妄語，欲升反墮。本書首重斷除我見，以助行者斷除我見而實證初果爲著眼之目標，若能根據此書內容，配合平實導師所著《識蘊眞義》《阿含正義》內涵而作實地觀行，實證初果非爲難事，行者可以藉此三書自行確認聲聞初果爲實際可得現觀成就之事。此書中除依二乘經典所說加以宣示外，亦依斷除我見等之證量，及大乘法中道種智之證量，對於意識心之體性加以細述，令諸二乘學人必定得斷我見、常見，免除三縛結之繫縛。次則宣示斷除我執之理，欲令升進而得薄貪瞋痴，乃至斷五下分結…等。平實導師將擇期講述，然後整理成書。共二冊，每冊三百餘頁。每輯300元。

**＊ 喇嘛教修外道雙身法、墮識陰境界，非佛教 ＊**

**＊ 弘揚如來藏他空見的覺囊派才是真正藏傳佛教 ＊**

**總經銷： 聯合發行股份有限公司**

231 新北市新店區寶橋路 235 巷 6 弄 6 號 4F

Tel.02－2917-8022（代表號） Fax.02－2915-6275（代表號）

**零售：**1.**全台連鎖經銷書局：**

三民書局、誠品書局、何嘉仁書店

敦煌書店、紀伊國屋、金石堂書局、建宏書局

諾貝爾圖書城、墊腳石圖書文化廣場

2.**台北市：**佛化人生 **大安區**羅斯福路 3 段 325 號 6 樓之 4　台電大樓對面

3.**新北市：**春大地書店 **蘆洲區**中正路 117 號

4.**桃園市：**御書堂 **龍潭區**中正路 123 號

5.**新竹市：**大學書局 **東區**建功路 10 號

6.**台中市：**瑞成書局 **東區**雙十路 1 段 4 之 33 號

佛教詠春書局 **南屯區**永春東路 884 號

文春書店 **霧峰區**中正路 1087 號

7.**彰化市：**心泉佛教文化中心 南瑤路 286 號

8.**高雄市：**政大書城 **前鎮區**中華五路 789 號 2 樓（高雄夢時代店）

明儀書局 **三民區**明福街 2 號

青年書局 **苓雅區**青年一路 141 號

9.**台東市：**東普佛教文物流通處 博愛路 282 號

10.**其餘鄉鎮市經銷書局：**請電詢總經銷**聯合**公司。

11.**大陸地區請洽：**

**香港：**樂文書店

旺角店 :香港九龍旺角西洋菜街 62 號 3 樓

電話 : (852) 2390 3723　email: luckwinbooks@gmail.com

銅鑼灣店 :香港銅鑼灣駱克道 506 號 2 樓

電話 : (852) 2881 1150　email: luckwinbs@gmail.com

**廈門：**廈門外圖臺灣書店有限公司

地址：廈門市思明區湖濱南路809 號 廈門外圖書城3 樓 郵編：361004

電話：0592-5061658（臺灣地區請撥打 86-592-5061658）

E-mail：JKB118＠188.COM

12.**美國：世界日報圖書部：**紐約圖書部　電話 7187468889#6262

洛杉磯圖書部　電話 3232616972#202

13.**國內外地區網路購書：**

**正智出版社 書香園地**　http://books.enlighten.org.tw/

（書籍簡介、經銷書局可直接聯結下列網路書局購書）

**三民 網路書局**　http://www.sanmin.com.tw

**誠品 網路書局**　http://www.eslitebooks.com

**博客來 網路書局**　http://www.books.com.tw

**金石堂 網路書局**　http://www.kingstone.com.tw
**聯合 網路書局**　http:// www.nh.com.tw

**附註：1**.請儘量向各經銷書局購買：郵政劃撥需要八天才能寄到（本公司在您劃撥後第四天才能接到劃撥單，次日寄出後第二天您才能收到書籍，此六天中可能會遇到週休二日，是故共需八天才能收到書籍）若想要早日收到書籍者，請劃撥完畢後，將劃撥收據貼在紙上，旁邊寫上您的姓名、住址、郵區、電話、買書詳細內容，直接傳真到本公司 02-28344822，並來電 02-28316727、28327495 確認是否已收到您的傳真，即可提前收到書籍。 **2**.因台灣每月皆有五十餘種宗教類書籍上架，書局書架空間有限，故唯有新書方有機會上架，通常每次只能有一本新書上架；本公司出版新書，大多上架不久便已售出，若書局未再叫貨補充者，書架上即無新書陳列，則請直接向書局櫃台訂購。 **3**.若書局不便代購時，可於晚上共修時間向正覺同修會各共修處請購（共修時間及地點，詳閱**共修現況表**。每年例行年假期間請勿前往請書，年假期間請見共修現況表）。 **4**.郵購：郵政劃撥帳號 19068241。 **5**.正覺同修會會員購書都以八折計價（戶籍台北市者為一般會員，外縣市為護持會員）都可獲得優待，欲一次購買全部書籍者，可以考慮入會，節省書費。入會費一千元（第一年初加入時才需要繳），年費二千元。**6.尚未出版之書籍，請勿預先郵寄書款與本公司，謝謝您！** **7**.若欲一次購齊本公司書籍，或同時取得正覺同修會贈閱之全部書籍者，請於正覺同修會共修時間，親到各共修處請購及索取；**台北市讀者**請洽：103 台北市承德路三段 267 號 10 樓（捷運淡水線 圓山站旁）請書時間：週一至週五為 18.00~21.00，第一、三、五週週六為 10.00~21.00，雙週之週六為 10.00~18.00 請購處專線電話：25957295-分機 14（於請書時間方有人接聽）。

**敬告大陸讀者：**

大陸讀者購書、索書捷徑（尚未在大陸出版的書籍，以下二個途徑都可以購得，電子書另包括結緣書籍）：

**1.廈門外國圖書公司**：廈門市思明區湖濱南路 809 號 廈門外圖書城 3F
郵編：361004 電話：0592-5061658 網址：http://www.xibc.com.cn/

**2.電子書：**正智出版社有限公司及正覺同修會在台灣印行的各種局版書、結緣書，已有『**正覺電子書**』陸續上線中，提供讀者於手機、平板電腦上購書、下載、閱讀正智出版社、正覺同修會及正覺教育基金會所出版之電子書，詳細訊息敬請參閱『正覺電子書』專頁：http://books.enlighten.org.tw/ebook

關於平實導師的書訊，請上網查閱：

成佛之道 http://www.a202.idv.tw
正智出版社 書香園地 http://books.enlighten.org.tw/

**中國網**採訪佛教正覺同修會、正覺教育基金會訊息：

http://big5.china.com.cn/gate/big5/fangtan.china.com.cn/2014-06/19/content_32714638.htm

http://pinpai.china.com.cn/

★ 正智出版社有限公司售書之稅後盈餘，全部捐助財團法人正覺寺籌備處、佛教正覺同修會、正覺教育基金會，供作弘法及購建道場之用；懇請諸方大德支持，功德無量。

★ 聲　明 ★

本社於 2015/01/01 開始調整本目錄中部分書籍之售價，以因應各項成本的持續增加。

＊ 喇嘛教修外道雙身法、墮識陰境界，非佛教 ＊

＊ 弘揚如來藏他空見的覺囊派才是真正藏傳佛教 ＊

## **售後服務—換書啟事**（免附回郵）　　2017/12/05

**《楞伽經詳解》第三輯初版免費調換新書啟事**：茲因 平實導師弘法早期尚未回復往世全部證量，有些法義接受他人的說法，寫書當時並未察覺而有二處（同一種法義）跟著誤說，如今發現已將之修正。茲爲顧及讀者權益，已開始免費調換新書；敬請所有讀者將以前所購第三輯（不論第幾刷），攜回或寄回本公司免費換新；郵寄者之回郵由本公司負擔，不需寄來郵票。因此而造成讀者閱讀、以及換書的不便，在此向所有讀者致上萬分的歉意，祈請讀者大眾見諒！

**《楞嚴經講記》第 14 輯初版首刷本免費調換新書啟事**：本講記第 14 輯出版前因 平實導師諸事繁忙，未將之重新閱讀而只改正校對時發現的錯別字，故未能發覺十年前所說法義有部分錯誤，於第 15 輯付印前重閱時才發覺第 14 輯中有部分錯誤尚未改正。今已重新審閱修改並已重印完成，煩請所有讀者將以前所購第 14 輯初版首刷本，寄回本公司免費換新（初版二刷本無錯誤），本公司將於寄回新書時同時附上您寄書來換新時的郵資，並在此向所有讀者致上最誠懇的歉意。

**《心經密意》初版書免費調換二版新書啟事**：本書係演講錄音整理成書，講時因時間所限，省略部分段落未講。後於再版時補寫增加 13 頁，維持原價流通之。茲爲顧及初版讀者權益，自 2003/9/30 開始免費調換新書，原有初版一刷、二刷書籍，皆可寄來本公司換書。

**《宗門法眼》**已經增寫改版爲 464 頁新書，2008 年 6 月中旬出版。讀者原有初版之第一刷、第二刷書本，都可以寄回本公司免費調換改版新書。改版後之公案及錯悟事例維持不變，但將內容加以增說，較改版前更具有廣度與深度，將更能助益讀者參究實相。

**換書**者**免附回郵**，亦無截止期限；舊書請寄：111 台北郵政 73-151 號信箱 或 103 台北市承德路三段 267 號 10 樓 正智出版社有限公司。舊書若有塗鴨、殘缺、破損者，仍可換取新書；但缺頁之舊書至少應仍有五分之三頁數，方可換書。所有讀者不必顧念本公司是否有盈餘之問題，都請踴躍寄來換書；本公司成立之目的不是營利，只要能眞實利益學人，即已達到成立及運作之目的。若以郵寄方式換書者，免附回郵；並於寄回新書時，由本公司附上您寄來書籍時耗用的郵資。造成您不便之處，再次致上萬分的歉意。

正智出版社有限公司 啓

國家圖書館出版品預行編目(CIP)資料

我的菩提路. 第六輯 / 劉惠莉等著. -- 初版. --
臺北市 : 正智, 2020.06
面 ; 公分
ISBN 978-986-98891-4-8(平裝)

1.佛教修持

225.87 109008762

# 我的菩提路——第六輯

著　者：劉惠莉 老師等人
校　對：傅素嫻 王美伶
出版者：正智出版社有限公司
電話：〇二 28327495　28316727（白天）
傳眞：〇二 28344822
111 台北郵政 73-151 號信箱
郵政劃撥帳號：一九〇六八二四一
正覺講堂：總機〇二 25957295（夜間）

總經銷：聯合發行股份有限公司
231 新北市新店區寶橋路 235 巷 6 弄 6 號 4 樓
電話：〇二 29178022（代表號）
傳眞：〇二 29156275

初版首刷：公元二〇二〇年六月底　二千冊
初版二刷：公元二〇二〇年七月　　二千冊
定　價：三〇〇元